奥深く知る中国

天安門事件から人々の暮らしまで

筧　文生
井手啓二
山本恒人
名和又介
石井義三
吉村澄代 編

かもがわ出版

はじめに

京都市の北東部は、そのほぼ中心部に京都大学があり、少し西寄りに隣接して同志社大学があることから、古くからこの地は文教地区と言われてきた。それは、住民に大学の教員、学生をはじめ、本屋、印刷屋、下宿屋、喫茶店、飲食店など大学関係者や学生相手の生業を営む人々が多かったこととも関係するであろう。

そのような地域に中国に関心を持つ人々が少なくなかったのは、戦前からの「支那学」の中心であった京都大学があり、そこに学ぶ中国や台湾からの留学生が生活する宿舎などがあったことから、ごく自然な成り行きだったのかもしれない。その結果、中国に関する情報が提供されやすく、また、求められた環境でもあったと言えよう。

その地を中心に中国に関わる情報交流の場として、『友誼』というミニコミ紙がある。B４両面刷り二つ折りＢ５版のささやかなものながら、原則月１回ほぼ確実に発行されてきた。初版がいつなのかは定かでないが、１９８８年に復刊第1号が出版、以後30年途絶えることなく続き、２０１９年3月号で２９４号となった。当初から執筆してきたメンバーは、すでに多くが鬼籍に入っているものの、日本と中国との正しい関係の在り方の模索は、現在もなお多くのメンバーに変わらず引き継がれている。

この『友誼』に寄稿され、あるいはその他の場などにおいて発信されてきた様々な中国の姿をまとめてみたのがこの本である。ちょうど今年は、１９８９年の天安門事件30周年に当たることでもあり、メンバーが見聞きした天安門事件を現時点でどのように整理分析するかをも含めて、より奥深い中国を語ることができればと考えたからである。

第一章は、天安門事件30周年をどう見るかをテーマとする。名和の『天安門事件見聞記』は、大学の客員教授として北京に赴任中に天安門事件（第二次）に遭遇し、あまりのショックで何もかも頭の中に封印していたものの、30年が経過して関係文献も出そろい、やっと冷静に評価することができるようになったとする。筧は、日中両国の研究者の天安門事件とのかかわりを回想した。いずれも今回のために書き下ろされたものである。山本の論考「中国における統治の正統性問題」は、現代中国における「建前」としての立憲共和制の問題性、すなわち「一党支配」権力と国民・民衆との関係性という本質的問題に迫ろうとするものである。

第二章は、中国紀行として筧がこれまで訪問してきた中国各地での見聞記で、1993年から2016年にわたって『友誼』に掲載されたものである。

第三章は、中国研究者の視点からの漢字論、日本語論である。名和の漢字論は、日中友好協会京都府連合会の主催する中国語教室のために書かれたもので、『大漢和辞典』（諸橋轍次）と『字通』（白川静）を参考にして自由に楽しんだ作品としている。筧の日本語論は、昨今のテレビのインタビューのやりとりや孫娘たちの会話、さらには後輩たちの受け答えを聞いていて、「おかしい」と思った言葉をメモするようになったのをきっかけとする。

第四章は、吉村が2015年から2018年の間に中国のメディアが発信する情報を検索・検証しながら、またその間、実地に訪れた見聞から近年の中国社会や人々の姿を点描した。

第五章は、井手が京都日中友好経済懇話会で行った講演記録、この一年余（2018年1月から2019年3月）、『日中友好新聞』および講演会で発表した中国経済評論（発表順に掲載）、近年の随想から成る。いずれも短文の評論であるが、歪みと大局誤認の多い流行の中国論とは一線を画する理解が提示されている。

第六章は、石井が1944年から1952年まで旧満州で機械工作に従事した時に体験したことを回想したもので、終戦時の大陸における日本人留用者の貴重な証言である。私家版著作『私の体験的機械工作』をベースに『友誼』に連載されてきたものである。

第七章は、山本が「明治維新150年」キャンペーンへの対抗アプローチとして「大逆事件」について研究する営為からの論考を読み物風に加筆修正し、明治末期の日本を分かりやすく描いたもので、『友誼』第286号、第２８７号に掲載されている。

以上、執筆者それぞれが、今一度、中国へのまなざしを再確認しようと考えている。

筧　文生
井手啓二
山本恒人
名和又介
石井義三
吉村澄代

もくじ●奥深く知る中国

第一章

30年を迎えた天安門事件をどう見るか

名和又介
筧　文生
山本恒人

1、天安門事件見聞記

名和　又介

天安門事件30周年にあたり、この原稿を書くことを不思議なめぐりあわせだと思っている。筆者は30年前、同志社大学の在外研究員として北京に滞在し、北京外国語大学の日本語教師の一員に加えていただいた。科目は日本語作文で、週に2コマの授業である。知人を通じて、無理やり日本語教師にしていただいた。その理由は、教師との交流を通じて中国の大学の内情を知り、学生と仲良くなりたいと考えたからである。日本語科には、静岡県から国語教師のH先生が派遣されていた。

この原稿には、筆者の限られた見聞を記すだけでなく、学生側の行動、政府側の反応、さらに知識人側の言論も、分かる限り書き込もうと考えている。学生側の行動として、沈彤の『革命寸前』を、政府側の反応として『趙紫陽極秘回想録』を、知識人側の言論として劉賓雁などの『天安門よ、世界に語れ』を、軍隊側の行動として『解放軍兵士の証言』も利用させていただいた。分かりやすいように、学生側資料をA、政府側資料をB、知識人の言論をCと記し、人民解放軍の資料をDと書き、さらに時系列の報道として『天安門燃ゆ』（読売新聞社）を参照させていただいた。

Ⅰ　はじまり

3月の末に西安旅行を終えて、4月1日に北京に到着した。教員宿舎に落ち着いて、授業を始めたのは上旬になっていた。クラスは3年生の快班と慢班の2クラスだった。快班は大学以前に外国語学校で日本語を学んでいた学生が属し、慢班は大学に入学してから日本語の学習を始めた学生が属している。快は「速い」、慢は「遅い」という意味である。外国語学校は、中国独特の制度で、小学校の5・6年生が入学して高校まで続く専門学校である。中国の大都市に設けられている学校で、外国語を勉強して7・8年になるので、学生の語学力は驚くほど高い。

日本語科の教職員や他学科の外国人教員、さらに教え子の名前など覚えようとしている慌ただしい状況の中で、4月15日胡耀邦の死去が報じられた。テレビは重々しい葬送曲とともに胡耀邦の死を伝えた。Aによると、北京大学の三角地に多数の壁新聞が張り出され、胡耀邦の早い死を悼んだ。とともに学生グループの間で、既成の学生自治会に代わる集団作りと胡耀邦の名誉回復をはかる取り組みが始まった。学生グループの中には王丹をリーダーとするサロンもあり、集団作りにはこのようなグループが中心になった。

胡耀邦は共産党書記長だったが、2年前に鄧小平に辞任させられ、不遇の日々を送っていた。開放的な人物で、中国庶民の人気は絶大であった。辞任の理由は、Bによると学生デモ（安徽省科技大学）に厳しく対応しなかったことと「老人組」の定年の主張にあったという。「老人組」とは、文化大革命を生き残り、80年代鄧小平の仲間として政治に口出しし、暗躍した元勲たちを示している。鄧小平の後任は胡耀邦と考えていた人々の期待を裏切った辞任劇であった。「死ぬべきではなかった胡耀邦と死ぬべきだった李鵬」という壁新聞まで現れた。民主運動のリーダーの一人厳家其は、中国社会科学院政治学研究所長であり、鄧小平の終身制の廃止を唱えていた。

Cによると、1989年の1月、方励之は鄧小平に宛てて、魏京生釈放の公開書簡を出した。これを受けて、

2月北京文化界の33人の公開書簡が出された。さらに3月北京科学界の43人の政治犯釈放の公開書簡が提出されていた。文化界・科学界に拡大した共産党・鄧小平批判の公開書簡である。86年に党籍を奪われた方励之・劉賓雁をはじめとする知識人たちの提言でもあった。しかしながら書簡は無視され、これまで通りの対応、すなわち無視が繰り返された。

胡耀邦の死去を伝えるテレビを見ていて、明確な根拠はないものの、大事件に発展するのではないかという恐れがわいてきた。それは個人的な思いであったものの、中国の知識人、学生たち、心ある市民には、共産党とりわけ鄧小平たち指導部へのつもり重なった不満が溢れていた。その不満が胡耀邦の死去をきっかけに爆発するのではないかという恐れであった。「死ぬべきでなかった胡耀邦」という言葉が、人々の心を代弁していた。

Aによると、北京大学三角地での討論を契機として、胡耀邦追悼のデモが始まり、瞬く間に数千人規模になったという。この数千人のデモ隊は天安門を目指した。16日以降、天安門と人民英雄記念碑は、学生たちと市民の自発的な追悼活動が続いて、献花に覆われたという。この現象は、1976年4月5日の周恩来総理の追悼活動と同じで、当時は4人組の鄧小平追い落としてあらわれたが、以降は4人組追放と文革の終息を意味した。これは第一次天安門事件と総括されている。

Aの著者・沈彤の本を読んでいて気付いたのは、知識人である彼の父親の生き方である。党員となるが、党の要望で大学の専攻を替え、文革で工場労働者になり、80年代は役人になる。76年は天安門に駆けつけるものの反革命にされることに怯え、魏京生たちの自由の壁新聞を写して帰宅するが、党の脅しでその写したものを焼き捨てる。共産党の民主化を求めてはいるものの、党の脅しにおびえて事なきをはかる。非難しているのではなく、このように生きざるを得なかった知識人に同情し、父親とは異なる道を歩んだ息子にエールを送りたいのである。

18日の夜中から19日にかけて、学生たちの一部は新華門に押しかけ、中国要人との話し合いを求めた。新華門の北側は言うまでもなく中南海で、鄧小平をはじめ中国要人たちの住居である。壁を隔てて、学生たちの集団がいることの恐怖を味わった「老人組」も多かったことと思われる。それゆえ、警備陣の対処は厳しく、ここで生じた事態が学生運動に火をつけたと思われる。後日、筆者が耳にした話は、ここで女子学生が警備陣の車両にひき殺され、多数の学生が警備陣の乱暴をうけたという。女子学生のれき殺事件は、日本の安保闘争の犠牲者・樺美智子さんを連想させ、学生運動の過激化を予想させた。

Aによると、組織化された新学生会の最初の活動は、授業のボイコットと天安門占拠であった。22日に警察が非常線を張る前に、天安門広場を占拠するという作戦である。事件後、情報の提供者として趙紫陽が非難されたが、学生側には知識人と共産党高官の援助があったように想像される。これ以降も、学生側が入手した情報はBの趙紫陽の極秘回想録と見比べてみても、きわめて正しい情報であった。学生側には多数の賛同者がいたことの証拠なのかもしれない。

22日は人民大会堂で、胡耀邦の追悼大会が開かれた。これまでのデモで求められていた胡耀邦の名誉回復はなされず、今までどおりの手順で進んだ。人民大会堂前に、学生側の要求書を手渡そうとした3人の学生代表が立ち続けたが、これも無視された。これら3人の姿はテレビにも放映され、視聴者の同情と党への憤りをかったように思われる。政府側の頑な姿勢に、多数の学生はますます戦いの炎を燃え上がらせた。

写真1

筆者は、胡耀邦追悼を報じるテレビを凝視していた。写真1はそのテレビを撮ったものである。Aによると、北京大学の三角地にスピーカーを設置して、学生に天安門での情報を流すとともに、学生宿舎を改造して出版センターに変え、役割分担を決めてチラシを発行し始めた。また新学生会は北京にある大学の学生代表からなる「北京高自連（北京大学生自治会連合）」を組織し、24日以降の無期限授業ボイコットを決定した。

写真２

写真３

23日、筆者は話題になっていた北京大学の大字報を見に行った。北京大学の三角地に大字報が張りめぐらされていた。食堂前の大字報には、翌日からの授業ボイコットが張り出され、五四運動のスローガン「民主と科学」を唱えていた。唱えていたというより、70年後の今日もなお実現していないスローガンであることを強調していた。一番人だかりが多かったのは、太子党と呼ばれる「老人組」の家族情報だった。

写真2・3をよく見てください。国家主席楊尚昆の弟や婿が27軍の要職を握り、李先念の娘婿が江沢民で、万里の娘婿が李瑞環（天津の政治委員）で、薄一波の息子が薄熙来（大連市長）で、王震の息子が王軍（四川軍区副政治委員）などと書かれている。「老人組」は自分たちの利権を享受するだけでなく、自分たち一族の利権までをむさぼっていたことが明るみに出された。情報の開示どころか、情報はほとんど庶民には知らされていなかったのである。

民主化を求めた学生・知識人・市民は楊尚昆の私兵27軍に蹴散らされ、李先念の娘婿である江沢民が総書記になり、その他の太子党がこの世の春を謳歌するのもこの30年の出来事である。そのような視点からすれば、天安門事件は中国の歴史の転換点であったといえるかもしれない。現在の人権弁護士たちへの迫害も民主化を阻止するあらわれであり、今後も異なる形態で続くことになるだろう。

筆者は、授業の欠席者が多いことと休校ばかりなのを気にしていた。業を煮やした筆者は、学生寮を訪ね、学生運動が必要なこととその間の事情を教え子から聞くことができた。学生運動にカンパし、改めて日本の大学生との違いに驚いた。日本の大学紛争の時代を筆者も経験していたし、デモ隊に加わり示威運動をしたことはある。しかし、それが理由で退学になったこともないし、将来が閉ざされたこともなかった。なるほどここは中国で、デモ参加は命懸けなのである。

Bによると、政府側の対応は驚くほど旧態依然であった。趙紫陽が北朝鮮訪問で留守の間、25日に北京市書記の李錫銘と北京市長の陳希同が政治局常務委員会の開催を求め、学生運動を抗議運動とみなし、学生運動の募金活動から全国各地への呼びかけまでを報告したという。この報告が鄧小平を激怒させ、政治闘争に受け取られたという。単にその事実だけでなく、重要な人権、政治案件はまず鄧小平の自宅で決まり、鄧小平のお気に入りは呼ばれるが、気に入らない人物は村八分にされるという事実に驚かざるをえない。

鄧小平はまさに独裁者であり、学生の政治運動・デモは共産党の大敵であると考えており、何よりも共産党の威信を傷つける行為であると考えていた。したがって、趙紫陽の帰国後の説得や態度は鄧小平には許しがたい裏切りとうつったのではないかと想像される。民主を求める学生や知識人の運動は、世界の良識ある人々からすれば、当然すぎるほど当然の要求であった。それゆえ鄧小平が「老人組」と手を結ぶのは案外自然な成り行きだったかもしれない。

26日に『人民日報』に社説が掲載され、「旗幟鮮明に動乱に反対せよ」と題して、「これは計画的な陰謀であり、動乱である。その実質は中国共産党の指導と社会主義制度を根本から否定することにある。これは……政治闘争である」と指摘した。鄧小平の意を受けて、北京市党委副書記が社説を執筆した。胡耀邦追悼の学生活動を動乱と決めつけ、それを計画的な陰謀とは？　しかしながら、この社説は中国共産党の見解であり、今後の学生運動は反党・反社会主義的運動と見なされることになった。

同時に上海市党委員会（江沢民書記）は、「世界経済導報」の欽本立編集長を解任した。その理由は、胡耀邦追悼座談会の記事を掲載したことにあった。江沢民は「老人組」・李先念の娘婿であり、趙紫陽の後を継いで共産党総書記になる。北京と上海で鄧小平・「老人組」がこぶしを振り上げた形である。学生たちは『人民日報』の社説を取り下げ、学生運動を愛国運動と認めるよう訴え続けることになる。人民日報の社説に反対して、編集長胡績偉はすでに辞職していた。

筆者は上海の動向は知らなかったが、人民日報の社説には驚き、またその恫喝ぶりに恐怖を感じた。これで学生運動は終息すると思ったのである。前日に王若望は胡耀邦の再評価と言論の自由を求めて、公開書簡を送っていた。彼は86年に党籍をはく奪された上海の作家で、『上海文学』副編集長だった。知識人たちの思いは、ある程度共通していたように思われる。鄧小平や「老人組」は、学生や市民の些細な願いにも耳をかさず、鎮圧しか眼中になかったように思われる。

Ⅱ　民主化をもとめる学生デモ

ところが、26日の社説にもかかわらず、北京高自連は天安門までのデモを決定した。北京に住む両親は、子供の学生を説得して、デモに参加させないように努めたと聞いた。両親にすれば、今回のデモに参加して、反革命になれば、本人の将来は閉ざされ、本人自身の生命さえ危ぶまれたのである。北京外国語大学はどうするのだろうか。やじ馬根性から、筆者は学生宿舎に出かけた。１００人ほどのデモ隊が心細そうに、学生宿舎を出発し正門に向かうところであった。

自転車に乗りカメラを抱えてデモ隊を見ると、教え子の姿も数人確認出来て、思わず「加油！加油！（頑張れ！頑張れ！）」と叫んでしまった。教え子も手を振って答えてくれた。

しかし後から考えると、浅はかな行動であった。学生デモ隊は、励まされたかも知れないが、大学当局と多数の共産党員が注視している中での出来事である。筆者も教え子もしっかりとチェックされたことだろう。デモ隊は大学の正門から出られず、北塀の工事現場から出て行った。さらにお隣の理工大学の運動場で、この大学のデモ隊と合流し、天安門を目指した。理工大学の運動場で写した写真4がこれである。学生デモの情報はAが詳しい。Aによると、予定を遅れて北京大学のデモ隊は正門を出た。そこには世界中の報道陣がいて、このデモ隊の壮挙を伝えたという。北京大学を南下し、人民大学のデモ隊と合流して、第二環状線を南下して進んだ。何回かの警察の阻止線を越えて進んだが、そのデモ隊と警察の間に入り、警察部隊を押し戻したのは、市民たちであったという。また多数の市民が、学生のデモ隊に飲み物や食料を提供したという。警察も多数の市民が見守る中で、学生のデモ隊を弾圧することはできなかったようである。

写真4

学生のデモ隊も慎重で、糾察隊（ピケ）を用意して、デモ隊に学生以外がまぎれこむことのないようデモ隊の外側では手を組んで、部外者の侵入を防いだ。デモ隊も慎重に、警察部隊ともめあうこともなく、逆に警察にエールも送っている。このような状況からみると、学生のデモ隊は、起こりうる状況の事前準備をしていたと思われる。交差点では、市民の歓呼に応えて、腐敗反対や報道の自由をシュプレヒコールした。天安門広場は学生デモと市民たち数万人であふれ返った。

翌日教え子たちから、昨日は天安門を往復し、40キロ以上歩いて、疲れて爆睡したと聞いた。しかし表情は晴れ晴れとしていた。北京外国語大学から徒歩で天安門を往復した次第である。大学は第三環状線の北東にあり、ここを東に向かって天安門まで歩き、その後はどの通りかを北上して帰校したのである。炎天下の中を歩くだけでも苦痛なのに、動乱と決めつけられた緊張感と北京市民の歓呼・拍手を受けながらのデモであった。

Cによると、政府は和解のゼスチャーを見せるため、国務院スポークスマンの袁木に学生との対話を開催させた。学生は既成の学生組織の代表であった。

この時の対話はテレビで放映された。袁木のニヤニヤと笑う顔と学生を小ばかにした態度は、視聴者を不快にさせ学生たちを心から怒らせた。筆者もテレビを見ていて、これは逆効果ではないかと感じた記憶がある。袁木のスポークスマンとしての役割を疑った瞬間である。

Bによると、趙紫陽は北朝鮮から帰国して、27日の学生デモのビデオを見たり、知識人と話したり、政府要人の意見を聞いたり、相当積極的に取り組んだ様子である。「情報を収集し状況を分析評価した結果、学生デモが社会のあらゆる方面から幅広い共感を得ていること、4月26日の社説および党中央のデモに対する方針は国民の意向に反していることを、私はより強く確信した」と述べているが、問題は鄧小平であった。鄧小平には手紙を書いて説得するより連絡方法がなかったという。

五四運動70周年の演説やアジア開発銀行の演説に趙紫陽は反自由化や26日社説の言葉を避けて、学生たちに呼びかけたようだが、彼の真意は伝わることがなく、ほとんど無視された。Aによると、政府と学生との話し合いの途中、趙紫陽の演説に注目するよう示唆があったという。趙紫陽の小細工はほとんど効果がなかったものの、改めて彼が主導権を握っていたら天安門事件はなかったのではないかと悔やまれてならない。

学生たちの民主化要求のデモが大成功をおさめ、この成功はジャーナリストや高校生、さらに市民たちのデモに広がっていった。26日の動乱社説の威嚇にも関わらず、デモが敢行されたことは今までになかったし、報道陣が学生たちのデモを普通に報道することもこれまでにない動向であった。一時的とはいえ、新聞界やテレビ界は報道の自由を享受したように思われた。というより、共産党の方針転換を待っていたという言い方が正しいかもしれない。

北京高自連の要求に代わって、対話代表団の「誠意ある公開対話」の要求が出された。首都の大学から代表（院生が多数）が集まり結成したものである。北京高自連は5月4日のデモを、学生の大多数の意見で決めた。北京大学や一部の大学を除いて、授業再開も予定されていた。5月4日のデモは百万人のデモと言われ、世界が注目した。学生以外新聞記者のデモも続き、学生運動から市民運動に拡大したような印象を受けた。

百万人の人デモが北京の天安門で繰り広げられたが、学生側と政府側の話し合いは政府側に拒否され、以降の学生運動は、その方針や獲得目標に苦慮することになる。多数の学生は大学に戻り、授業を受け始めた。北京外国語大学も普通の授業が再開した。しかし筆者はどうしても心は落ち着かなかった。学生運動は何をするのか、どうなるのかという疑問がついてまわった。一方、この時期の北京は、政府の主張する動乱の様相もあったのである。

経済政策の失敗で、中国全体が沸き返り、数えきれない出稼ぎが北京の街を目指した。中国語で流氓という言葉があり、ならず者や流れ者という意味である。本来の意味は、住所不定の食いつめ者ぐらいの意味であろう。駅頭や街頭に多数の出稼ぎがたむろしていた。仕事があれば平穏な出稼ぎだが、仕事にあぶれ食えなくなるとコソ泥や強盗にも早変わりする。このような流氓が、北京の街にはあふれていて、異常な雰囲気があったことも間違いない。

筆者のいた北京外国語大学にも被害はあった。流氓の若者が、大学宿舎で老人を刺殺した事件があった。それが何時のことか、筆者は知らなかった。自身も購入した自転車を盗まれたことがある。公共の乗り物も大混雑で、ただ乗りが当たり前になり、地下鉄など大混雑で降りることはまず不可能かと思われた。老人や子供の外出は遠慮せざるをえない状況であった。まさしく中国語の「乱」という言葉が実感され、中国の王朝は、これら流氓によって滅亡したのではないかと思ったこともある。

一方、流氓が恐れたのは言うまでもなく官憲である。交通警官の居丈高なところは筆者も驚いた点であった。体は大きく、警棒をもって、乱暴に命令するさまは、市民や通行人をなんと思っているのだろう、と思わせた。その官憲よりなお恐ろしいのは軍隊である。タクシーの運転手が嘆いていたが、軍隊の車両に接触したら、事故処理は軍隊側の言いなりであるとの話だった。これは今もその通りで、知人の中国人の父親が、軍隊車両にひき殺されたが、軍の謝罪の言葉もなく、慰謝料は微々たる金額であったという。

政府側は学生に「26日社説の動乱という言葉は、学生を指していない」と語っていたが、あながちその場しのぎの嘘とも思えない。しかし6月4日以降は、学生を反革命・反社会主義の張本人に仕立て上げた。閑話休題で、話をもとにもどそう。趙紫陽が述べたように学生運動は終息し、もとの大学生活にもどるように思われた。一部の学生は、自転車デモや市民に情報を伝えるべく、活動していたのではあるが……。筆者は、大学にもどり、ごく普通に、教え子や外国人教師と交換をしていた。

ハンガリー人教師に聞いて驚いた歴史がある。北京語言学院は1950年に創立され、本人は国から派遣されて、中国語を学んでいたという。建国翌年に中国語学習の高等教育機関を創り、世界から学習者を呼んでいたその大国意識に仰天した。幕末、琉球の留学生が北京で中国語と英語を学習したということを知ったのはずいぶん後になる。日本という島国から来た筆者にはむりもない驚きだった。経済大国を誇った日本人にもとうてい持てない大国の発想あるいは慣習だと感心した。

Ⅲ　ハンスト

民主化を求める学生運動の第一弾が4月27日だとすれば、第二弾は天安門を舞台とするハンストになるだろう。5月9日に人民日報記者たちが党と政府に対話を求める要望書を提出した。その署名者は千人を超えていた。胡耀邦の名誉回復と世界経済導報編集長の復職などを求めていた。学生デモに触発されたマスコミ関係者、右派になり文革で苦しめられた知識人なども立ち上がりつつあった。報道の自由は、マスコミ関係者の闘争でもあり、多数の被害者も含まれていたのである。

学生運動が市民たちも巻き込んで、大きな市民運動になりつつあった。これに上述した出稼ぎ労働者たちの動向も加わり、混乱に混乱を重ねる状況であった。Aによると、次回の学生運動は、ゴルバチョフの訪中をめぐっての政府とのやりとりであった。このころから学生運動の統一行動がバラバラになっていったことを沈彤は感じていた。この間、学生たちの失望感は大きかった。政府側の対話拒否に、学生側は意気消沈し、次に打つ手を考えあぐねていた。

この状況が大きく展開するのは、北京大学における柴玲の演説であった。「自分たちの命をささげて、政府側の真意を聞き出そう」という内容で、多数の学生たちを感動させた。学生たちは各大学の賛意をとり、13日から代表たちが天安門広場でハンストを行うことに決めた。ハンスト団は夕刻から天安門でハンストに入った。その間も、政府側（統一戦線部）との話し合いの会議はもたれ、学生代表や知識人代表などが招かれたものの、途中で解散して終わりになった。ある権威筋からの横やりがはいったという。のちに統一戦線部長は、これらの責任をとらされ解任された。

ハンストの突入は学生たちを奮い立たせ、多数の北京市民を感動させ、同時に学生の生命を気遣わせた。筆者は、ハンストの突入に驚いた一人である。話し合い拒否の政府側に対して、捨て身のハンストは学生側の敗北を意味しているし、学生側の犬死ではないかと考えたからである。また政府側すらも硬化させ、ますます話し合いの可能性はなくなるし、政府側を追い込んで弾圧に向かわせる好機ではないのか。これは筆者だけではなく多数の人々の頭をかすめたことだろう。

ハンストと同時に多数の看護婦や医師が天安門広場に常駐した。学生側の要求は、26日の社説撤回と対等な対話を求めるという二点であった。ハンスト団の指揮者は、北京師範大学院生の柴玲、副指揮は北京大学院生の封従徳と南京大学の李録が担当と決まった。北京高自連との関係は希薄だった。天安門広場は学生のピケラインがひかれ、学生証明書のないものは中に入れなかった。また天安門の東側は救急車の通路に決められた。

Bによると、同日趙紫陽と楊尚昆は鄧小平の自宅を訪れ、ゴルバチョフ会談の打ち合わせをして、学生デモの状況を報告した。趙紫陽が率直な対話、腐敗の一掃、透明性の実現などについて考えを述べたところ、鄧小平は大筋で合意したという。趙紫陽の懸命な活動は続いていたが、趙紫陽が活動を続ければ続けるほど、彼の孤立は避けることができなかったように思われる。すべての鍵は、鄧小平という独裁者の意思にかかわっていた。

翌5月14日、厳家其ら民主化を求める知識人が、ハンスト中止を申し入れ天安門にやってきた。光明日報の記者・戴晴が「学生に告げる書」を読み上げて、学生運動に賛意を示しながら、中ソ首脳会談のため、広場を撤収するように呼び掛けた。政府側の対話拒否が続いている以上、知識人の呼びかけは大人らしい戦略の提示であった。しかし、学生側はこの呼びかけにほとんど答えることはなかった。15日のゴルバチョフ会談を重視した知識人とハンストに入ったばかりの学生側の意識のズレがあった。

5月15日、ゴルバチョフは北京に到着した。儀式は天安門で行われる予定が、学生運動の広場占拠のため、飛行場に切り替えられた。数十年ぶりの中ソ首脳会談の開催は中国側も期待し世界に宣伝する好機会であったし、民主化を求める学生・市民側もゴルバチョフの発言に民主化の進展を期待したのではないかと思う。しかし、ゴルバチョフは粛々と会談を終えて、帰国した。趙紫陽のすっぱ抜き発言という土産を残して……。

北京外国語大学の正門には16日ころから、壁新聞と学生のハンスト情報が絶え間なく伝えられた。「〇〇語科の某君がハンスト何日目の何時に意識不明で病院に搬入！　▽▽語科の某君が泣きながら教師の参加を求めている！」筆者も教師なので、名指しされた教師の動揺が手に取るように分かった。ハンストを体験し、死に向かいつつある教え子から、天安門に来て、応援してほしいと言われたらどうだろう。外国語大学だけでなく、多くの大学から教師が駆け付けた。

教師として動揺は避けられないし、まして民主化をもとめる運動なら教師としても参加したいという思いは断ち切ることができない。このようにして多数の教師も天安門に駆けつけ、また横断幕をかかげてデモ隊の一メンバーになっていった。学生側のハンストの影響に戦慄さえ覚えたものである。弾圧に続いて、政府の課した厳罰に教師たちはどのように対処し、後悔したことだろう。冷静に対処した教師たちは安堵の胸をなでおろしただろうが、教師・学生間の溝は深まったことと推察される。

筆者は、教え子たちの奮闘ぶりを見るため、天安門広場にやってきたのである。ところが教師の証明書では中に入れず、周辺をうろうろして様子をうかがうしか仕方がなかった。その間にも救急車が次々と出入りし、騒然とした雰囲気だった。ハンストの外側では、大規模なデモが繰り広げられていた。百万人のデモ隊が天安門に繰り出し、筆者が驚くようなシュプレヒコールと行動を目にした。学生運動が市民運動になり、権力者への非難活動になろうとしていた。

新聞記者サポートの横断幕や大学の横断幕はこれまでも運動の延長線上にあるから、驚くにはあたらない。けれども高等学校（高級中学）生徒の横断幕には驚いたし、北京の各工場の労働者のデモには、デモの拡大を感じさせた。さらに市民たちの食事提供には、感動さえした。一番驚いたのは、政府批判どころか反政府運動そのものといった「李鵬やめろ！」「鄧小平引込め！」という横断幕の出現であった。共産党の権力者に対して今まで直接的な呼びかけはなかったし、現在でもほとんど目にすることのないストレートな横断幕であった。また若者の一部は、空瓶を並べておいて、一斉にその空瓶を蹴っ飛ばした。

中国語では、鄧小平の小平と小瓶の発音は同じで、小瓶の蹴とばしは、鄧小平の蹴とばしと同じ意味を持っているのである。鄧小平の独裁者辞任を、行動で示した次第である。前述したスポークスマン袁木は、円木と発音が同じで、円木（木魚）を打ちならして、袁木を打ち懲らしめた訳になる。中国では、昔から行われていた批判活動である。まさか目の前でそのような行動を見るとは思いもしなかった。写真5・6・7をご覧ください。

17日厳家其は5・17宣言を発表し、「独裁政治打倒！老人政治を終わらせよ！独裁者は辞任せよ！」と述べた。厳家其の宣言は、多数の学生・市民の思いを代弁していて、学生・市民の怒りに油を注いだ感じがある。Aによると、鄧小平が独裁者呼ばわりされるのは初めてで、宣言は過激すぎると沈彤は思ったという。この日、鄧小平は自宅に趙紫陽や党政治局メンバーを呼んで、戒厳令の発動を提案し、それが多数意見になって、軍隊の導入が決まった。

写真 5

写真 6

写真 7

Ⅳ 戒厳令と弾圧

Bによれば、鄧小平の戒厳令発動に李鵬や楊尚昆が賛成し、「老人組」はすでに賛成していた。趙紫陽と胡啓立は26日社説の誤りを述べたものの、彼らの意見は少数派とみなされ無視された。「独裁者は辞任せよ！」と批判されたまさにその日に、独裁者は戒厳令の発動を命じたのである。鄧小平と「老人組」は、共産党の権益を守ったというより、既得権益の維持に傾いたといえよう。鄧小平や楊尚昆は残り数年の余命しか残されていないというのに。

趙紫陽とゴルバチョフの会談は、16日の夕べに行われたが、そこで述べた発言が鄧小平を激怒させたと伝えられている。2年前の13期1中総で鄧小平の最終決定権が認められた、という内容である。趙紫陽はBの中で、党内では誰一人知らないものはない決定だと述べているが、それが事実ならば、胡耀邦の失脚と同じミスであったかもしれない。しかし共産党の総書記が、一介の老人によって、失脚させられた事実は変わらない。この後、趙紫陽は13年間軟禁され、亡くなる。

Cによると、共産党内にも学生支持派は多数いて、解放軍にも武力鎮圧に反対する将兵が多数存在したという。戒厳令の発動は学生運動の終息に繋がらず、戒厳令を違憲とする決定を、万里を責任者とする人民代表大会にゆだねて、なお戦おうという思惑があった。万里は海外にいて、学生運動を評価していたからである。学生の期待は、どう考えても無理があった。万里は帰国早々姿を隠して、戒厳令に賛同した。天安門の学生運動が明確な戦略もなく、その場しのぎの思惑に左右されていたことを示す例でもある。

Bによると、趙紫陽は回想録で、学生運動のリーダーに不信感を抱いていた。「一人のリーダーが冷静に決定を下すということはなかった。何か命令が下される場合でも、それは誰の命令でもなかった。本部のリーダーは頻繁に入れ替わっていたので……」と書いている。同じ印象はAにもあり、沈彤は「ハンスト団の指導部の陣容を聞いて、僕は心配になった。この学生運動は民主革命にかかわるものだったが、広場にいる学生の多くは自分たちが求めているものについてのヴィジョンを失っていて、そのために目標の達成はますます困難になっていたのだ。」と記している。

19日、戒厳令が発動された。Bによると、戒厳令施行を発表する会議に趙紫陽は出席を拒否した。彼は戒厳令を発動する責任者になることと学生たちの弾圧を避けたのである。その時点で趙紫陽の失脚は決まった。その後で、趙紫陽は天安門を訪れ、広場に来るのが遅すぎたと述べたが、弱弱しい話しぶりに多くの学生は、趙紫陽の失脚を感じた。鄧小平は当日、「老人組」や李鵬などを自宅に呼び、趙紫陽と胡啓立は呼ばれなかった。北京の幹部大会で李鵬は動乱鎮圧を宣言し、楊尚昆が軍隊導入を述べた。

Aによると、20日柴玲はハンスト運動を終え、平和的な座り込みに移行すると宣言した。その直後、戒厳令を発動した楊尚昆の演説が聞こえてきて、学生たちは猛反発をした。規模をさらに拡大したハンストに入ることを決めた。北京の大学の学生たちは、多数が天安門を離れて、大学で授業を受けており、広場にいるのは北京以外の大学生が7・8割であったという。天安門広場の衛生状態も悪くなり、多数の学生は撤退を考えているさなかの戒厳令であった。

戒厳令の発動に立腹したのは、学生たちだけではなく、市民は「学生を守れ！」「学生を殺すな！」と街頭に飛び出し、戒厳軍の前に立ちはだかった。戒厳軍は北京の東西や南から広場を目指したのである。Dにも、兵士を満載したトラックの前に、体を投げ出した老婆たちの懸命な阻止活動が紹介されている。命がけの市民の阻止に遭遇した解放軍はその場にくぎ付けにされ、身動きもできなかった。テレビもその情景をつたえ、ますます大勢の市民たちが阻止活動に加わった。

阻止した軍用車やトラックに対して学生や市民たちは、懸命に説得につとめた。しかし、命令を受けた兵士たちは、上官の命令なくては行動もできず、食事・排泄もできず、2・3日間厳しい状態におかれた。このような状況が数日間続き、双方疲労も極限に近づいたのではないかと想像された。兵士は動乱としか教えられていなくて、動乱者と市民たちとの区別もつかなかったことと思う。テレビを見ていて、戒厳軍を阻止する市民や学生たちに拍手をおくりたい気持ちだった。

Aによると、暴走族も市民側のメンバーとして、戒厳軍の動静を広場の学生側に伝えた。この暴走族は飛虎隊と称した。筆者は北京外国語大学にいて、無警察状態の雰囲気の中で、飛虎隊や菜刀隊という、ならず者たちが大暴れしているという話を聞いて、震え上がった。大学の教職員たちは、大学にいて外出を控えるようアドバイスしてくれた。無警察状態の恐怖や間違った情報による右往左往を考えるにつけ、正しい情報の提供は何より必要だと思ったものである。外国語大学の外側の第三環状線のまんなかに、机・椅子のバリケードが築かれていた。23日は、李鵬首相退陣を求める自称百万人デモがあった。この間、広場の学生たちは万里の行動や共産党内の分裂について、悲喜こもごもの感慨をいだいたように思われる。広場にもたらされた情報も、希望的観測が多かったように思われる。前述したように学生の方針は、二転三転している。そのような状況を案じて、北京高自連のリーダーたち王丹、ウルケシ、沈彤は、再三広場からの撤退を求めて演説したが、反対にリーダーを罷免されたり、無視されたりしている。

筆者は、北京外国語大学で日本語作文の授業を続けていた。戒厳部隊の阻止も続いていて、その状態が日常化している感じであった。北京に来て、やっと普通の大学教師の生活が始まったように思っていた。学生たちも天安門を片目で睨みつつ、自分たちの大学生活を楽しんでいるように思われた。また27日には、広場の学生は30日の撤退を決めていた。ところが、翌日には、撤退の決定を覆し、引き続き座り込みをすることを決める。天安門の座り込みも限界に近づき、学生たちの姿も少なくなって、自然解散に近い状態になろうとしていた。

一方、戒厳令の発動は決めたものの、戒厳部隊は市民たちに阻止され、戒厳令そのものの了解が取れていなかった。25日に中国7軍区の了解を取りつけ、やっと全軍区での統一行動が可能になった。戒厳令の発動は、鄧小平の命令とはいえ、軍隊にとっても異常な出来事だったことが分かる。6月4日以降、鎮圧後は27軍と38軍の衝突がおきたとか、軍隊内部の反乱とかが指摘されたが、内部分裂はなかったように思われる。

それどころか、Dによると、阻止された戒厳軍は一旦引き返す行動をしたものの、制服を脱いで変装し、決められた制圧地点に向かっていた。新聞社やテレビ局は次々に軍隊の占拠するところとなり、学生・市民側の報道はなりをひそめた。その占拠した報道機関を通じて、6月のはじめから「外出を控えて在宅するように！　街に出て被害を受けても当局の関知するところではない」という強迫じみた放送が繰り返された。

筆者は、その放送を耳にして怖くなり、6月以降の行動を控えていた。けれども市民たちは反対に「学生を守れ！」「中国人は中国人と戦うな！」「人民解放軍は発砲するな！」などと叫んで、街頭に繰り出したのである。「中国人不打中国人」は、国共内戦時のスローガンである。5月30日、筆者はのんきに銭湯での朝風呂を楽しんでいたのだが、帰り道に焼けただれたトラックの残骸を見て、緊張した記憶がある。軍隊のトラックとして火をつけられ、放置されたトラックだと思われた。

6月2日に、劉暁波、侯徳健などの4人が、6・2ハンスト宣言を発して3日間のハンストの列に加わった。侯徳健は台湾のシンガーソングライターで、「龍の伝人」の作曲家である。劉暁波は北京師範大学の教師で、コロンビア大学で研修中であったが、帰国してこのハンストに加わった。6・2宣言は、政府側の対応を批判し、返す刀で学生側の感情的態度をもとりあげて、民主化をもとめる運動の無抵抗主義を説いた。

『天安門燃ゆ』には鎮圧の詳細な記事があるので参照されたい。3日夜半には、人民大会堂は兵士ですし詰め状態であった。各種の記事、証言を見て気が付いたことは、兵士は変装して広場に来られても、武器がない。武器はトラックや小型自動車に満載して、天安門を目指していた。ここが最大の問題点である。なぜ武器を満載した自動車が、市民たちの群がる地域を通行しようとしたかである。普通に考えれば、市民たちは阻止しようとし、命令を受けた兵士は死守しようとするだろうし、実際にそのようにして殉職した。

軍隊はその気になれば、ヘリやその他の手段を用意できたと考えられる。素人の筆者ですら、武器を満載した車両の強行突破は不自然だと思うのである。解放軍兵士の死亡や市民のリンチ、さらに戒厳軍の発砲事件は、ほとんどこのような強行突破が原因で起こっている。戒厳軍は市民の抵抗を考えにいれていなかったのだろうか。武器を手にした市民たちを想定していたとしたら、軍部の作戦は恐ろしいことになる。「老人組」の10万人の死者が出ても構わないという言葉が実感を帯びてくる。

天安門広場での流血は、前に書いた劉暁波たち4人の、学生側と軍隊側への説得により避けられた。広場の死守を叫んだウルケシは、倒れて病院に運ばれた。初めから広場は政府からの回答を求めるために、ハンストで命を懸けるという方針であった。戊戌の政変で刑死した譚嗣同にならって、自ら死地に赴くという英雄的精神が濃厚に感じられた。ハンスト撤退を呼び掛けた知識人たちも、犬死はするなという呼びかけをしたものと思われる。天安門広場の流血は、劉暁波たちの努力で避けることができた。

V　弾圧後

中国の報道機関は、軍隊や政府に握られていて、威嚇だけはするのだが、実際の情報は何も与えてくれない。世界では、血の弾圧として解放軍の実射の状況も目にすることができようが、現場以外ではそれは不可能な話である。天安門の弾圧は、大学内の外国人教師の逃避・出国から始まった。まずアメリカ・ロシア（当時はソ連）人教師から逃避は始まり、欧州・アジアと続いた。友達のアメリカ人教師は、血相を変えて「早く逃げなさい！」と誘ってくれた。最後まで何の連絡もなくとどまったのは日本と北朝鮮であった。

多数の死傷者が出たという情報に疑問をもった筆者は、6月6日の早朝自転車に乗って天安門を目指した。第三環状線を南下して、公主墳に来ると、数えきれない兵士が橋の上に寝ていた。その間を通り抜けて、東に向かい軍事博物館の前に来ると、おびただしい数の車両が焼けただれていた。とりわけ道路の右側に多数の軍用車両がその残骸をさらしていた。中にはまだ煙を出して燃えている車もあった。

さらに木犀地に近づくと、トロリーバスやトラックがバリケードのように置かれて、燃え尽きていた。コンクリート造りのレンガが散乱し、道路そのものも焼け焦がれていた。これまで人の姿は見えなかったが、チラホラと人影も現れた。復興門の手前に来ると焼け焦げた小型バスの前に人だかりが目についたので、そこに行くと黒焦げの人間がバスの窓から吊るされていた。後で記事を見ると、解放軍兵士の死体で、市民の暴行の証拠として晒されていたという。

天安門事件を報じる週刊誌などに掲載されていた焼死体である。写真を撮ろうとした筆者に非難の声が上がり、慌ててそこを離れた。西単を通り過ぎたが、ここにもバスやトラックが残骸を晒し、その傍を通勤の自転車が何事もなかったように通り過ぎて行った。やがて新華門の前に来たが、新華門の前には土嚢が積まれ、凸字型に陣地が築かれて、兵士が銃をこちら側に向けて厳戒態勢をしいていた。

戒厳軍は天安門や中南海を制圧したものの、３日深夜から４日早朝にかけて激しい市民たちの抵抗に遭い、最低限の獲得目標としてこの地域を死守していた模様である。筆者は機関銃を構える兵士の前に行って、「你好！」と声をかけた。後から思ったことだが、兵士は緊張のなかで死守していた訳である。自転車をこいで土嚢の前に来て挨拶した人間を、ふざけていると思ったのだろう、ガチャと撃鉄を外して射撃する構えを見せた。

筆者は撃たれると思い、慌ててペダルをこいで、中南海の西側の路地に走りこんだ。こんなに緊張し時間の流れが遅いと感じたことは今までにない。緊張のあまり、体中から汗が噴き出して、髪は洗ったように濡れてしまっ

写真 8

写真 9

写真 10

た。緊張感のあとの脱力感が激しく、どこをどう通って大学に帰ったのかほとんど記憶がない。自分は日本人だと思い、撃たれるはずがないと高をくくっていたのである。帰国してから、週刊誌をみると、弾圧後戒厳軍に近づいて撃たれた市民も多くいたそうである。写真8・9・10をご覧ください。

7日の夜、家族からの帰国を説く電話をもらい、8日に臨時便の飛行機で帰国した。機上で、機内食をすませた筆者は、学生たちの逃避を思って涙が止まらなかった。8月下旬、再び中国に戻り、授業を再開する中で、外国語大学の学生の中に死者はなく、負傷者一人と聞いて、安堵したことを覚えている。事件後思想教育に追われた学生の反抗的な態度に同情し、政府側の課した厳罰にさらなる憤りを感じたものである。

政府側の課したペナルティの一つは、軍事博物館の見学と戒厳軍の談話を聞くことであった。さらに翌年から入学する学生たちに課した軍事教練であった。また筆者が最も驚いたことは、大学4年生の北京市民権の剥奪であった。北京の大学生には、就職にともなう北京市民の市民権が与えられていた。女子学生が教えてくれたが、大都市の男性は一等市民、女性は二等市民と言う。大都市から農村まで、戸籍で厳しい等級が存在していたのである。

大都市の市民は様々な市民サービス（医療・食料・進学など）が受けられるが、農村戸籍の農民には何もない。農村部の受験生には「君の戸籍が農村部にあることを忘れるな！」と呼びかける言葉があって、受験生を発奮させているという。大都市と農村には戸籍という大きな壁が立ちはだかっているのである。北京の大学に入学した学生の夢までを奪うという厳罰はなになのか。これからの時代を担う学生たちの夢まで奪う権利があるのだろうか。筆者はいたたまれない思いにかられた。

翌年の帰国時、筆者の搭乗した中国民航は上海で長時間留まった。帰国後帰宅してから気が付いたが、飛行機にあずけた荷物のなかから、中国人の友人に託された手紙がすべてなくなっていた。しばらく自分の迂闊を恥じるとともに、中国政府の諜報活動のすごさに恐怖すら感じた。

天安門事件から30年が経過した。腐敗現象はとどまるところを知らず、共産党そのものが腐敗に覆われた感じがする。腐敗を摘発される側も摘発する側も腐敗に漬かり、腐敗の額や程度で摘発する状態から、腐敗すら意識されないアルツハイマー的状態が続いている。「死ぬべきでなかった胡耀邦」の悲劇はどこまで続いてゆくのだろう。今の共産党書記長は習近平だが、父親の習仲勲は天安門事件で趙紫陽を弁護し、閑職に追いやられたという。天安門事件はまだ終わっていないという思いが断ち切れない。

2、六四天安門事件三〇周年に当たって

筧 文生

六四天安門事件が起こったのは、一九八九年六月四日のことである（一九七六年四月五日の胡耀邦死去をきっかけに起こった事件を四五天安門事件あるいは第一次天安門事件と呼ぶ）。この日、北京では、学生デモ隊に向って軍隊が発砲、多くの死傷者を出した。

一九八九年と言えば、日本では一月七日に昭和天皇が死去し、元号が平成に替わった年である。昭和天皇は一九二六年十二月二十五日に即位して以後、軍部による中国山東省への三度にわたる出兵、一九二八年の張作霖爆殺、一九三一年九月十八日の柳条湖事件、さらには一九三七年七月七日の盧溝橋事件をきっかけに始まった日中全面戦争、そして南京大虐殺など、中国への武力干渉に積極的にかかわって来たのはもちろん、その後も、軍部の主導する太平洋戦争をも追認、日本を破滅に導いた責任を免れることは出来ないであろう。

朝日新聞「声」欄（二〇一九年一月九日）に、宮城県の鍼灸師佐藤一氏の「どう継承 天皇の戦争責任」という投書が載っている。それには「大君の 今におわすを 見るにつけ 骨一個だに無き わが夫想ふ」という、沖縄で戦死した夫を思って詠んだ佐藤氏の亡き伯母の歌が紹介されている。しかし昭和天皇は一九七五年の記者会見で、戦争責任について問われると、

「そういう言葉のアヤについては、私はそういう文学方面はあまり研究もしていないのでよくわかりません」と答えたのだそうだ。開《あ》いた口が塞《ふさ》がらぬとは、このことであろう。

昭和天皇の後を継いだ平成天皇が、天皇としての最後の誕生日を迎えた二〇一八年十二月二十四日を前に、みずからの在位三十年間に、戦争がなかったことに安堵したと述べたのは、父が在位した昭和時代を振り返ってのことであったに違いない。そして今年、二〇一九年春には平成天皇が退位し、新しい天皇が即位、五月一日に平成から新しい元号に替わることになっている。安倍晋三首相によれば、新しい元号は四月一日に発表されるという。皇太子（?）が即位する一カ月も前に、新しい元号が公表されるなど、前代未聞のことである。

そして今年、二〇一九年は、中国で「六四天安門事件」が起こって三〇周年を迎えることになる。まず、この六四事件の経過を、私なりにざっと振り返っておこう。

ことの発端は一九八九年四月十五日、中国共産党前総書記の胡耀邦が死去、十七日には、天安門広場で胡氏追悼の学生デモが起こり、十九日には学生ら約千人が党や政府機関のある中南海に入ろうとして、警官隊と衝突。胡氏追悼大会が開かれる前日の二十一日夜には、天安門広場に集まった学生や市民が五、六万人に達したのをはじめ、西安や天津、南京などでも、学生の授業放棄やデモが起こった。そして二十六日には中国共産党の機関紙「人民日報」が、学生デモを動乱と決めつける社説を掲載する。しかし五月四日には「五四運動」七十周年を記念し、中国の「民主化」を要求する数万人のデモが起こり、十三日には天安門広場で二千人の学生がハンストに突入した。

李鵬首相は、一カ月以上にわたる学生デモを終息させるために、五月二十日、北京市内に戒厳令を布告。二十三日には、それに抗議する学生や市民が百万人規模のデモを行うと、政府は二十四日に報道機関を軍の統制下に置いた。

戒厳令が布かれて二週間、六月に入ると、連日、約千人の解放軍兵士が北京の中心部を行進、民主化を求める学生や市民を威圧した。そして三日夜、遂に戒厳部隊が発砲、四日朝には、天安門広場に戦車や装甲車が突入、学生や市民に向って自動小銃や機関銃の無差別乱射が行われ、死者二千人、負傷者五千人と言われる多数の死傷者を出したのである。

当時、北京に駐在していた日本を含む世界各国の記者たちは、連日、この事件をリアルタイムで報道、我々はテレビや新聞に釘づけになったのを覚えている。

当時、私が勤務していた立命館大学は、中国留学中の教員に対して、内乱状態にある中国にこれ以上滞在するのは危険だと判断、即時帰国せよとの命令を出した。やむなく留学を途中で断念して帰国した教員に対して、大学側は残った留学期間の費用を返還するように要求。こういう内乱状態の時こそ中国の実情を知る絶好の機会であるにもかかわらず、帰国を命令しておきながら、留学費用の一部を返せとはなんだということで、教授会が紛糾したのを覚えている。六四事件のとばっちりは、思わぬところで日本にも及んだのである。

事件の翌年、すなわち一九九〇年十一月二十一～二十五日に、唐代文学国際学術討論会が南京で開催された。私も参加したこの学会には、北京・天津・上海など中国各地の大学はもちろん、台湾や香港、日本、韓国、アメリカ等を含む九十人余りの研究者が参加。この学会を主催した南京大学・南京師範大学など四つの大学を代表して、南京大学の曲欽岳学長が歓迎の挨拶をされた。

この時の発言要旨は『唐代文学研究年鑑―一九九一年』（一九九二年八月 広西師範大学出版社）に掲載されている。私のかすかな記憶では、この時、微妙な表現ではあったが、六四事件に触れられたはずだが、もちろん〈要旨〉には載っていない。しかし、天津や西安、南京、成都、広東など、北京から離れた地域では、その受け止め方に微妙な温度差があったのではないだろうか。各地から来られた中国の研究者と接触する中で、そのことを強く感じた。

その後、北京以外の地域から日本に来られた中国の研究者や留学生と話し合う中で、事が六四事件に及ぶと、怒りを抑えかねたように、当局の対応を批判する人たちがいた。この問題は、いずれ歴史が結論を出してくれるであろう。

なお、マスコミ関係者以外にも、一九八九年六月前後に中国を旅行していて、北京の状況をカメラに記録していた人たちがいたことも忘れてはならない。たとえば立命館事務職員で、休暇をもらってしばしば中国を旅行していた故小原輝三氏がそのうちの一人である。彼はカメラの趣味があり、どこへ行くにも常にカメラを手放さなかったおかげで、天安門事件に遭遇した時に撮った写真を『向銭看時代─中国　一九八八年～一九九七年　豊かになれる人から豊かに』（二〇一〇年二月　文理閣）に収めて出版している。ある評者によれば、高度経済成長を続ける現代中国の原初ともいえるエネルギーが十年間の写真の中に現れているという。

また南宋時代の著名な詩人陸游（一一二五～一二一〇）の研究者である佐藤菜穂子氏も、はじめて中国を訪れた時、偶然この日の北京をカメラに収めている。氏によれば、この日の北京で起こった事件が、テレビなどで逐一日本に報道されているとは知らず、のんびり帰国すると、まわりの人たちから「よく事件に巻き込まれずに無事帰国できたなあ。よかった、よかった」とさんざん言われて、びっくりしたとのこと。

マスコミ関係者以外で、この日の北京を撮った人は他にもたくさんいたはずである。あれから三十年も経ってしまってからでは遅いであろうが、この日の北京を、あるいは事件を知った天津や西安、上海、南京、広州、成都など中国各地の状況をカメラに記録したものが公開されればと切に思う。

3、中国における「統治の正当性」問題とは何か

「第二次天安門事件＝6・4事件」30周年を迎えて

山本　恒人

はじめに

国民あるいは民衆といってもよいのだが、その「異議申し立て」を中国共産党と政府とがどのように受け止め、処理しているかは「統治能力」を測る重要な領域となる。民衆は「文化大革命」の悲惨な歴史と現実をくぐり抜けて、1976年には「民主と法制」を求めて第一次天安門事件を起こし、「改革開放」へのひとつの橋渡しとなった。「改革開放」への政治転換は「北京の春」と呼ばれる民主の胎動期をもたらしたが、「精神汚染除去」（1983年）、「ブルジョア自由化反対」（1987年）という強硬派主導の逆流によって押し返された。「反右派闘争」（1957年）の誤りを正す象徴としての「右派分子」の名誉回復および「文化大革命」を誤りとして「総括」した中国共産党「歴史決議」（1982年）を主導し、民主の流れをその「権限」において可能な限り許容したのは総書記胡耀邦であった。1989年の「第二次天安門事件」はその胡耀邦の不慮の死への追悼を契機として、学生を中心に民主の徹底を共産党に対して強く求める運動に発展したが、最終的には「動乱」と断罪され、強硬な弾圧によって多数の犠牲者を出す結果となった。この弾圧を指揮したのが「反右派闘争」の開始を総書記として指揮した鄧小

平であったことも象徴的である。大筋はこのように捉えることはできても、6・4事件それ自体を分析対象として中国共産党の「統治」の姿勢や「統治能力」を直接測るには、事件とその結末に関して政権の側も民主化運動の側にも、まだ闇に包まれている領域が大きい。したがって、別の角度から「統治の正当性」問題を考えてみたい。

近年、習近平氏が中国共産党による「統治の正当性」の危機に度々言及している。汚職腐敗一掃の号令を発した2013年に、「民衆が深く恨み、徹底的に嫌うこと」として、「形式主義、官僚主義、享楽主義、贅沢三昧」の4つを挙げて、「人心失えば共産党滅ぶ」と強調したのが分かりやすい事例である。[1] 習近平氏は、そのほかにも中国共産党が人民に見放される時、党は「執政資格を失って歴史の舞台から降りざるを得ない」(2016年)とも述べている。[2] この演説の中で、習近平氏は毛沢東が1949年の北京入城時に「今日から我々は試験を受ける日々を送る」と語ったことを引き合いに出している。「人心を失う」とか、「人民に見放される」とか、人民による「試験を受ける」という発想は、明らかに伝統思想「天命」を意識した言葉でもある。その文脈では、「執政資格」すなわち「統治の正当性」のゆらぎ、あるいは危機を問題としているのである。謙虚な姿勢であるともいえるが、最高権力を掌握しきる過程での党内引き締めのための言説だという解釈も可能である。

習近平氏の言説が本音であるか、それとも手段的言辞であるかは緻密な検証を要するが、ここでは民衆による「異議申し立て」を中国共産党がどのように受け止めているか、また統治にあって「国民主権」という建前をどのように配合しようとしているかを概観することでテーマ解明のアプローチを試みる。

I　官僚主義・「汚職と腐敗の蔓延」問題

(1)反腐敗運動の進展—庶民は「絶望から希望」へ

腐敗は構造的、「人心失えば共産党滅ぶ」

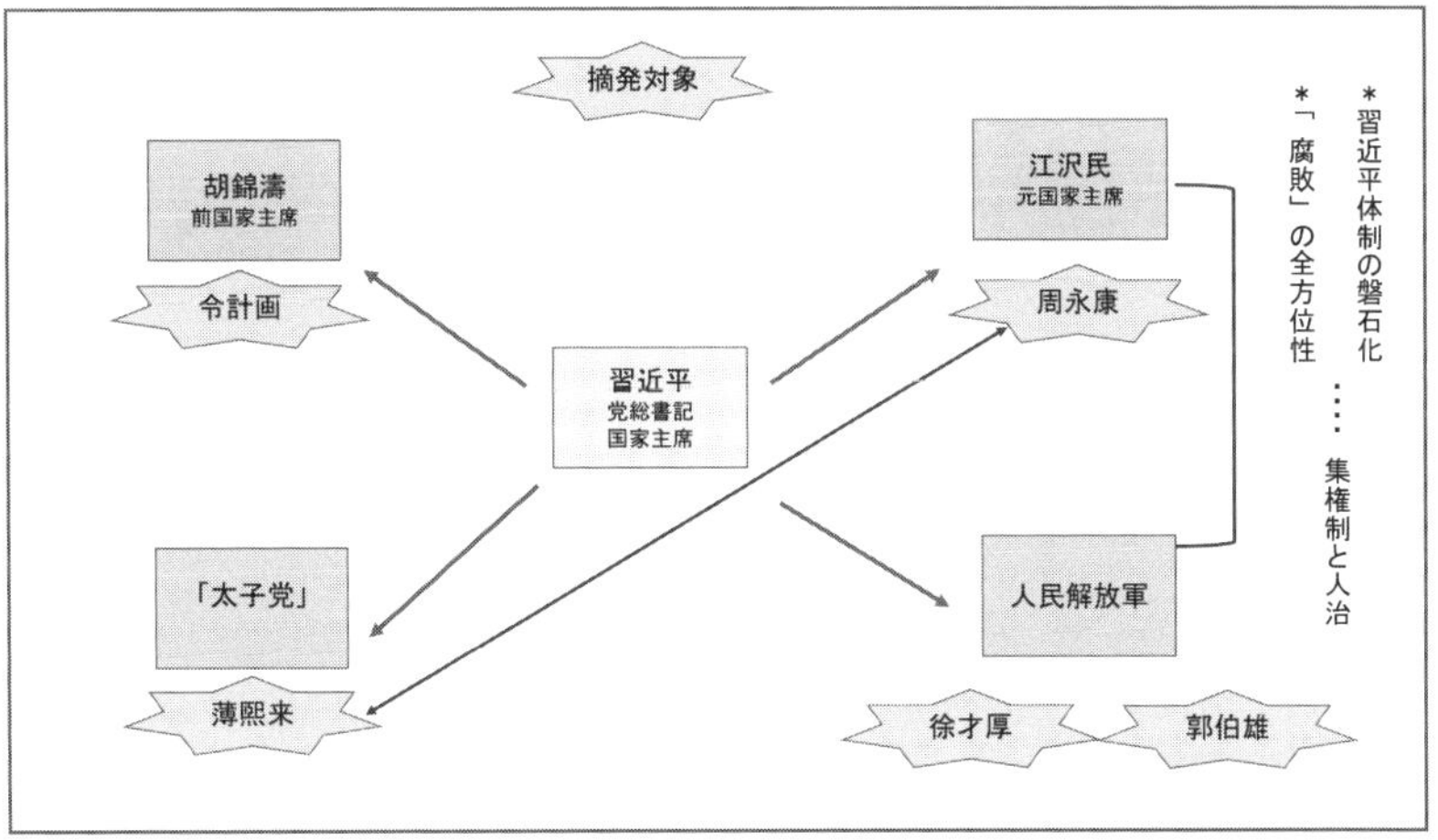

習近平氏は前記のように「民衆が深く恨み、徹底的に嫌うこと」として、「形式主義、官僚主義、享楽主義、贅沢三昧」の4つを挙げて、「人心失えば共産党滅ぶ」と強調し、「虎もハエも同時に叩く」という表現で、その決意を披露したのである。その摘発は、江沢民氏をバックにもつ前「チャイナ9」の周永康、胡錦濤氏配下の令計画、いわゆる太子党の重慶市党書記薄熙来、そしてやはり江沢民氏の抜擢を受けて中央軍事委員会副主席を務めてきた郭伯雄と徐才厚、と全方位に及んでいる。上図は摘発の全方位性と習近平体制の磐石化を示唆するものである。その全方位性が意味しているのは、汚職と腐敗の深刻さと広がりが偶発的なものというよりは構造的なものであることを示している。構造的というのは、L. Holmes が指摘する「ノーメンクラツーラ」体制（ソ連崩壊前の支配階級体制を指している）である。[3] 市場経済は諸個人の利益最大化の追求を通じて諸資源が合理的に配分されるシステムとされる。中国の市場経済は「市場の失敗」を避けるべく「社会主義市場経済」という形式を取っており、呉敬璉のように「半市場経済・半統制経済の二重体制」とみることもできるし、「国家資本主義」とみることもできる。[4] 市場経済と国家による統制（許認可と誘導）とが並立しているのであるから、国有企業や民間企業、中央・地方の行政機関あ

るいはそれらの相互間に利益を最大化するための競争があるだけでなく、妥協、融通、癒着をも生み出し、それにともなう汚職や腐敗も必然的に拡大する。それゆえ、習近平氏の摘発路線は「構造的腐敗」を抜本的に一掃できるのかどうか、問題点があるとすれば何かが問われることになる

庶民派作家の観察　「反腐敗運動は庶民の信頼を取り戻す」

ところで、この問題を考える上で興味深い人物を『朝日新聞』の「インタビュー『中国民衆の思い』」[5]が取り上げていた。中国の人気作家・梁暁声氏。北京語言大学教授で、自らの体験も含め文革期の下放知識青年の問題を中心に作品化し、「老百姓（庶民）」派とも称される作家である。

梁暁声氏はそのインタビューで、大意、次のように語っている。

＊実は3年前まで、私も中国の未来を信じていなかった。それは腐敗問題があまりに多く、あまりに大きく、ひどすぎたからである。大小の権利を持つものはみな腐敗し、賄賂を要求、人々の不満は限界に達していた。

＊最も危険なのは、腐敗の蔓延が各地で抗議運動を引き起こしていたことである。行き着く先は造反と革命、混乱しかない。腐敗が老百姓の心を侵食し始め、あらゆる中国人が国に未来などあるわけがないと感じ始めていた。

＊しかし、習近平氏が政権につき徹底的な反腐敗運動を進めるに及んで、人々は「中国にも未来はある」と口にし始め、私も未来を信じ始めました。

続いて、梁暁声氏は〈習近平氏はなぜ反腐敗運動を始めたのか〉、それにもかかわらず、他方で〈なぜ言論統制を強化しているのか、社会改革には批判は必要なのでは〉というインタビュアーの質問に対して次のように興味深い見解を述べている。

「紅二代」と「老百姓」（庶民）

第1の見解：（党幹部の子弟である「太子党」は、「紅二代」（革命に身を投じた人々の子弟）と「官二代」（建国後に出世した官僚の子弟）とに分かれる。「紅二代」は国への責任感が重く、その責任感は「党を救い、国を救い、人民の為に」の三点に集約され、彼らは「ここは我々の国家だと考え、危機感を抱いている」。習近平氏こそ「紅二代」であり、その責任感を共有している。この「紅二代」の強い支持と「老百姓（庶民）」の支持があるから反腐敗運動を進めることができた）。

第2の見解：これは二段からなる。①（「知識人は言論の自由が欲しいと言う。外国と同じ自由を与え、新聞などで批判を始めたら改革も発展も止まる」。中国は「一放就乱、一乱就収（緩めると乱れ、乱れると引き締める）」であって、欧米や日本の人はこのような特質をよく理解していない」。この議論は天安門事件（1989年）の際に鄧小平氏もよく語っていたことである。②（老百姓（庶民）は「民主なんて関係ない、財布が大きくなればそれでいい」と思っている。すなわち「羊腿（財布）と民主の問題」。「国がやるべきことは毎年毎年彼らの財布を大きくすること」。「農村の貧しさを知る中で、私は中国とは何かを理解したのです」）。

文革世代として農村に下放され辛酸を味わい尽くしつつも、そこで農村の実態を知り、知識人でありながら、そこに自分の位置を見定めて作品を作り、社会的発言を続けている梁暁声氏の言葉には説得力があり、中国を見つめる貴重な視点に学ぶことは大切だと思う。しかし、敢えてその言説にある矛盾や問題点を掘り下げてみる。

(2)反腐敗運動の原動力はなにか

反腐敗運動の原動力は老百姓（庶民）にあり

先ず、梁暁声氏の第1の見解で違和感を持つのは、「紅二代」（革命に身を投じた人々の子弟）に対する過大評価である。腐敗一掃で真っ先に摘発された薄熙来は、習近平氏同様「紅二代」中の「紅二代」（革命の元老・元副首相薄一波氏の子息）である。「紅二代」が「党を救い、国を救い、人民の為に」という責任感、使命感を無条件に持っていると見なすのは、実際上も、論理的にも幻想にすぎない。文化大革命中、「親が赤ければ子も赤いのか」と根底的問いかけを行い、「反革命分子」として処刑された遇羅克による「出身血統主義批判」によって、完膚なきまでに批判された発想である。[6]

より重要なことは、習近平氏に「人心失えば共産党滅ぶ」とまで認識させた人心の存在である。腐敗の蔓延によって、「未来を信じることができず」、「不満は限界に達し」、「各地で抗議運動を引き起こす」ような、人心、老百姓（庶民）の心と行動こそが習近平氏を動かしたとみるべきである。そう認識できたのは、彼が「紅二代」であったからというよりは、国家指導者として責任感をもって現実を見つめれば、徹底した反腐敗を進める以外に国家の未来はないという状況に置かれていたからである。

中国の伝統思想「放伐論」の反映

そもそも「人心失えば共産党滅ぶ」という発想は中国の伝統思想の一角を反映したものである。原始儒教にあっては、「放伐論」すなわち「君主は天より命を受けて広大な国土と民衆とを依託されたのだから、心をこめて民衆を穏やかに安んじさせ教育しなければならない」、「君主が天への義務を怠り、私利にのみ走れば、放伐（追放あるいは討伐）の処罰を受けて当然である」といういわば革命的思想が含まれていたが、まさに古来政権を担うものの責任を思想化したものだといえる。[7] 筆者は常々、他の国に比べて、中国では庶民の不満や抵抗が、それらが粗野な形態を取るにせよ、より理性的な形態を取るにせよ、社会の底層に滞留するというよりは、社会の表層に噴出する度合いが相対的に大きい、すなわち社会がそのようなチャネルを有していると考えてきたが、それは上にみたような社会的・歴史的・思想的伝統を反映しているからなのであろう。

その意味では、習近平氏に「天命」を突きつけたのは老百姓（庶民）なのであって、国家指導者として習近平氏はそれを受け止め、私利に走る共産党大小幹部に鉄槌を下しつつあるというべきなのである。「紅二代」、「官二代」、あるいは「成り上がり」かどうかという問題は副次的な問題にすぎない。

(3)権力の乱用を制限する制度化とは何か

根強い大衆不信

腐敗の蔓延に対して、「未来を信じることができず」、「不満が限界に」達して、「各地で抗議運動を引き起こす」ことによって習近平氏を突き動かした老百姓（庶民）と、「『民主なんて関係ない、財布が大きくなればそれでいい』と思っている」老百姓（庶民）と、梁暁声氏の中ではどのように老百姓（庶民）の実像が結ばれているのであろうか。梁暁声氏の「第二の見解①」に含まれる矛盾点である。「緩めると乱れ、乱れると引き締める」という歴代共産党指導者に共通する視点も、梁暁声氏は「第二の見解②」で共有しているが、これは社会の主体は誰かという原点が抜け落ちた発想ではないだろうか。上に立つ英明な指導者あるいは指導者集団と無知蒙昧な大衆という構図である。「しっかりと握っていなければこぼれ落ちてしまう砂」、これも鄧小平氏の言葉ではなかったか。[8] あれほど「大衆路線」を強調する中国共産党の深部での大衆不信と考えざるをえないし、「老百姓（庶民）」作家梁暁声氏でさえもそれを共有しているのである。

このような発想は「一党支配体制」の本質的特徴からきており、中国共産党も「ノーメンクラツーラ」体制と無縁ではありえないことを示している。「紅二代」であれ、「官二代」であれ、「成り上がり」であれ、彼らは中国型の「ノーメンクラツーラ」を形成している。前出のL. Holmesは、「ノーメンクラツーラは社会を支配する上での共産党の武器庫の中でも最強力の武器である」[9] と述べたが、確かに共産党一党支配体制と不可分である。

共産党のもつ中央集権原理は「社会のすみずみのリーダーシップ」を中央委員会に、そしてその長たる総書記に束ねる組織原理を持っているのである。国民が権力を一旦共産党に委ねてしまえば、国家権力の意思と国民の意思との相互交通を保証する制度的機能は保証されていない。国民が共産党に強制する手段はなく、共産党が国民に強制する手段のみが残される組織原理なのである。西村成雄氏は「主権在民」という概念に対する「主権在党」という概念を対置しているが、至当というべきであろう。[10] この原理があって初めてノーメンクラツーラは支配階級となりうる。こうして国家権力は共産党によって、共産党員からなるノーメンクラツーラによって、そしてノーメンクラツーラを選抜する総書記によっても簒奪される可能性が成立する。[11] そして、全方位すなわち「社会のすみずみのリーダーシップ」の担い手において汚職と腐敗が構造的に起こるとき、「ノーメンクラツーラ」体制のもとでそれを止めることは極めて困難な事態となるのである。

権力の乱用を防ぐ制度的保障について

汚職と腐敗の蔓延は中国において共産党への権力集中が超法規的に確立していることと密接に関連している。中国では「法治主義」が大きく見直され、18回大会とくにその第4回中央委員会では、法治の確立が全面的に強調された。しかし、厳密には以下の論点をはっきりさせておかなければならない。森川伸吾弁護士は「中国の国家制度の憲法的枠組み」について次のように結論づけている。[12]「1999年憲法改正においては『社会主義法治国家』という概念が強調された。これは『人治』から『法治』への流れを憲法上確認するものである。但し、この『法治』は、国家は国家権力が定めた法に従って統治されるという概念であり、国家権力を制限する『法』の存在を認める『法の支配』の概念とは別のものである。また、法の制定主体である国家権力は共産党により指導される存在である。したがって、この『法治』と『党治』（共産党による支配）は両立する概念である」。森川氏は、「法治」と「党治」は両立する概念だと、穏便に表現しているが、「党治」が「法治」を抑え込む可能性を常に有しているという意味では、法が国家権力を制限する効力を最終的には持たない、すなわち「法の支配」という原理には距離を置いていると捉えるべきである。筆者が上に「共産党への権力集中が超法規的に確立している」と指摘したのも同様の意味である。

以上の意味で、フランシス・フクヤマの指摘は示唆に富むものである。「中国は最も早く『近代国家』を成立させました。官僚制があって中央集権的で、能力本位で、さほど縁故主義ではない。中国はそうした制度をつくるのが得意です。ただ、そこには、『法の支配』や『民衆に対しての説明責任』という仕組みがない。この2つは国家を縛り、国家権力が公共的な目的で使われるよう担保するものです」。「権力行使に制度的な抑制がきかないため、中国に悪い皇帝（トップ）が出たときには、対処する方法がない。これは歴史的に中国が抱えている問題で、未解決なままです[12]」。

共産党第18期4中全会の「人治」から「法治」への決定

２０１４年10月に開催された第4回中央委員会では、「法治主義」の徹底が決定された[14]。改革・開放の時代に入って「人治」との決別、「法治」の確立がくり返し強調されてきている。確かに、毛沢東時代と比べると法制の整備も著しく進んでいる。しかし、この数年間に数十万人の幹部が処分され、中央委員、中央政治局委員、政治局常務委員、中央軍事委員でさえ、目を疑うような不正蓄財を働く事態は庶民の間には知れ渡っており、怒りと不信が渦巻いている。このような状況の中で、改めて「法治主義」の徹底が強調されたのであり、それ自体は歓迎されるべき重要決定である。そこでは、「憲法を核心とする法体系」、「法の前に人々は平等である」ということを基礎に、現代的な統治を実現するという壮大な展望が示されている。「言をもって法に代え」、「権力をもって法を抑えつけ」、「私欲をもって法をないがしろにする」というような依然横行する行為は、「社会主義的法治原則に反し、人民大衆の権益を損ない、党と国家の事業の発展を妨害する」ものと厳しく戒められている。この決定は、「大衆の切実な利益に関わる領域での法的効力の強化」という文言に示されるように、庶民の怒りと不信を強く意識したものであることがうかがえる。

「決定」冒頭の一・〈中国の特色ある社会主義法治の道を歩み、中国の特色ある社会主義法治体系を建設する〉において、総目標が掲げられている。それは要約すれば、「共産党の指導の下に、中国の特色ある法治体系を築き、社会主義法治国家を建設」し、「法治国家、法治政府、法治社会を一体的に建設する」ことにおかれている。

しかし、ここでも次の論点が明確である。この「総目標」を実現するにあたっての「原則」の提示である。「党の指導は法による国家統治の全過程を貫く」ものであり、「社会主義的法治は党の指導を堅持しなければならず、党の指導は社会主義的法治に依拠しなければならない」。ここに示される「党治」と「法治」の相互依拠関係は、まさに森川氏がいう「法治と党治の両立」（18期第4回中央委員会「決定」にある表記では「党の指導と社会主義法治とは一致するものである」）であり、すでに述べた通り、法が国家権力を制限する効力を最終的には持たないのである。そして、決定は改めて「我国の憲法は中国共産党の指導的地位を確立しているのである」と念を押している。

共産党と国民の間の相互交通制度化の重要性

中国共産党が超法規的に権力を集中しており、そのことが憲法によって保証されており、そのもとで徹底した法治主義が強調されるというのは、根幹的な矛盾点である。とはいえ、現在「反腐敗運動」が老百姓（庶民）の支持を受けつつ進展しているという現実過程において、その根幹的な矛盾の解決方向が考察されなければならない。

その意味では梁暁声氏が先の「インタビュー」で次のように述べていることに注目しておきたい。「老百姓（庶民）の希望を制度化すること」、「老百姓（庶民）の素質を高めること」が大切で、老百姓（庶民）が「国家の状態と方向を決めるのです」。この指摘は全く正しい。ここに至って、「老百姓（庶民）」派作家梁暁声氏の面目躍如たるを見る。

筆者は梁暁声氏の「インタビュー」記事に啓発を受けるとともに、専らその「インタビュー」記事をもとに議論を進めてきたが、梁暁声氏自身の著書を繙いてみたい。その著書『我相信中国的未来（私は中国の未来を信じる）』は、汚職と腐敗そのもの、あるいは習近平氏の「反腐敗運動」に対する評価を主題とするためのものではなく、自伝的要素の高い、いわば自己総括的エッセイ集である。そこでは筆者が上に批判的に指摘した「深部での大衆不信」とは、梁暁声氏は縁もゆかりもない人物であることが分かる。また、北京での外国人記者よるインタビューにそれなりの配慮を呈した発言が含まれていることも推測できる。梁暁声氏の根幹的な信念は次の言葉に尽くされている。「私は堅く信じている。これからの三十年間に各級政府は人民が管理する社会的権力に取って代わられ、権力と権力に対する人民による監督との間の望ましいバランスがますます回復されていくであろう[15]」。もちろん、「腐敗問題」についても語っている。「人民大衆の現在の腐敗に対する忍耐は未曽有の域にあり、すでに限界点に達している。『貧すれど死を恐れず』の風格は一体どこへ消えてしまったのか。人民大衆は眼を凝らして中共中央と国務院がどう対処するかを見つめている。ようやく好転してきた中国がその前途に夭折することがあるとすれば、それは腐敗によってである。私が唯一見出しうる解決策は、政治体制改革の歩みを加速することによって、腐敗一掃の決戦に挑むことである。若干の『民生』問題さえ解決すれば、腐敗や不公平現象に対する人民大衆の恨みを解消できると考えるのは全くの誤りである[16]」。

社会の主体は老百姓（庶民）、国民なのである。このことと中国共産党との関係はどうなっているのであろうか。ひとことで言えば、共産党は社会の主体である国民を指導する存在である。これは中国憲法に明記されている[17]。中国憲法には「新民主主義革命と社会主義の事業の達成」という国家目的の定置そのものと、その達成のための担い手に対する「共産党の指導性」が規定されている。一応、老百姓（庶民）が決めるべき「国家の状態と方向」

と憲法が規定する「新民主主義革命と社会主義の事業の達成」との間には矛盾がなく、〈国の安定と国民の幸福〉という内実で一致していると仮定しよう。それでも日々変化する国内外の情況は〈国の安定と国民の幸福〉の実現をめぐって、国民の相互間に、共産党の内部に、国民と共産党との間に、さまざまな利害の対立や、軋轢を生むことが起こりうる。このような時、共産党の指導性が意味を持ち、その指導性の優位性を憲法が保証しているのである。重要なことはその指導性が無謬ではありえないことである。国民によって指導性を託された共産党が、指導の内容と方向性で誤りに陥ることを避ける唯一の方法は、社会の主体たる国民のチェックを受けることであろう。共産党と国民との対話ともいいうる。それが本来の意味での民主主義である。単純に民主主義というのに抵抗があるのであれば、「社会主義的民主主義」と言っても良い。「人民代表大会」や「政治協商会議」はそのチェックと対話の制度としてはなお不十分であり、[18]梁暁声氏が指摘するように「老百姓（庶民）の希望を制度化すること」が求められているのである。腐敗蔓延と反腐敗運動の全過程はそのことをこそ物語っているのである。第1次天安門事件（1975年）から「零八宣言」（2008年）をへて今日に至る「民主の流れ」と真正面に向きあうことこそが、中国共産党と国家に求められているのである。この流れを担った人々は民主の全てが実現するなどとは考えていない。現実を見る目を持った人々であり、妥協を恐れない人々である。[19]

知識人は相互交通を支える存在

知識人についても信頼と寛容が必要である。中国共産党の憲法的枠組みそのものに疑義を呈し、「体制批判」に及ぶ知識人もいるが、ほとんどの知識人は共産党の存在意義とその国家的指導性を認めたうえで、その問題点や指導性のレベルに批判を投げかけているのである。腐敗の裏側には権力の乱用があることは習近平氏も認めている。[19]これに対する批判や提言をも「体制批判」として警戒し、言論統制によって知識人の批判的精神を封殺するというのは、なんとも硬直的で、勿体ない話である。たとえば、多くの知識人（弁護士やジャーナリスト、各レベルの教師たち）が、反腐敗に限らず各領域で「抗議・抵抗運動」をする老百姓（庶民）に寄りそって、実力行使だけが方法ではないことを説き、法律的手段をともに学び、その実行を手助けするというのは、まさに「老百姓（庶民）の素質を高めること」に繋がっているのである。[20] これは共産党の統治の土台により豊かな可能性をもたらす行為なのである。知識人も社会の主体たる国民の一員であり、その言論を統制することは国富を棄損することにつながるであろう。

それにしても中国の知識人の度量は広い。「政府への批判や高官汚職に対する調査報道で『中国で最も危険な女』と呼ばれたという」財新メディア集団主筆胡舒立氏、「外にいる人は困難ばかり強調する。中国で一夜にして西洋と完全に同じような自由は手にできない。そんなことがわからないほど私たちは幼稚じゃないわよ。中国に身を置く者として、管理と制御、圧力のなかでも常に機会を探している」[21]。作家・ジャーナリスト戴晴氏、「私は『民主化』を含めて巨大なスローガンを叫ぶのは好きではない。1ミリずつでも進歩することが大事です」、「国民一人一人が政治に参加する意識を持つ公民になっていくことが、変革のすべての基礎になると考えています」[22]。梁暁声氏の存在も含めて、もって瞑すべしである。

Ⅱ　文化大革命と「統治の正当性」問題

(1)文革における「民衆の異議申し立て」

「文化大革命研究会」への参加と啓示

筆者は1979年、当時のアジア経済研究所で加々美光行氏が主宰していた「文化大革命研究会」に参加した。

それまでは筆者の専門領域は現代中国経済、とくに労働経済の分析にあり、中国の政治領域の問題を直接扱うつもりは毛頭なかった。筆者固有の領域でも、できれば文化大革命時期の混乱にはできるだけ深入りせずに研究を進める考えであった。ただ、文革の「主役」の一角には紅衛兵と並んで「労働者の造反」があり、深入りかどうかは別にして、無視することはもちろんできなかった、というのが正直なところだった。

「研究会」に参加してその顔ぶれの多彩さには驚いた。文革必然論から筆者の文革徹底批判論までの広がりの間に、各氏はそれぞれ異なる座標軸を持って談論風発。合宿研究会を各地で持ち回る。その自由な空気に、たちまち筆者も、中途半端な参加気分は吹っ飛んで、本格的に取り組む構えになった。それからは、膨大なマイクロフィルムに収められたアジア経済研究所の紅衛兵資料（Center for Chinese Materials, Association of Research Libraries 編の REDGARD NEWS PAPERS）やその他の関連資料、国際問題研究所の未整理の文革関連資料との格闘に明け暮れ、香港の書店や中古書店も訊ね歩いた。それらはまさに諸事実の宝庫であり、公刊された既存の資料集や文献による検証とは次元の異なる世界が開けていった。多産な研究会であり、叢書と資料集を複数刊行するとともに、文革関連の著作を公にできない中国の研究者に代わって訳書『中国文化大革命事典』[23]も出版した。

深部における労働者造反事件[24]

造反派資料の中で、筆者固有の研究にとっても、文革研究から見ても最大の収穫は、1966年末から67年初頭にかけて起こった「臨時工・契約工による造反」事件と1960年代調整期（1961―65年）に劉少奇が唱えた「二本立ての労働制度・教育制度」（「両種労働制度・両種教育制度」[25]）に関する資料であり、両資料は密接に関連していた。概略だけを紹介する。

劉少奇は大躍進政策の挫折による経済後退からの国民経済の立て直しを、究極的集団化政策である人民公社方式を緩和し、生産責任制を導入して農民の積極性を引き出すことで推進した。都市では大躍進政策の下で破壊された物質的インセンティブの体系を賃金制度の中に再建するとともに、国有企業を始め正規労働者（常用労働者）

を主とする従来の労働制度を正規労働者群と非正規労働者群とを併存させる「二本立ての労働制度」に改めていくことを提唱したのである。これらの政策内容や口頭で行われた現場指導の内容は、当時は表面には出ず、「臨時工・契約工の造反」集団や「労働部内部造反派」が労働部部内から押収した資料によって初めて明らかとなった。

現在の日本では非正規雇用の拡大は眼前で常態化しているが、全く同じような論理による国民経済合理化政策が当時の中国で推進されたのである。中央労働部は労働者の採用に当たっては、正規労働者を少なく、非正規労働者をより多く採用すること、次期「第三次五カ年計画」（1966―70年）初期の67年からは一律に常用労働者の採用を停止し、計画期末には常用労働者が労働者総数に占める比率を従来の三分の一に削減すること、そして十五年内に正規労働者主体の労働制度を「二本立ての労働制度」に再編しきる方向で政策体系を固めていったのである。

それればかりでなく、中央労働部は大躍進時に都市に流入した非正規労働者群を帰農させたうえに、さらに都市労働者の底辺部分に対する農村への「下放」政策を「亦工亦農」（労働者でもあり農民でもある）制度と称して実施した。教育の分野では、教育体系を従来の正規教育一本から、正規学校による教育と「半工半読」（半日は学校で学び、半日は工場で労働する）学校による教育とを併存させる政策が実行に移された。これらの労働・教育領域における労働者群を「都市底辺層」と称するとすれば、「合理的低賃金制」の無限的拡張政策は、「都市底辺層の創出政策」とでもまとめうる体系的な政策であり、筆者はこれらを「三位一体的合理化政策」と規定した。

このような「政策体系」に対して、臨時工をはじめとする都市底辺層が造反したのである。66年年末にかけて次第に劉少奇国家主席に標的が絞られ、国家と共産党の主要幹部に対する批判とつるし上げが波及していった。66年12月25日突如、「臨時工・契約工造反」集団が中央労働部を占拠、労働部を閉鎖状態に追い込んだ。いわゆる「奪権」（国家権力を乗っ取る）のはしりである。翌26日、後に「四人組」と称される江青以下、文革司令塔となった「中央文革小組」が人民大会堂に造反集団代表を招いて接見し、彼らの要求と行動および労働部占拠を正当なものと認定するに至った。文革中の諸事件の中でも、特異な事件の資料に出会って筆者は衝撃を受けた。その造反集団の正式名は「全国紅色労働者造反総団」（労働者は中国語では「工人」であり「労働者」という用語はより広く勤労者の意味、以下「全紅総」と略記）である。彼らは全国に数十の分団を擁していた。

「全紅総」は、臨時工・契約工制度が社会主義に反対して労働者階級を分断し、資本主義を復活させる反革命的制度だと主張して、臨時工・契約工制度を即時撤廃し、全ての非正規労働者を常用労働者に昇格させ、賃金、保険福利待遇、労働組合加入資格等を常用労働者並みにするという要求（「転正」）をつきつけたのである。「資本主義復活の道を歩む党内実権派」の打倒を目標とする「中央文革小組」にとって、これほど都合のよい事態はない。「全紅総」は「文革小組」が彼らの主張と要求を正当と認めたことによって、労働部占拠を続け労働部幹部を攻撃するとともに、「全国総工会」（労働組合中央組織）も占拠し、その機関紙『工人日報』を停刊に追い込んだ。その結果、67年1月2日には臨時工・契約工制度を即時撤廃することを主旨とする「全国紅色労動者造反総団・労働部・全国総工会聯合通告」が全国の地方労働行政機構へ飛行機を使って伝達されるに至り、現場での大混乱を引き起こした。同じ時期に、「臨時工・契約工」の造反と連動するかのように「下放青年・下放労働者」の造反グループ、「半工半読」学校生徒の造反グループも成立し、都市底辺層の広い範囲での造反の様相を呈したのである。

ところが、わずか2カ月後に中共中央・国務院「文革期間の臨時工・契約工等の処理問題についての通告」（1967年2月17日）が出され、「全国紅色労動者造反総団・労働部・全国総工会聯合通告」を不法として取り消し、これにもとづき各地労働行政機構が決定した文書を一律に廃棄するよう指令した。また、直前に出された「中共中央・国務院通告」（2月12日）は「全国的大衆組織を一律に不承認とし、全て解散しなければならない」と指令したのである。北京では2月26日、人民解放軍が関与した「北京市公安局軍事管制委員会」が「全紅総」等を「反動組織」、「非法組織」と断定、「デマ宣伝、武闘の挑発、経済主義による攪乱、国家主要機関への攻撃、強奪、国家財産の破壊、建物占拠、婦女暴行等」の罪状で指導者と幹部を逮捕し、組織解散を命じた。「全紅総」指導者王振海はすでに1月25日に逮捕されていたが、3月に「反革命組織『全紅総』糾弾大会」に引き出され、つるし上げに曝された。その後の消息は確認できない。

文革指令塔たる「中央文革小組」に容認された組織とその主張と行動とが一転して「反革命」として弾劾されたのはなぜか。その理解の鍵は周恩来にある。彼は政府トップとして「臨時工を否定する者は、我が国の全社会的分業の実情を理解できていない」という確固たる判断をもっていた。そして上海を起点に全国に波及し始めた「反革命経済主義に反対する闘争」（自己の身分や経済的条件に対する不満を提起するのは「文化大革命」を逆行させる誤りとした）や幹部全体を否定する文革の成り行きに対する抵抗（「二月逆流」）を背景に、周恩来は自己の信念を貫いたのであった。おそらく激しい内部対立と妥協の結果、「中央文革小組」も、1968年1月18日の「中共中央・国務院・中央軍事委員会・中央文革小組」連名の通告「さらに一歩を進めて反革命経済主義と投機・空取引活動に打撃を与える」に至って、「全紅総」始め都市底辺層の造反を弾圧する立場に反転したのである。

(2)文化大革命研究における二大視点

「上からの視点」と「下からの視点」

文化大革命の研究ではもともと「上からの視点」と「下からの視点」という命題がある。簡単にいえば、「上からの視点」というのは、権力闘争を意識した毛沢東が文革を発動し、紅衛兵を巧みに組織して紅衛兵の全国交流によってそれを全国に波及させ、次いで労働現場の労働者の造反を拡大してそれらの矛先を〝党内で「資本主義の道を歩む実権派」〟に振り向けて、標的を打倒することに成功し、絶対権力を掌握した、という理解である。「下からの視点」というのは、たとえ文革の起点がそこにあったとしても、内乱にまで行きつく事態は、民衆のさまざまなレベルでの体制に対する異議申し立て、根深い不満の噴出、利益の享受をめぐる民衆間の相克、より概念的にいえば社会衝突的要因をつきとめなければ文化大革命の全体像を捉えるには至らない、という理解である。筆者は後者の立場を取っている。

文革研究者の多数は「上からの視点」に立っており、最新の研究成果を見てもその趨勢は変わらない。[26]「文化大革命研究会」のメンバーは、それぞれ視点は異なり、とくに合意形成をはかることもしなかった。ただ、天児慧氏は「加々美、渡辺一衛、山本が文革前中国に形成されてきた差別構造（出身血統体制、下放制度、二本立ての労働制度・教育制度）に着目し、分析を進めたことを評価したうえで、文革のダイナミズムを総体としてとらえるためには、それらが実際にどの程度の意味と広がりを有していたのかを問わなければならない」と指摘していた。[27] しかし、その天児氏も確たる検証はないままに、次のように重要な価値判断を示しているのである。「都市と農村の経済的、政治的、社会的、価値的格差の大きさと、両者間の非流動性」を指摘したうえで、農村は中央の重要政策の「犠牲」となり、「それによってつくられた農民の根強い不満・反感」および従来からの地縁・血縁的な村落共同体の維持が」文革期に「都市への逆襲」となって現れた、と。そこに示された価値判断はその領域と検証のレベルは異なってはいても、筆者の価値判断と相似するものであった。「上からの視点」に立つ論者の中にも、国分良成氏のように、文化大革命は「毛沢東の目的（パリ・コンミューン型の政治機力の創出）に相反して、障害物排除の後に権力を再収斂させることによる党指導の強化運動であった」と、体制と民衆との間の関係性から見た体制再編的側面を強調する興味深い価値判断を示している。[28]

闇に葬られた重大事件

「下からの視点」の重要性は、文革による少数民族への「階級闘争の波及」問題発掘に及んで鮮明となる。楊海英氏は2009年以降10冊に及ぶ資料集を刊行しつつ一次資料を駆使して内モンゴルにおける文化大革命について論じてきた。（楊は「中国にいるモンゴル民族全体が受難していた現代の凄惨な歴史を、当事者たちは中国共産党と中国人民が一体となって進めたジェノサイドだと理解している」と指摘している。ジェノサイドすなわち「大量殺戮を始め強制移住、民族文化の破壊、そして性的被害など中国共産党が発動したモンゴル人ジェノサイド」である。当時の内モンゴル民族の人口は１５０万人に対し、公式見解の逮捕者数34・６万人、楊が依拠するジャーナリストの調査結果では死者数30万人に達するという。内モンゴルにおける文革は「内モンゴル人民革命党員を暴き出し、粛清する運動」として開始された。この「運動」の是認、承認、指示に関わったのは毛沢東を始め周恩来、康生、文革小組、中国共産党華北局、人民解放軍指導部が列挙されるが、それらの公式文書、談話記録は楊が公刊した資料集に収められている。政権中枢との関わりを決定的に証拠付けるものは、内モンゴルにおけるモンゴル族に対する暴力的抑圧が頂点に達し、大きな混乱がもたらされた時点で出された「行き過ぎを改めさせる決定」（１９６９年5月22日）である。この文書は「行き過ぎの是正」を指示したが、同時に「運動の方向は正しい」ことを再確認しているのである。過程を指揮した滕海清（元北京軍区司令）を内モンゴルに派遣したのは政権中枢である。滕海清はその正しいとされた「運動の方向性」に依拠してモンゴル族抑圧を実行し、その行きつく先がジェノサイドだったのである。「行き過ぎ」を指摘された滕海清は１９７０年に山東省の済南軍区副司令に転出し、引退後１９９７年北京の高級幹部専用病院で死去するまで、その責任を本格的に追究されることはなかった[29]）。

(3)文化大革命と「統治の正統性」問題

要するに文化大革命に対する価値判断は、諸事実の集成と選択を経て、中国における支配体制と民衆との関係性、すなわち「統治の正統性」問題とかかわってくるのである。文化大革命評価に関わる「上からの視点」であれ、「下からの視点」であれ、最終的にはこの問題への価値判断をなしうる分析であってこそ意味をもつ。そのためには文化大革命の諸事実の集成、発生した原因と教訓の解明にあたっても、為政者の側と共に国民・民衆の側からの分析視点が不可欠となるのである。文化大革命に対する最終的評価は体制的総括すなわち政権と国民との総体による総括にある。しかし、この総括は政権による「総括」（中国共産党十一期三中全会における基本的評価[30]および11期6中全会における「建国以来の党の若干の歴史問題に関する決議[31]」が行われただけであって、国民レベルでの総括の場はなく、公に議論することはできず、研究者による研究はあってもその成果を公刊することも許されていない。すなわち体制的総括は未完のままであり、多くの事実も闇の中、犠牲者数さえ死者四〇万人、何らかの被害を受けた者一億人と公式筋で推計されているだけで[32]、それは「歴史決議」における「国家と国民に厳重な災難をもたらした内乱」という指摘とは不釣り合いな数値に過ぎない。

その意味では、文化大革命は完全には終えられていないし、それゆえに類似の事件（薄熙来事件、集団的騒擾事件）や、「官が民をないがしろにする」事件（蔓延する「汚職と腐敗」）も絶えないのである。歴史の教訓が生かされない体制であれば、「統治の正統性」が問われるのは当然である。自信満々に映る習近平氏ですら、中国共産党が人民から見放されるとき、党は「統治の正統性（原語では執政資格）を失い、歴史の舞台から降りざるをえない[38]」と全党を引き締めざるをえないほど、気が気でないのである。ここにいう「統治の正統性」問題とは中華人民共和国建国以来、中国共産党による一党支配（１９５４年制定以降の憲法に明記された用語では共産党の「領導」体制）の正統性は、習近平氏のようにそれへの意識を公然と表現するかどうかにかかわらず、国民から見れば常に問われ続けているということである。文化大革命という失政は、たとえ「歴史決議」が述べるように毛沢東に最大の責任があったとはいえ、中国共産党による一党支配の統治のもとで発生したのである。文化大革命という失政を国民と共に、すなわち体制的に総括することは統治の正統性を検証するということにほかならない。それにもかかわらず、現在、中国の中学教科書改訂によって、文革の誤りに関する「歴史決議」を反映した記述が大きく傾いている。そこでは「独立した章立て」は消え、「動乱と災難」という見出しも、「毛沢東の誤り」という文言さえ削除されたという。[33] この問題に対して、北京大学印紅標教授は「中国で文革の歴史を徐々にあいまいにしようとする問題は昨日や今日に始まったものではない」と述べ、次のように指摘している。「しかし、私には理解できない。１９８０年代、共産党は自ら文革の歴史について自ら過ちを正し、人民の支持を得た。それを今さら覆い隠してどうするのか[34]」。

おわりに

テーマの副題に〈「第二次天安門事件＝６・４事件」30周年を迎えて〉を掲げておきながら、肩透かしを食ったと読者を失望させているかもしれない。

何が問われているのだろうか。中国現代の政権は中国共産党によって担われている。改革開放以来の中国の経済的成功は中間層や富裕層が増大し、経済格差に根差した多くの国内問題を抱えながらも順調ではある。世界の政治、外交、経済における「運命共同体」構築へのリーダーシップの試みも、パクス・シニカ（パクス・アメリカーナとの交替期）の到来さえ予感させる時代にある。それらを背景に習近平指導体制は盤石の一途を辿っているように見える。

それにもかかわらず、習近平氏はなぜ「統治の正統性」のゆらぎあるいは危機を意識し、公然とそれを語るのだろうか。この論稿はそのような自らの問題意識に答えようとしたものである。習近平氏が「統治の正統性」（彼の言葉では「執政資格」）という概念を正確に理解していることは、その文脈で毛沢東の建国時の言葉を振り返っていることからも分かる。毛沢東は１９４９年３月23日午前の北京入城時に「今日から我々は試験を受ける日々を送る」と語ったという。習近平氏は述べる。共産党が政権に就いてから今日までの歴史において、その「試験では優秀な成績を収めてきた。しかし、この試験はなお終了したわけではなく、これからも続くのである」[35]。なかなかの認識だといえよう。

「民衆による異議申し立て」に対してどう対応するか。これはまさにこの「試験」に相当する。共産党「自らの過ち」（印紅標）であった文化大革命でさえ、その内部に深刻な「民衆による異議申し立て」を内包していた。しかしながら、本文で指摘したように、体制的総括すなわち政権と国民との総体による総括は未完のままであり、それればかりか政権による「過ちの総括」ですら「徐々にあいまいにしようと」（印紅標）されている。「はじめに」で羅列した民衆による「民主と法制」に対する頑強な「異議申し立て」の系列についても、強硬な抑え込みが続いている。

「統治の正統性」を意識しながら、その検証については「共産党の指導」を縦に国民が外される、そのズレを本論は主にIの〈官僚主義・「汚職と腐敗の蔓延」問題〉において指摘したのである。「民衆が深く恨み、徹底的に嫌う」「形式主義、官僚主義、享楽主義、贅沢三昧」の表われとしての「汚職と腐敗の蔓延」に対して、政権は確かに対決してきた。それにある程度成功しているのはこの運動が民衆を原動力としていたからである。しかし、９０００万人に達する共産党幹部と党員達の「権力の乱用」を取り締まりの手段だけで統制できると思うのは幻想に過ぎない。他方、民主を強く主張し、共産党の厳しい統制下にある知識人といえども、そのほとんどは必ずしも直ちに共産党政権の退場を求めているわけではない。まさに「一党支配体制」のもとでの国民と政権党との間での意思の「相互交通」をはかる「チェックアンドバランス」[36]のための制度構築が求められているのである。その時機を見失えば、習近平氏言うところの「人心失えば共産党滅ぶ」とならない保証はない。

「統治の正統性」問題とは、中華人民共和国建国以来の中国共産党による一党支配の正統性は国民によって常に問われ続けているということにこそある。

注記

1．「深習近平党的群衆路線教育活動工作会議上強調：深入扎実開展党的群衆路線教育実践活動、為実現党的十八大目標任務提供県堅強保証」『人民日報』２０１３年6月19日。
2．「慶祝中国共産党成立95周年大会在京隆重挙行」『人民日報』２０１６年7月２日。
3．L. Holmes, COMMUNISM：A Very Short Introduction, Oxford University Press,2009。
4．山本恒人「中国観察のための基本的要件について」『東亜』２０１２年9月（No.543）参照。呉敬璉の指摘の出典は、「大家専訪呉敬璉」『経済導報』総№３２６７、２０１２年5月7日、23頁。
5．『朝日新聞』２０１５年8月7日。
6．遇羅克の「出身血統主義」批判を日本で初めて取り上げたのは、加々美光行訳編『資料 中国文化大革命 - 出身血統主義をめぐる論争 - 』りくえつ社、１９８０年。日本における文化大革命に対する科学的研究の嚆矢である。
7．市井三郎（訳と改題）「羅世烈著『封建専制主義は孔孟の道ではない』」『文化大革命と現代中国Ⅰ（資料と改題）』アジア経済研究所、１９８２年、50、51頁。
8．元々は、孫文の言葉という説がある。小林克典「孫文が日本に在来していた頃、訪れたどこかの海辺で、海岸の砂を手に握りしめ、指の間から漏れ落ちる砂粒を指して『これが中国人民だ』と慨嘆した話を思い出す」（ブログ「麹町パートナーズ法律事務所」http://www.k-partners.jp/blog/?cat=26）。
9．L. Holmes、注3の文献、p.58.
10．西村成雄『中国の近現代史をどう見るか』（シリーズ中国近現代史⑥）岩波新書、２０１７年、１１１頁。
11．注4の文献、31頁。
12．『法律文化』１９９９年№４（通巻１８９号）弁護士　森川伸吾「中国の国家制度の憲法的枠組み」http://www.lec-jp.com/h-bunka/item/v4/wtr/china.html。なお、氏は東大卒業前に司法試験合格、１９９９年ニューヨーク大学ロースクール卒業、2000年北京大学法学院卒業（法学修士）、京都大学大学院教授、立教大学法学部特任教授（法学部・民事訴訟法・中国法）を経て、2012年以降、曾我法律事務所パートナー、現在に至る。主著は「中国法務ハンドブック」（森川伸吾他著／中央経済社）2013年。

13. フランシス・フクヤマ（スタンフォード大学FS国際研究所上席研究員）『朝日新聞』2014年11月8日（オピニオン・インタビュー）。

14. 以下、決定内容の引用（「」で示される）の依拠は、中共中央関於全面推依法治国若干重要問題決定（2014年10月23日中国共産党第18回中央委員会第4次会議通過）『人民日報』2014年10月29日にもとづく。

15. 梁暁声『我相信中国的未来』中国青年出版社、2014年、21頁。

16. 同上、119頁。

17. 現行「中華人民共和国憲法」（1999年制定、2004年修訂）。サイト『中華人民共和国中央人民政府』（国情→憲法）。http://www.gov.cn/。以下、これから引用（「」で示す）・依拠する）。

18. 井手啓二氏は日米の民主主義の現状との対比で、「人民代表大会」や「政治協商会議」が「一党制とコーポラティズムの結合」として高く評価しているが議論の余地は大きい。井手啓二「近代的民主主義国家へ脱皮」『日中友好新聞』2014・11・25。

19. 習近平氏は、「法による国家統治」、「法の権威を確立」して、違法、不法、不公正、腐敗等を一掃していく上で、「権力の乱用の防止」あるいは「行政権力に対する制約と監督の強化」が不可欠であることを繰り返し強調している。習近平「関於《中共中央関於全面推進依法治国若干重大問題的決定》的説明」『人民日報』2014年10月29日。

20. 最近の事例では、2014年1月まで中国中央テレビ・キャスターだった柴静が、中国の大気汚染・PM2.5を取り上げた動画ドキュメンタリー「ドームの下で（穹頂之下）」（Youtube:https://www.youtube.com/watch?v=HEGTvvO0sYg）が顕著な例である。彼女は自費を投じて、大気汚染の現状、外国の経験を数値・映像を駆使しながら明らかにし、「中国石油集団」の独占、全国の企業の情報不公開と不法ぶりを追跡しながら、足もとに戻って、市民が何をすべきか、何ができるかを、丁寧に分かりやすくプレゼンテーションし、啓発に努めている。ネットでのアクセスは数億を超えるという。当局はこれも規制、削除を繰り返ししている。

21. 胡舒立「制限が大きい中国だからこそ、私たちジャーナリストが果たす役割は大きい」、吉岡桂子『問答有用―中国改革派19人に聞く』岩波書店、2013年、249、256頁。

22. 戴晴「大きなスローガンよりも、一歩ずつ前へ」、吉岡桂子、同前186頁。

23. 主篇・陳東林／苗棣／李丹彗／監修・加々美光行、監訳・徳澄雅彦、翻訳・西紀昭／山本恒人／園田茂人他『中国文化大革命事典』中国書店、1997年。

24. ここでは一々の出典明示は行わず、最も重要な基本資料のみを注記25に記す。そのほかは以下の書の第4章「労働政策と中国文化大革命(1)」および第5章「労働政策と中国文化大革命(2)」山本恒人『現代中国の労働経済1949―2000「合理的賃金制」から現代労働市場へ』創土社、2000年を参照。

25. 労動部紅色造反隊・党動部紅色革命造反隊『劉少奇在臨時工、合同工制度中的黒材料』（1967年1月1日）、広州紅色批劉戦団、1968年翻印。趙総『文革運動歴程述略』第1巻、友聯研究所、1971年、『井岡山』（清華大学井岡山兵団）、1967年3月8日など。

26. 山本恒人「文化大革命50年：終えるべき文革 終えてはならない文革研究／日本における文革研究の今・続篇」『現代中国研究』第38号（中国現代史研究会）、2016年。

27. 天児慧「文化大革命への問い／北京で読む日本の文革論」『季刊中国研究』第6号、1987年。

28. 国分良成編著『中国文化大革命再論』慶應義塾大学出版社、2003年。

29. ここでは代表的な著作のみ挙げる。〔〕内は楊海英『ジェノサイドと文化大革命―内モンゴルの民族問題―』勉誠出版、2014年にもとづく。

30．11期3中全会決議：公報のみが「中国共産党新聞網」の中国共産党歴次大会数拠庫にある。http://cpc.people.com.cn/GB/64162/64168/64563/65374/4526448.html

31．11期6中全会決議：決議全文は、注30記載の「数拠庫」にある。

32．『毎日新聞』１９７９年2月5日付記事が数字を紹介している。

33．「中国教科書『文革』項目削除へ」『朝日新聞』２０１８年1月13日。

34．同上。

35．注２の文献。

36．余傑著、劉燕子編、劉燕子・横澤春夫訳『劉暁波伝』集広舎、２０１８年

第二章

中国紀行

筧 文生

1、西安紀行　6話

(1) 小さな包み

西安交通大学日本語科の招きで学術講演をされる龍谷大学の糸井通浩《みちひろ》先生に誘われて、二〇一五年八月末から九月初旬にかけて、西安を訪ねることになった。

西安交通大学は上海交通大学と姉妹校の関係にあり、唐の玄宗皇帝が政務を取り、楊貴妃と遊んだ興慶宮と道路を隔てて反対側にキャンパスがあることは、二十年あまり前に西安を訪れた時から気づいてはいた。ただ上海交通大学も西安交通大学も理系の大学であって、そこに日本語科が付設されていることは、最近までまったく知らなかった。

八十歳にもなって西安を訪ねる気になったのは、今から五十年前に上海外国語学院（今の上海外国語大学）で二年間日本語の講師をした経験があったからであり、また糸井先生が私を誘われたのは、多少とも中国語を話せる人が他におられなかったからでもあろう。総勢六名では、団体旅行ぎりぎり、添乗員もついて来てはくれなかったのである。

今回の旅行に参加して、龍谷大学が西安交通大学との間で、早くから日本語講師の派遣や留学生の受け入れを積極的に進めて来られたことを初めて具体的に知ることが出来た。

糸井通浩・堀田悟史両先生の講演会が無事終った九月二日夜、糸井先生は、晩餐会に交通大学の日本語科の先生がたを招待された。カラオケが大好きだという糸井先生は、その席で千昌夫の「北国の春」を披露された。そして、交通大学の先生方が「届いたおふくろの小さな包み」には、いったい何が入っていたのかということが大きな問題になったというエピソードを紹介されたのである。

エエッ。びっくりしたというか、意表を突かれたのは、私たち日本人である。大ヒットしたこの歌を歌いながら「小さな包み」の中身を問題にした日本人など、まずいなかったのではないだろうか。

だいたいそんなことを問題にするというのは、やはり交通大の先生方が外国人だからである。しかしひるがえって考えてみると、日本人だって中国あるいは中国人のことで問題にする、あるいは気になることなど、彼らからすれば「なんでそんなことを取り上げるのか」ということになるのではないだろうか。

外国の文化を理解することが如何に難しいか、そのことを「おふくろの小さな包み」が教えてくれたような気がする。

(2)智能手机

私は小さいころから地図が大好きだった。中国文学を専攻するようになってからは、中国の地図をせっせと集め始めた。中国に行った時はもちろん、誰かが行く時は必ず行った先の地図をお土産に買って帰るように頼んだ。北京や上海の地図は毎年のように改訂版が出るので、それを収集するのが、何よりの楽しみなのである。詳しくは拙著『長安百花の時』（二〇一一年 研文出版）「地図が大好き」を参照していただきたい。

西安にはすでに地下鉄が走っていることを知っていた私は、是非とも地下鉄の路線図が印刷された地図を数枚買い、友人へのお土産にもしたいと思っていたのだが、観光地はもちろん、露天の新聞・雑誌売り場で聞いても、「没有」（ない）の一言が返って来るだけ。

おかしいと思って、日本語科の学生に聞いてみたら、思いもかけない言葉が返って来た。

「今はみんなスマホを持っているので、地図なんか買わなくても、ナビを見るほうが早くて便利なんです。ですから地図を印刷しても、かつてのようには売れなくなっているんです」

これにはショックを受けた。自分のようなスマホはおろか、ケータイすら持っていない、使い方も知らない化石人間には、今の世の中を生きて行くことすら困難になっているのである。

それでも、勇気を出して聞いて見た。

「スマホは中国語でなんと言うのですか」

「zhi-nong shou-ji です。」

「へえ。で、漢字ではどう書くのですか」

すると彼女はスマホを操作して〈智能手机〉（机は機の略字）という文字を画面に出して、見せてくれたのである。

「そんな面倒なことをしなくても、紙に書いて下されば、分るんですけど」

「いいえ、この方が速いんです。それにどんな漢字だったか考える必要もありませんから」

これには、もうグウの音も出なかった。

(3)明代の城壁

現在の西安の城壁は、十四世紀の後半、明の太祖朱元璋が八年の歳月をかけて作り上げたものである。九月一日、私たちはその城壁の西門（安定門）に登り、そこから北に向って北門（安遠門）まで二時間かけて歩いた。それは糸井先生の強い希望があったからである。

先生は、前回来られた時、周囲十三・七四キロある城壁を一周するつもりで、安定門から南回りで安遠門まで歩かれたところで、よんどころない事情のため、城壁を下りざるを得なかったのだそうで、今回は是非とも残り半分を歩いて、城壁一周の宿願を果たしたいということだったのである。

城内と城外を見下ろしながら、歩くというのは、私にとっても面白い経験であった。糸井先生は、足元の大きな煉瓦を見ながら、

「ほら、ここに名前と出身地が書かれているでしょう。きっと明代の人たちが煉瓦を焼いた時、自分の住所と名前を彫って記念にしたんですよ」

へえ、そうなんだと思いながら、長さ五十センチ、横三十センチぐらいの大きな分厚い煉瓦が敷きつめられている上を歩いていると、あちこちに住所と名前が彫られた煉瓦があるではないか。我々は明代の煉瓦の上を歩いているんだという感慨にふけりながら歩いていたら、なんと一九八七年という年号がついているのを発見。それは二十世紀になってから、しかも「文革」以後に補修した時のものだったのだ。手元にあるパンフレット「西安城墻」によると、陝西省と西安市が一九八三年に全面的な改修をおこなうことを決定したと記されている。

考えるまでもなく六百年も昔の煉瓦が、それも人間が歩く場所に、鮮明な文字のまま残っているはずはなかろう。しかし南京の城壁には、当時の人たちの名前が刻印されているものが今でも残っているという話を聞いたことがあり、だから西安の城壁にもそれがあっても不思議ではないと思いこんでしまったのである。

現代に補修された城壁の煉瓦は、しかしあちこちで穴が空いたり傷ついたりしている。まだ三十年ぐらいしか経っていないのにと思っていると、作業車が数台、いっぱい重そうな荷物を積んで、ガタガタと大きな音を立てながら、我々一行を追い越して行くではないか。おそらく城壁補修のためであろうが、その作業車がまた城壁を傷つけている犯人であることを、当局はいったいどう考えているのだろうか。

以前から気づいてはいるのだが、いったいに中国では文化財の保護に関しては、無頓着なのである。新しいものを作る時、平気で古いものをぶっ壊してしまうのだ。北京や蘇州の城壁など、貴重な文化遺産だったにもかかわらず、交通に不便だ、街の発展の邪魔になるというだけの理由で、あっさり取り壊されてしまったのである。

(4)槐

城壁の上を歩いていると、いろいろな樹木が緑の葉を茂らせているのが真下に見える。中には日本では見たこともない樹もある。特に気になったのは上部に黄色い花を咲かせている大きな樹であった。我々について来てくれた学生に聞くと、「知りません」とにべもない答えが返って来た。

槐《えんじゅ》の樹が西安の街路樹に使われていることは、以前から気づいていた。槐は、中国ではとても縁起のよい樹である。漢代以後、歴代王朝の三公と呼ばれる宰相を含むトップクラスの大臣たちの邸宅や役所には必ず槐の樹が植えられていて、槐府とか槐省と呼ばれていた。また天街とよばれる都の目抜き通りの両側には槐が植えられていたことは、当時の文献にも見えている。

しかし、西安に住む現代の若い学生たちは、そんな古い歴史を持っている槐のことなど、まるで関心がないらしい。「これ、槐の樹でしょう」と聞いても、やはり「知りません」という答えしか返って来ない。むかし大学のキャンパスに咲いていた八重桜を見て「きれいやなあ」と私が言ったら、傍にいた女子学生が「それって何の花ですか」と聞いて来たのに唖然としたことがある。いや、今どきの学生を笑うことなど出来ない。八月の初旬、わが家の四十代の息子が「バス停のそばに桜が咲いていたで」というので、「真夏に桜が咲くわけないやろ」と答えると、「うそやと思うなら、見てきたら」というので、自転車で行って見ると、それは百日紅《さるすべり》であった。

私たちについて来てくれた日本語科の学生は、われわれが見たことのない樹や花を見つけるたびに、「これは、何という樹、何という花」としつこく聞くので、ついに癇癪《かんしゃく》を起こしてしまった。

「私は植物にはまったく興味はありません。いちいちそんなことを聞かないで下さい」

(5)輪椅

日本を出発する前、旅行社の人から、九月三日は抗日戦争勝利七十周年記念のパレードが天安門前広場で行われ、三日～五日は全国一斉に休日になるので、言動にはくれぐれも注意するようにというアドバイスを受けていた。しかし、注意せよと言われても、いったい何にどう気をつけたらよいのか分らない。まあ、ありのままでいいんじゃないのというのが、一行六人の結論であった。

西安に着いた翌日は、九月一日（火）で、まだ連休に入ってはいなかったが、どこへ行っても、人、人、人。地元の人か、他の地域から観光に来た団体かは分らないものの、我々が日本人と分っても、誰も気にする者などおらず、日本の旅行社の忠告は、取り越し苦労に過ぎなかった。

九月二日、西安の東の郊外にある秦・始皇帝陵を守護する地下軍団《兵馬俑》を見に行った。驚いたのは、入場券（金額は忘れたが、これもべらぼうに高かった）を購入して、柵内に入ってから、兵馬俑の1号館に到達するまでの距離である。私はこれまでに二度ここを訪れているが、いずれも五十米ぐらい歩いたら、そこが入口であったのに、今回は優に千五百米はあったろう。髪が真っ白な私をみて轮椅《ルンイ》（車椅子）に乗れと、係員がしきりに進めた理由が分った。断ると、今度は四五人乗りの電動車に乗れと私たち一行にしつこく勧誘して来た。もちろんただではない。つまり1号館までの距離を長くして、輪椅や電動車に乗せて、金儲けを図っていることは、鈍感な私にも分ったのである。

兵馬俑に限らず、今回たずねた観光地は、いずれも入口のはるか手前で下車させられ、両側に屋台の土産物屋が幾重にも軒をつらねる中を観光客が通るようになっていた。もちろん帰る時も同じである。商売上手といってしまえばそれまでであるが、あまりにも露骨なこうした商法は、いずれ批判を受けることになるのではないだろうか。

西安を訪れる観光客が必ず行くところとして、歴代の石碑を集めた「碑林」がある。今回、ここを訪れるのはたぶん四回目だが、これまでと違っていたのは、いちばん奥の棟で、拓本作りの実演をしていたことだった。実演に使われていたのは、明・清時代の素人にも分りやすい絵入りの石碑で、刷り上がった拓本は、奥にあるガラスケースに並べて、観光客に売っているのである。買うのは日本人が多いと見えて、販売員の後ろの壁には、大きな文字で「碑林の本物拓本の売り場」と日本語で書かれていた。

「碑林」を出ると、数百メートルにわたって、広い道路の両側はもちろん、真ん中にも屋台がずらりと軒を連ねている。観光客は、幾筋にも分れた屋台の間の道を歩いて行かないと、バスに乗れないように設計されているのである。買い物をしたい人、露店をひやかすのが好きな人はともかく、広い碑林の中を歩き回って疲れはてた老人には、堪えがたい道のりであった。

(6) 地鉄

西安に地鉄（地下鉄）を走らせる案が浮上した時には、学者たち、特に考古学者たちから、強い反対の意見が出されたと聞いている。漢の高祖がここに都をおいてから二千年、唐代はもちろん、長い歴史を誇るこの地には、どんな貴重な遺跡が埋もれているか分らないからである。市内のどこを掘っても、そのすべてが遺跡なのだ。

かつて唐の三代目の皇帝高宗と則天武后の合葬墓である乾陵《けんりょう》の発掘をするよう郭沫若らが提言した時、当時の国家文物局長が「文物保護の科学技術や手段などが不十分であり、中国としては当面発掘する考えはない」と言明、「いまは土の下に置いておき、……後世にゆだねるのがよい」と語ったため、発掘は見合わせられた（一九九七年四月二十五日 朝日新聞）という。

しかし、今回はなぜかあっさり地下鉄工事に踏み切ってしまったのである。鐘楼に登った時、たまたま売れ残っていた二〇一五年一月発行の「帯您游西安」（西安観光のおとも）と題された地図によれば、市の中心を南北に貫く線（西安北駅～韋曲南駅）と東西に走る線（紡績城駅～咸陽森林公園駅 但し后囲寨駅以西は工事中）が、一部を除いてすでに開通している。

工事中には、いろいろな遺構や貴重な出土品が見つかったに違いない。しかし、そんなことで一一工事を中断していたら、地下鉄はいつまで経っても開通しなかったであろう。他のところで聞いた話によると、遺跡にぶつかったら、高そうな出土品は工事関係者が持ち帰ってしまう。うわさを聞いた近所の人々は、真夜中に押しかけ、あちこち掘り返して、残された青銅器や唐三彩などをみんな持ち帰ってしまうのだそうだ。そうした出土品は、高値で売り払われ、その多くが海外に持ち出されるのだという。われわれには確かめようもないことだが、まんざらでたらめな話とも思えなかった。

ことは地下鉄だけではない。西安城外といっても、今や市内同然のところには、三十階建てぐらいの高層住宅が、それこそ雨後の筍《たけのこ》のように林立しているのだ。地下室が作られているのかどうかは知らないが、あれだけの高層ビルを建てるためには、相当深く掘って、基礎を固める必要があったはず。その地下に遺跡が眠っていただろうことは、素人の私にも容易に想像がつく。工事中に遺跡が見つかった時、専門家による調査が果たしてどの程度行われたのだろうか。文字通り至る所に林立している高層ビル群を見ると、残念ながら否定的にならざるを得ないのである。

それだけではない。こうした高層ビルを建てる時、古都の景観を損なわないようにするという立場からの専門家による検討は果たしてどの程度行われたのだろうか。このまま開発業者に任せていたら、古都の景観はすっかり消え失せて、人口過密の雑多な都市になってしまいそうな気がしてならないのである。

2、西安紀行余話　5話

(1)桂林山水

西安からの帰りに、龍谷大学の先生方と桂林を訪ねることになった。私にとって、桂林はこれで三度目になる。二十数年振りで訪ねた桂林にも、御多分に漏れず、近代化の波が押し寄せていた。かつて桂林を訪れたアメリカのカーター大統領（一九七七～八一年）が、せめて漓江《りこう》沿いには高層ビルを建てないようにと忠告したそうだが、川沿いでなければいいんだろうというわけで、市内のあちこちに十階建て、二十階建てのビルが目立ち、石灰岩でできた桂林独特の美しい山並みが半ば隠されてしまっていた。

もっと驚いたのは、桂林から陽朔《ようさく》まで、観光船で漓江下りをした時だった。中国には「桂林山水甲天下、陽朔山水甲桂林」という諺がある。桂林の山水は世界一、陽朔の山水は桂林一だという意味。その諺の通り、陽朔に近づくにつれて、両岸には様々な形をした美しい山々が続き、見る人を飽きさせない。

我々の乗った船は五十人乗りぐらいだが、陽朔に近づくにつれて、中央に二、三人が腰掛けられる机と椅子がおいてあるだけの小舟が、川面を覆い尽くすかのように、前後左右にいっぱい浮かんでいる。聞いてみると、客を乗せて小舟を漕いでいるのは、漓江沿いに住んでいる漁民たちで、こうしてもうけた金で自宅を新築しているのだそうだ。確かに両岸の平地には鉄筋や煉瓦作りの二階建ての住宅が目立つ。なかには細長く突っ立った山のまわりをブルドーザーで削って、宅地を造成しているのも目に入った。あんな細長い山の中腹を削り取ったら、山が倒れてしまうのではないかと、みんな真剣に気をもむほどであった。

なんの規制もせずに、このまま放っておいたら、やがては桂林第一とうたわれた陽朔の山水も台無しになってしまうのではないか。そうなってからでは遅いのである。

(2)杭州のエッフェル塔

桂林から蕭山《しょうざん》空港に飛び、マイクロバスで銭塘《せんとう》江を渡って杭州に入った。

杭州には一九六五年五月初めに来てから、もう六回めになるものの、まだそのすべてを見たわけではない。銭塘江のそばにそびえている高さ六十メートル、七層の六和塔は三十歳の時に一度登っただけだったので、今回はみんなと登りたかったのだが、途中でやめた。階段の一段一段が高い上、手すりがないため、下りる時が大変だと気付いたからである。

一九二四年九月に倒壊した雷峰塔は、「文革」後に再建されており、エレベーターもついているそうだが、二〇〇四年秋に来た時に西湖に浮かぶ遊覧船から見たものの、まだ登ってはいない。今回も遠くからみるだけだった。

ところで、先日テレビを見ていて、びっくりしたのは、杭州にエッフェル塔が建っていることだった。テレビの解説者が言うのによれば、中国人は偽物《にせ》をつくるのが得意、ロレックスの高級腕時計やルイ・ヴィトンのバッグ、レオナルド・ダ・ヴィンチのモナリザ像、さては秦の始皇帝陵を守護する兵馬俑など、ありとあらゆる偽物を作っている。ところがなんと杭州にはパリの繁華街の一角をそのまま模した地域が作られており、そこにはエッフェル塔まで建っているというのだ。もっともパリの鉄塔は、高さが三百二十メートルあるが、杭州のは八十メートルぐらいだとのこと。それでもパリの雰囲気は十分出ているはずなのだが、残念なのは、中央に作られた噴水のまわりに洗濯物の下着が干してあって、それがせっかくのパリの気分をぶち壊しているというオチがついていた。

お金をかけて外国の街を再現しても、人々の生活スタイルまでは真似することが困難であることを、このテレビ画面は物語っている。それはともかく、杭州にエッフェル塔が建っていると知っていたら、なんとしても見に行ったものを！　残念無念というほかない。

(3)魯迅の故居

魯迅の故里紹興に初めて行ったのは、一九六七年一月二十四日に船で帰国することが決まってからであった。上海で暮らした二年間、休暇を利用して中国の主だったところはずいぶんあちこち見て歩いたが、上海からそれほど遠くはない紹興には、なぜかまだ行っていなかったのである。

一泊二日ならなんとか帰国船に間に合うだろうと、急遽一月二十一日に列車で杭州に行き、そこから車で紹興へ向った。銭塘江を渡ってしばらくすると、道路の両側に高さ二メートルぐらいの石が数メートルおきに立てられていて、その石に真っ赤な字で毛沢東語録が書いてある。紹興は石材が豊富にとれるとは聞いていたが、それにしてもこんなにたくさんの石材を切り出すのは大変ではないかと思って、運転手に聞いてみると、紅衛兵たちが田畑の中にあるお墓を片っ端からあばいて石棺を掘り出し、その蓋を立てているのだとのこと。

当時は各地の紅衛兵たちが「大串连《ダーチュワンリエン》」と称して、タダで列車に乗って、観光地を見て歩くことが流行っており、魯迅の故居にも大勢の紅衛兵が押しかけていた。私が近づいてみると、故居の周辺には所狭しとばかりに大字報がべたべた貼られていた。いちばん目立ったのは、同じ兄弟でも魯迅（周樹人）は偉大な革命家だが、弟の周作人は日本に屈服した恥ずべき反革命分子だというものだった。

「文革」が終わってから、四度紹興には行っているが、今回の変化が一番大きかった。故居周辺の数十軒の民家が取り壊され、その跡に立派な記念館と露店が並ぶ広場、そして駐車場が作られていたのである。もちろん、魯迅の短編「孔乙己《コンイージー》」に出て来る《咸亨酒店《シェンホン》》もその隣にあって、以前よりはるかに大きな店に建て替えられていて、店の前には孔乙己の大きな銅像が置かれていて、観光客を集めていた。

客寄せのためのこういう現代化は、果たしてどうなんだろうと、私なんかはつくづく考えこんでしまう。昔の多くの民家の間にあった魯迅の故居の面影はまったくと言ってよいほど無くなってしまっているからである。

(4)西泠印社

二〇一〇年十一月、所用で北京を訪れた折、ホテルの一階に印材や朱肉を並べた店があったので、店員に尋ねてみると、「注文に応じて彫りますよ」と言いながら、明・清の有名人の印章を集めた見本を見せて、好きな字体を指定してくれたら、翌朝までに仕上げておくという。そこで三人の孫娘の土産にと注文し、翌日、ホテルを出る時に受け取ってみると、明らかに素人が彫ったとしか思えない、見本とは似ても似つかぬものだった。

「しまった」と思ったが、もう後の祭。こんなところで注文した方が悪かったのである。今回、西安の碑林を訪ねた時、碑林の中にある店で、五十代の男性が、十五分待ってくれたら、ハンコを彫ってやるという。「そんな安直な印鑑など要らん」と言って、相手にしなかった。ところが碑林を出て、バスが待ってくれているところまで数百メートルある道路のあちこちにハンコを彫ってくれる露店があって、どう見ても素人としか思えないような若者が、店番をしながら彫っているのを見て、「ははーん、数年前に北京で彫ってもらったのは、こういう人たちだったのか」と合点が行った。

今回の西安旅行の帰途、杭州に寄ることを知った私は、西湖の孤山にある西泠印社なら、専門家が彫ってくれるに違いないと信じて、五十年前に上海で手に入れた印材を持って行くことにした。

杭州に着いた翌日、西泠印社を訪ねて、印材を渡し、息子夫婦の名前を彫ってくれるように依頼すると、一字百元だと言う。高いなと思ったが、紹興から戻るまでに仕上げてもらう約束をして、店を出ようとしたら、店員が私を呼び止め、「店長に話したら、一字百元と言ったのは自分の間違いで、一字二百元です」というのである。「そんな馬鹿な。百元がどうして倍の二百元になるのか、理解できない」といくら言っても、相手は引かないため、しぶしぶ承知せざるを得なかった。翌日の夜、店員が宿舎に持って来た印章をみたが、仕上がりは今一だった。技術がこんなに落ちたのは、「文革」のせいなのか。あるいはもっとお金を出して、一流の篆刻師に頼まないとダメなのか、専家の教えを乞いたい。

(5)五〇年振りの再会

西安での日程を終えて、桂林・杭州・紹興に立ち寄った後は、まっすぐ上海市街を素通りして浦東《プードン》国際空港から帰国する予定だったところ、日本出発の直前に私が西安に行くことを知った上海在住のかつての教え子たちが、旅行社を通じて私の居所を探し、杭州のホテルまで電話をかけて来て、上海で待っているから、なんとか時間を作ってほしいと頼んで来たのである。

教え子というのは、一九六四年十二月から「文革」が始まる六六年六月ごろまで、上海外国語学院で日本語を教えていた時の学生である。「文革」が収まってから、上海には何度も行っているのだが、彼らがどこでどうしているのか知りたいと思っても、あの当時、造反派と穏健派との間で激しい争いがあったことを知っているだけに、うかつに連絡して、かえって迷惑がかかってもと思って、これまで敢えて彼らに会おうとはして来なかったのである。

杭州を早めに出発して、彼らが指定した上海市の静安寺近くのホテルに行くと、道路まで十数名の男女が出迎えてくれていた。時間は一時間余りしかなかったが、食事しながらの懐かしく楽しい集まりになった。五〇年振りに再会した彼らも七〇歳を越え、とっくに定年退職の気楽な身分。地方に住んでいて参加できなかった者には、スマホや携帯で連絡し、声だけの会話もできた。みんな「文革」前のクラスメート、なんのわだかまりもなかった。私の心配など杞憂《きゆう》に過ぎなかったのである。

「今度はもっと多くの人を集めておくから、上海に最低二、三日は滞在してほしい。見たいところは、どこでも案内します」という学生たちに、「もう八〇歳を越えているので、そんな約束はできない」と答えると、「なら、来年、気候のよい時期に来て下さい」と言う。

「ああ、もうちょっと若かったらなあ」と思わずため息が出てしまった。

3、中国旅游スケッチ　4話

(1)果皮

一九九三年一〇月二六日午後一〇時三五分、西安発、宝鶏経由、重慶行きの直快（急行）に乗った時のこと。定員四人のコンパートメントになっている软卧《ルワンウォ》（一等寝台）の相客は、それぞれ北京・天津・広州から来たという商人たちであった。

そのうちの一人は、窓際に置かれた灰皿に吸いがらが山のように積み上げられているのを見て、「始発だというのに、掃除もしていない。この汚さはどうだ。おまけに数十年前の古い車両を、ろくに整備もしないで使っているんだから、たまらんよ」と、ぼやきだした。

「要するに国家には金がないんだ」と、もう一人がため息をつきながら、吸いがらを車両のはしにある果皮《グオピー》（ごみ）箱へ捨てに行った。

トランクを入れた座席の下などは、ほうきで掃いたことなどないのではないかと思われるほどの汚れよう。窓ガラスもほこりだらけで、外の景色などなかばかすんでしまっている。

夜が明けると、あいにくの雨。列車は嘉陵江に沿いながら、深い山の中を南下している。相客の一人が西安で買いこんだリンゴを取り出し、みんなにもすすめた。最近は品種改良が進んだせいか、粒《つぶ》も大きく、味もなかなかのものである。

やがて彼は、ナイフで器用にむいた皮を新聞紙に包んで、果皮箱へ捨てに行った。中国ではなんでも床下に捨てる人が多いのに、さすが軟臥の客は、マナーがよいと感心する。

ところがトイレに起った時、私はとんでもない光景を見てしまったのである。女列車員が、乗客がわざわざ持って行ったごみを、なんと走る列車の窓からぽんぽん外へ捨てているではないか。唖然、茫然とは、まさにこのことである。

それ以後、私たちは、女列車員の手間をはぶくため、リンゴの皮であろうと、発砲スチロールの容器であろうと、すべて窓の外へ捨てることにした。

それにしても、ふだん列車から出るごみは、いったいどのように処理されているのであろうか。窓外に捨てられるごみに対し、沿線の住民から抗議の声はあがっていないのであろうか。

こうした事は、結局、人々の自覚に待つしかないのかもしれない。ともあれ、改革・開放政策は、さまざまなものを積み残しながら、突っ走っているのである。

(2)看呢

中国で買い物をした時など、横柄な店員の応対にあきれた経験を持つ人は多いはずである。最近は親方五星紅旗に代わって、私営企業が増えて来たとは言うものの、服務員のサービスの悪さは相変わらずで、目立って善くなったようには思われない。

成都の西北六〇キロにある都江堰《とこうえん》を見に行った時のことである。都江堰というのは、今から二二〇〇年も昔の秦《しん》の時代に、蜀の長官となった李冰《りひょう》が岷江《びんこう》に作った大規模灌漑施設である。

これは人工の中洲《なかす》を作って、岷江の流れを分断する一方、水路を開削して、成都平野を灌漑するというものであった。蜀が「沃野《よくや》千里、天府の土《くに》」とたたえられるようになったのは、実にこの時の工事のおかげだったのであり、現在にいたるもなおその恩恵をこうむっているというのだから、「千秋永《とわ》に固く、福を百代に造《いた》す」と四川の人々が自慢するのも、決して誇張ではない。

四川省では、都江堰を成都観光の目玉として売り出すため、一九九八年に由緒ある灌《かん》県という地名を、わざわざ都江堰市と改め、省直轄の行政単位とした。さらに旅游索道（観光用リフト）を建設し、観光客に古代の大土木工事を一望できるようにしたのである。この索道は、李冰父子を祀《まつ》った二王廟から明代の灌県の城壁を超え、さらに激流の渦巻く宝瓶口《ほうへいこう》を真下に見て、伏龍観のある離堆《りたい》公園まで、座ったまま行けるというものである。

售票処《ショウピアオチュ》（切符売り場）で、穴の向こうをのぞいて見たが、誰もいない。やむなく改札口に行くと、友達とおしゃべりに夢中の若い女性係員が「あっちで先に切符を買ってこい」と、邪魔くさそうに、あごでしゃくった。「售票処には誰もいないではないか」と言うと、彼女はとたんに金切り声を上げて「看呢《カンナ》！」と、私をどなりつけたのである。しかたなく、また售票処までもどり、「买票《マイピアオ》！」と内側と外側に向かって数回大声を発してみた。しばらくすると、対面の土産物屋で油を売っていた女性が、ポケットに手をつっこみながら、ぶらぶらもどってきた。やっと双程《シュワンチョン》（往復）十四元の切符を買って、くだんの係員のところへ持って行くと、彼女は、「あと30分で営業は終了する。離堆公園まで行ったところで、伏龍観を見ている時間などないのに、往復切符なんか買って、どうする気だ」と、のたもうたのである。

なぐりつけたい気持をやっとおさえて、私はリフトに乗った。切符に「都江堰旅游索道公司」と印刷されているところを見れば、国営ではない。しかし、この公司には競争相手がいないから、客に対して乗せてやる式の態度になるのであろう。

念のため、「看呢！」のニュアンスを、後である中国人に聞いてみた。それは「切符売り場に誰もいなければ、自分で探して来ればよいではないか」というほどの意味らしい。「こっちは切符を切るのが仕事、それに今は友達との雑談で忙しいのだ。售票処のことなど、知るもんか。客に親切にしたって、給料が上がるわけでなし」という態度が見え見えである。慣れっこになっているせいか、中国の人たちは、こんな目に会っても、大して腹を立てたりはしない。しかし、気の小さい私などは、一日中、むしゃくしゃが収まらなかった。

(3)上海ドリーム

去る一九九三年一一月一三日、北京の一等地にある王府井《ワンフージン》新華書店が、市中心部の再開発のために、店を閉めたという。跡地には、大型商業ビルが建つのだそうである。

この新華書店には、私も懐かしい思い出がある。今からちょうど三〇年前の一一月下旬、北京ではじめて入った店が、この新華書店だった。店内の暖気が逃げ出さないように、入り口につるされた綿帘《ミエンリエン》（綿入れの大きなのれん）をくぐった途端、強烈なにんにくのにおいに襲われた。このにおいが平気にならないと、中国では暮らせないんだと自分に言い聞かせたのも、ついこの間のことのような気がする。

新中国の成立以来、反右派闘争や文化大革命、天安門事件など、激動の四五年をじっと見続けて来た店だけに、閉店を惜しむ声が多いという。だが、改革・開放の大波をモロにかぶっているのは、なにも王府井の書店だけではない。

前年の一一月、成都の中心街にある書店に入った時のことである。案内して下さった四川大学の教授は、「この書店も、売り場両横が、去年の半分になってしまった」と、嘆いておられた。ビルの一、二階にあった売り場のうち、一階部分がブティックになってしまったのだという。「どうしてまた」といぶかる私に、教授は「近ごろは、本が売れなくなったんですよ。そりゃあ、洋品店のほうがもうかりますからね」と、寂しそうに笑っておられた。

一一月一三日放映のＮＨＫスペシャル「上海ドリーム」でも、旧市街の古いアパートがどんどん取り壊されて、その跡に高層ビルが建って行くさまが報じられていた。上海最大の繁華街南京路にある新華書店も、追い立てを食っているのだそうだ。教育や文化は、二の次、三の次。もうかる部門には、優先的にいくらでも金がつぎこまれる。

古き良きものが、真っ先に「向銭看《シアンチェンカン》」すなわち金儲け第一主義の犠牲になるのは、いずこの国でも同じである。しかし、近代的なビルに西側のブランド商品がならび、麦当劳《マイダンラオ》（マクドナルド）のけばけばしい店に行列が出来、カラオケ店が繁盛することに、目くじらを立てることもあるまい。しょせん文化は、そういうところから生まれ、発展して行くものなのだから。

(4)豪忍

去る一九九七年八月下旬から九月上旬にかけて、中国の東北地方のいくつかの都市を訪れる機会があった。大連は、とりわけ美しい街である。市の中心に位置する中山広場のまわりには、大連賓館（旧ヤマトホテル）をはじめ、新旧それぞれに趣きのある建物が立ちならび、夜ともなれば、それらがライトアップされて、夜空に浮びあがる。

私が訪れた時は、ちょうど「第九届大连国际服饰节」〈第九回大連国際ファッション祭〉が開かれていて、街中が沸き立っている感じだった。大通りには〈穿在大连・美在大连〉〈衣裳は大連に在り・美は大連に在り〉などと染めぬかれたのぼりが、一〇メートルおきぐらいにたなびいていた。

中山広場から西北西の方角に大连火车站《フオチョジャン》（駅）がある。この駅舎は、東京の上野駅を模して作られたのだそうだ。駅前の雑踏を同僚と歩いていた時、二人の擦靴《ツアシェ》（靴みがき）に呼び止められた。同僚は、みがいてもらおうという。私は、なんとなくうさんくさいものを感じて、止めた。だが、彼はさっさと椅子に座って片足を台の上にのせてしまった。「多少銭《ドオシャオチェン》」（いくら）と聞くと、「三元」だという。まあいいかと思って、私も椅子に座った。

十八、九歳と思われる若者は靴をみがきながら、しきりに話しかけてくるのだが、なまりがきつくて、十分には聞き取れない。ただ「この靴墨は上等で、一瓶八五元もするやつだ」という部分はわかった。ははあん、ふっかけるつもりだな、と思った私は、日本語で同僚に「どうする」と聞くと、「まあ、一〇元ぐらいなら仕方なかろう」という。

「さあ、新品同様になったぞ」と見上げる靴みがきに対して、「いくらだ」と聞くと、なんと「六五元だ」という答え。びっくりした私は、「なにをばかな、さっき3元と言ったではないか」とどなると、彼は平然として「上等の靴墨をつかったんだから、当然だ」と言う。同僚の靴をみがいていたのは二五歳ぐらい。彼も同額を要求した。拒否すると、彼は右腕をたくし上げた。見ると、腕に〈豪忍〉という入墨がしてある。〈豪忍〉の忍は、残忍の忍で、訳せば〈凶悪〉というほどの意味。

これはヤバイと思った私は、同僚に目くばせしながら、財布から五〇元紙幣を一枚取り出し「二人で五〇元だ」というなり、若い方に手渡すと、さっと逃げ出した。二〇メートルほど走ったところで、同僚は入墨をした奴に肩をつかまれた。「お前の靴は茶色だから、もっと出せ」とすごむ。同僚は大声で「够了《ゴウラ》」（あれで十分だ）とどなると、相手の手をふり払って、歩き出した。入墨野郎はやっとあきらめたらしく、それ以上追いかけては来なかった。

後でホテルの近くの靴みがきに聞くと、料金は5元だという。我々は、結局一人五倍の金を払ったことになる。

第三章

中国研究者の漢字論、日本語論

名和又介
筧　文生

1、漢字の不思議　20話

名和　又介

(1)怖〜ぃ耳のお話

京都博物館の西北、方広寺の正面に耳塚がある。規模も大きく、丘程度の塚である。豊臣秀吉の文禄・慶長の役で軍功として獲得した耳を埋めた場所だという。実際は耳ではなく削いだ鼻だそうで、慶長の役以来鼻削ぎを続けてきて、その鼻を埋めて耳塚と称した。慶長の役以来、鼻のない朝鮮人の姿が見られたという。秀吉の冷酷さがよく分かる事例である。

ところで鼻塚ではなく、なぜ耳塚なのだろう。漢字から意外な事実が分かった。「取」という漢字である。又は右手を差し伸べている姿であり、この漢字は「耳を取る」という意味だそうである。戦争で敵を殺傷し、敵の左耳を削いで、軍功とするわけである。首を取ることを馘首というが、首は持ち運びに不便であり、その代用が耳だったのである。

打ち取った敵が複数になり、耳を集めることを「聚」と言った。たくさんの耳を列ねることを「聯」と呼んだ。なるほどこれらの漢字には耳がある。耳は軍功の証であり、当然、論功行賞は耳の多寡によりおこなわれる。中国古代の軍功の決めては左耳だったのである。歴史的に使われた言葉として、耳塚で正しいのである。

今まで書いたように軍功であることは確かであるが、それがなぜ耳なのか？　聞・聴という漢字は、本来神の声を聞くという意味である。余の雑音を廃して、神の声を聞くことが、人間の生きる道であった。その神の声を聞く能力を奪う仕業が「取」だった。耳を奪われた人間は神との交信を絶たれ、魂はあてどなく彷徨う。死者も生者もその点違いはない。怖～ぃと思いませんか？

(2)関東・関西の言葉は？

関所の関は、門の中に閂《かんぬき》をして車馬を通さないことである。反対の言葉は開の字になる。扉は開閉だが、門の通行は開関である。現代中国語では、開は on で、関は off の意味がある。車馬の通行が off になるから、まさに関所であろう。中国の関所の代表は函谷関であり、「箱根の山は天下の険、函谷関ものならず」と歌われている。函谷関は古代から西安（長安）を守る要衝であった。

函谷関の東側が関東で、西側が関西になる。東西南北の関所で囲われた場所が関中で、今の陝西省に相当する。なるほど関東・関西という言い方は函谷関の東西の意味だったのだ！　明末に山海関が注目されるようになると、山海関以東、旧満州が関東と呼ばれた。だから旧満州の軍隊は、関東軍だったのである。それでは日本の関東・関西の用い方はどうなのだろう。

壬申の乱以降、関ケ原の不破の関、東海道の鈴鹿の関、北陸道の愛発の関以東を関東と称した。ところが鎌倉時代になると、鎌倉幕府の勢力範囲を関東と言ったようである。今の静岡・長野・新潟以東の地である。室町時代も変化はなく、江戸時代になると箱根の関所（東海道）、小仏の関所（甲州街道）、碓氷の関所（中山道）以東を関東と呼ぶようになる。関東の範囲は、関八州で今の関東地方にほぼ等しい。

京都を中心とした政権にとって、関東は常に警戒すべき場所であった。とりわけ関東の武士集団は脅威の対象だったと思われる。ところが明治になって、首都が東京に移るとともに、関西と言う言葉が多用されるようになる。東京から見ると、今度は関西が注意すべき対象になったのかもしれない。日本は関東・関西という言葉が今も大きな意味を持って使われている。

(3)影堂・御影堂は誰の影？

影の元の字は景で、城門の高殿を日時計の針とみなし、その影をはかって時間を決めたことに始まる。京という漢字は城門の入口の高殿であり、その上に太陽（日）がある。影の意味は、日時計の影でもあった。昔から時間を決める重要なものは、昼の日時計と夜の水時計であっただろう。明朝・清朝の故宮の正殿左側にあるのは、時間をはかる日時計であった。

正殿の右側にあるのは度量衡を決める舛であった。時間や度量衡を決めるのは皇帝であり、始皇帝の例などでよくわかる。影という字に話を戻すと、影堂というものがあり、これは先人の位牌をおく建物であった。位牌は儒教の重要な木主のことであり、本人の魂が帰っていく依代である。中国皇帝の影堂は九代遡って安置され、諸侯（大名）は七代遡って祀られた。

韓国の宗廟は影堂であり、世界遺産に認定されている。東アジアの影堂は韓国に残り、李氏朝鮮の歴代君主の位牌が安置され祭られている。やがて影堂は御影堂と呼ばれ、仏教などの初代の創始者（開山）を記念する建物として、分化していった。知恩院の御影堂は法然の真像を安置し、本願寺は親鸞のそれをお祀りしている。戦前、天皇の写真を収めた奉安殿を記憶している人もいるかもしれない。

儒教の木主は位牌と名をかえ、仏壇の中で大切に拝まれている。庶民の影堂は仏壇と言ってもいいかもしれない。何代遡ってお祭りしているか家によって違うだろうが、昔からの影堂は今も健在である。高殿から影堂・御影堂さらに仏壇に至るまで、形をかえて守られてきた伝統の重さに感心するとともに、祖先崇拝の強さに驚いてもいる。

(4)弓は聖なる武器？

弓矢は強力な武器であり、また同時に聖なる器具でもあった。武器は分かりやすいが聖なる器具という言葉に疑問を持つ方も多いだろう。弓矢は今ならさしずめ鉄砲や機関銃といったところであろう。鉄砲や機関銃を突きつけられたら、死を覚悟しなければならない。突きつける相手が悪魔・鬼であれば、弓矢は強い味方となる。強力な武器は、悪魔・鬼退治の聖なる器具にもなる次第である。

弓の弦を鳴らすだけで、悪魔・鬼は恐ろしがって退散することもある。鳴弦・弾弓は弓の弦をはじき、悪魔・鬼を脅かすことである。弓の弦はいつも張っているわけではない。弓の弦を外すことを弛という、弛緩の意味である。弦を弓にかけることを張という。時には矢をつがえて弓を引くことでもある。張るは中国語で目いっぱい張る意味でもある。帆を張る、翼を広げる、目を見張るときなどに用いる。

儀礼用の弓は弱く張っているので、弱という文字が生まれた。弱冠という言葉は二十歳の成人を意味する。弱が二十歳で、冠が成人の証である。その反対に実戦用に強く張った弓を強という。強弱は弓の張り方から生まれた漢字である。興味深いのは弔の字であろう。

古代、死者は野原に捨て置かれる。葬の漢字はこのことを示している。白骨を集めて改葬するときに弓を用いるそうである。けがれた土地を聖化し、邪神を追い払うことに用いる。

相撲の終了後の弓取りは、聖化の尾をひいているように思われる。聖なる土俵を、弓で清める行為なのである。子供のころは相撲の弓取りが余計に思えたが、今なら多少わかるような気がする。お正月に見かける飾り弓や破魔矢は、悪魔・鬼退治の聖なる器具なのである。名前に用いられる弓（ユミ）も、子供が病魔や悪魔に魅入られないよう祈る親心のあらわれかもしれない。

(5)秋（ノギ編）は収穫

車窓から青空と黄金の稲穂をみていると心の底から豊かな気持ちになる。そう感じるようになったのは還暦以降のことのように思われる。稲穂がいっぱい実をつけて、おもく垂れさがる姿は、田んぼの持ち主でなくとも嬉しくなるのである。その稲穂は禾編の漢字で、稲も黍も粟も禾編がある。穀物にかかわる漢字には禾編がついていて、禾は穀物の姿を表している。

禾は穀物の意味で、穂に実がない状態を禿といい、実がある状態を秀といい、実りの多いのを穆という。なるほど禿頭はハゲアタマだし、禿鷲はハゲワシである。秀は秀才や優秀の言葉がある。科挙で用いる秀才は、宋代は受験者を、明・清は受験生となる県学の正員を示した。「秀而不実」とは、花は咲いたが実がならないこと、ひいては学問は進んだが中途半端に終わったことを意味する。

禾のつく漢字を見ていて、気が付いたのは税金のことである。古代の社会にとっても、税金の徴収は国家の重要な役割であった。古代の税金の租・庸・調は、租が田畑の税金（穀物上納）であり、庸は労役であり、調は家業の税金（布帛上納）であった。税金の税は田租であり、収穫の一定額を取り立て、現物で納めた。農業中心の国家にとって、田租は国家の命そのものであったと想像される。

穀物を積み上げるのが積、その重さを秤（ハカリ）で計るのが称、穀物を等級分けすることが科という漢字であらわされた。興味深いのは租・調を完納させることが成績と呼ばれたことである。役人にとって人民に税金を完納させることが重要で、役人の出世も成績次第であった。試験の成績ではなく、人民を収奪した成績が大切なのは、今も昔も変わらない。収奪された税金の行方も放任することなく、しっかりと監視したいものである。

(6)老人考

老人の老は、説文解字（最古の辞書）には、70歳の老人を言うと説明している。中国語の授業で、老の付く字を出して学生諸君に毎年同じことを質問している。老師・老虎・老鼠はそれぞれ教師・虎・鼠の意味だが、老という字の共通の意味は何だろう?と。ましな答えは、髭と答える学生だが、残念ながら違う。答えは、「恐い」であり、新華辞典にも、そのように書いてある。老はオールドだけの意味ではないのである。

しかし今取り上げようとしているのは、オールドの老という漢字である。老部の辞書を引いてみると、艾は50歳の老人、耆は60歳の老人、老は70歳の老人、耋（テツ）は80歳の老人、耄（ボウ・モウ）は90歳の老人として記載している。鳥取の国名・伯耆は年長者という意味なのだろうか。耄碌は90歳以上の老人のことかしら?と疑問はつきない。「長」は白髪を長く垂らした老人のことだから、耄はそのことであろうか。

耋は中国語でdieと読み、同じ読み方で蝶々の蝶になる。同じく耄はmaoと発音して、同じ音で猫になる。吉祥絵画で、蝶々に戯れる猫の絵があり、見る人の微笑を誘う。しかしこのデザインは、長寿を寿ぐあるいは長寿を願うおめでたい絵であり、80代90代まで長生きをした、あるいはしたいという意味なのである。陶磁器などに描かれることも多く、猫と蝶々の組み合わせは意味深と言えよう。

今年も賀状の欠礼の葉書がたくさん届いている。物故された方のお年は様々だが、90代の方が結構目に付く。昔はまれな耋、耄の老人が多いのである。長寿であることは素晴らしいことだが、手放しでは喜べない。老人を邪魔者扱いし、迷惑な存在とみなす風潮がある。しかし老という字は「恐い」意味なのである。高齢者が「恐い」存在となるよう様々な知恵や工夫が求められているのではなかろうか。

⑺米は白米

米という字は、古代に粟を意味した時代もある。穀物の代名詞的役割を果たしていたようだ。稲穂を収穫し、その殻をとり、米粒にする必要がある。それぞれの段階で、稲穂・玄米・白米と異なる名前がある。玄米から白米にする段階で粗雑な白米、純粋な白米に区別され、それぞれ粗とか精とかの言葉が生まれた。粗雑・粗相になったり、精巧・精白になったりする訳である。

精肉という言葉もあるのだが、肉屋さんはほとんど精肉店と称していた。精肉は本物の肉と言う意味であろう。とすると偽物の肉があり、それが本物と称して出回っていたのであろうか。「羊頭を掲げて、狗肉を売る」という諺や戦時中の牛缶が豚や鯨に化けていた例など枚挙に暇がないようだ。豚肉を牛肉と詐称した話は最近も聞いたことがある。

米篇の字で興味深いのは、化粧の粧である。なぜ化粧品の粧は米の字がついているのだろう。その理由は、古代の化粧が米粉だったからである。米粉の白い粉を顔に塗って化粧としていた。黒い顔を白く見せるには、米粉が便利で重宝だっただろう。昔の美的感覚によると、白い顔は美人の一要件だったかも知れない。なるほど歌舞伎役者や花魁の白塗りの顔が思い浮かぶ。

米粉が原料である限り問題はないが、白粉を鉛で作るとなると怖い話になる。京白粉は鉛が含まれている。伊勢白粉は水銀が含まれている。女性が美しくなるための化粧は、逆に女性を苦しめることにもなった。米粉であった段階ではなんでもなかった白粉が、鉛や水銀が含まれるようになると中毒症状になり、不老長寿の仙薬（実は毒薬）と同じ悲劇を生み出したのである。

(8)ホー（方）の漢字

方を部首とする漢字には、旗を意味するものが多い。普段見慣れない漢字だが、旂（キ）旄（ボウ）旌（セイ）などの漢字があり、いずれも旗の意味で、その先端に鈴をつけたものを旂と言い、唐牛の尾をつけたものを旄と言っている。豊臣秀吉の本陣には瓢箪をぶらさげた旗がひらめいていたことを想像すればよい。大将の存在を誇示する旗の類を取り上げてみよう。

徳川時代の旗本は、はじめは家康の護衛を役割とした武士集団であった。徳川の旗のもとに近衛の武士が控えていたのである。同じ時代に中国では、明から清へと王朝が代わり、大きな働きをした軍隊は、満州八旗と呼ばれた。赤・白・黄・藍の旗とそれぞれにふち飾りの付いた八本の旗がその軍隊のシンボルであった。旗は王朝のシンボルになり、旗そのものを守ることが命をかけた役割となっていく。

旗の下を衆人が歩いている字は、「旅」という漢字で、一見旅行の「旅」を連想させる。しかしこれも旗の下であるから戦争にかかわる漢字で、旅団の「旅」であり、５００人からなる軍隊の意味である。伍、什、佰、仟はともに軍制にかかわる漢字で、５人・10人・１００人・１０００人からなる軍隊であった。ローマ軍団は１００人隊を基本にしていて、その隊長をセンチュリオンといい、英語では century（世紀）になる。なるほど世紀は１００年である。

軍隊の旗ではなく、部族の旗もあり、その旗のもとで誓約した人々が「族」と呼ばれた。その誓約とは三助・四戒であり、今も通用する内容である。三助とは貧困・トラブル・葬祭の助け合い運動の意味で、四戒とは賭博・訴訟・男色の禁止と秩序の尊重である。個々の項目はともかくとして、一族の団結と発展のため昔も今も守るべき事項はそれほど大きな変化はないようである。しかし一族の団結は弱まり、個人の時代になった感は否めない。

(9)りんご・リンゴ・林檎

リンゴの原産地は中央アジアであり、さらに特定するとコーカサス地方であり、黒海とカスピ海に挟まれた地域である。そのリンゴは東西のシルクロードをへて、ヨーロッパや中国に伝わった。ヨーロッパのリンゴは品種改良を重ねて大粒のリンゴになり、アメリカにも伝えられた。フランス語系の pomme はリンゴだけでなく、トマトやザクロの意味もある。

一方中国に伝わったリンゴは、小粒のままで林檎と呼ばれた。日本語ではリンゴと読まれるが、そのまま読むとリンキンになる。林檎の一種類は沙果とも呼ばれた。韓国語のリンゴはサグァと言われるが、そのもとは中国語の沙果である。同じく日本語も林檎と書いてリンゴを代表させる。これも中国の小粒リンゴの名前である。

やがてアメリカ経由で大粒のリンゴが日本にも紹介された。アメリカの東海岸から西海岸に伝わる過程で品種改良が重ねられアメリカ独自のリンゴとなる。日本の北海道開拓はアメリカをモデルにして近代化をはかったのであり、アメリカ経由が多い。フランス経由で輸入された大粒のリンゴもある。こちらは日本の農林省系統であり、殖産興業の一環として導入された。

大粒のリンゴは林檎（小粒のリンゴ）と区別するため蘋果と名付けられた。これは西洋リンゴの中国名である。その簡略字が苹果である。日本の通俗名は林檎だけれども正しい商標名は蘋果なのである。いやはや、まったく知りませんでした！　日本に輸入されたリンゴは農業試験場で品種改良を重ね、フジやツガルというリンゴを生み出し、フジは今や世界一の生産高を誇っている。

(10)医字の初文は醫・毉

中国映画「中国の小さなお針子」の中で、二人の若者が辺鄙な農村に下放され、都会とは異なる山奥の田舎で苦労をする。ところが村長の歯痛を直したことから二人は相当な自由をえて、生活は一挙に改善する。問題は歯痛である。歯痛の苦しみは人類共通だろう。虫歯一本ですら大変な苦痛を与える。この苦痛をなくしたり、やわらげたりしてくれるのが医者である。古代でも現代でも医者ほどありがたいものはない。

初めの漢字を初文というようだが、医の初文は醫あるいは毉である。醫の文字の意味は相当込み入っている。まず弓矢の矢がある。矢は古代の社会では重要な役割を果たしている。お正月の破魔矢は悪魔退散の意味を持っている。今でも弓道の試合は、有名な神社の境内で行われている。悪魔退散の強力な武器が矢であった。その矢を箱に入れた状態が医である。この箱を打つことで霊力を高めることが殹であり、シャーマンが発する気合が「オウ」である。

オウの字は醫字の上の部分になる。さらにそれをお酒で浄化するのである。矢の霊性を二重・三重に高めた状態が醫の字になった。お酒は古代薬用に多用された。一方の毉の字は言うまでもないだろう。オウの字の下に巫が収まっている。つまりシャーマンがオウと気合を入れている姿なのである。病気は悪魔が取り付いて発するものだから、悪魔退治・悪魔退散が医者の役割となる。

下北半島のイタコは死者の言葉を伝えて人々の心を癒している。これは立派な医療行為ではないのだろうか。医療の効果は問わないとして、古代の医者もそのような存在だったと思われる。現代の漢字・医は箱の中の矢でしかなく、お酒はご法度、シャーマンは迷信でしかない。しかし患者を酩酊させ、上手に治療する名醫・名毉は今でもどこにでもいそうな気がしている。

(11)字の意味は！

「字は漢字の字であり、文字の字である」というのが平均的な理解の仕方であろう。ところが字はウカンムリに子供の子からできている。ウカンムリは大規模な建物を意味し、子は子供の意味である。にた漢字に安心の安がある。この字もウカンムリの下に女がいる。家のなかに女がいれば、家族は安心できるという意味だと思っていた。そうすると字は家のなかに子供がいて可愛いとでも考えたらいいのだろうか。

漢和辞典を引いて驚いた！　字の意味は「生む、育てる」という意味なのである。字弧は「孤児を育てる」、字養は「養い育てる」と記されている。そうすると「大規模な建物のなかに生まれた子供がいて、その子を育てる」あたりの意味になるのだろうか。文字の説明は、漢字の作り方に関わり、文は象形・指示をいい、字は会意・形声をいうとある。象形から会意・形声が「生まれた」ということのようである。

白川静の字通を引いて驚きの2乗になった。字は廟のなかで子供の生まれたことを先祖に報告する儀式だという。安は同じく結婚の報告であるという。ウカンムリの意味がよく理解できた。さらに子供が生まれて、子供の名前が字（アザナ）であることも納得した。時代により字（アザナ）の使用や時期も異なるようである。女性が結婚することを許字ということも分かった。字（アザナ）を結婚相手の男性に教えることなのである。

許嫁《いいなずけ》の漢字もこれで理解できる。古代は本人の名前が知られてはならないのである。本名を知られたら、藁人形に名前を書かれて呪いをかけられるのである。本名に代わるのが字（アザナ）であり、中国語の小名・幼名でもある。曹操は阿瞞、陶淵明は渓狗と呼ばれた。時代がすすむと字は大人となる成人式につけられるように変わっていく。今、香港・台湾の若者が字（アザナ）として英語名を名乗るのも伝統の継承かもしれない。

(12)鳥と隹

鳥を意味する鳥と隹（スイ）の違いを、許慎の説文解字は尻尾の長短で説明している。しかし鳥にかかわる漢字は、鳥そのものを表す以外に神のお使いや祖霊の乗り移りを意味してもいる。渡り鳥の餌付けをして越冬をサポートすることは各地にあり、それが観光にもつながっている。渡り鳥は祖霊の変化《へんげ》であり、その渡り鳥を大切に扱うことは宗教的な意味合いがある。

鳥が「鳴く」の鳴は、鳴琴と書いて琴を鳴らすことであり、鳴弓と書いて弓ずるを鳴らすことであり、鳴箭は鏑矢（カブラヤ）のことである。これらの言葉に共通するものは悪鬼退散や神を想像させる。日本語の鳴子や歌舞音曲を意味する鳴り物もこの範疇に入るかもしれない。音楽は神を楽しませるために生まれた。そうするとこれらは古い時代の意味を持っているように思われる。

明・清時代の中国の文官のワッペン状のものは鳥であり、鶴や孔雀が高官のシンボルだった。武官のシンボルは麒麟や虎・熊であった。文官は武官よりも上席であり、動物より鳥類が高く評価されていたと言えよう。鶴は宰相のシンボルであり、役人の目指した最高位だったのである。日の出を眺める鶴の絵姿は、天子を拝する宰相の姿を意味している。鶴の乱舞は絵のように美しい。

中国は科挙をはじめとして、官僚制の発達した国家である。その官僚のトップに鳥類を取り上げたのは一見識かもしれない。西洋では熊や狼などの動物が徽章になっている。ただアメリカやロシアが双頭の鷲を使用しているのはいささか興味深い。とはいえ平和の象徴のような鶴や孔雀と猛禽類の代表・鷲では、同じ鳥類でも意味合いが異なり、発想の基礎が違うように思われる。

(13)五金（金・銀・銅・錫・鉄）は金物！

金編の漢字を見ていて、気づいたことがある。金・銀・銅・鉄・錫の日本語が、コガネ・シロガネ・アカガネ・クロガネ・アオガネだと記憶していたが、説文解字（辞書）にそのように説明している。日本語の訓読みではあるが、その訓も漢字の説明に既にあった。日本語の辞書には、黄＋かね、白＋かね……と紹介しているが、間違いではないものの、説明不足だろうと思われる。

上記の金属を赤・白などの色彩で説明しているのは、本来の色彩らしいものの、陰陽五行説の影響と考えられる。中心に黄金をおいて、青・赤・白・黒となり、位置づけは東西南北につらなる。「黄金をこれの長となす」という解釈もこの推測を裏付けることになる。説文解字の完成した後漢は、陰陽五行説が生まれ、流行っていたという時代背景がある。青春、朱雀、白秋などの言葉は、いずれもこの思想の産物である。

銘という漢字が気になった。銘記は「しっかりと記録する」ことなのだが、なぜ金編がつくのかという疑問である。国語辞典は「記録する」の後に「金石に刻む」とあって納得した。青銅器の底や側面に、その青銅器の所有者の功績を彫り付けることなのである。周代の青銅器には、天子などから頂戴したお宝の由縁を記録するものが多い。銘記は青銅器に刻んで、その所有者の功績を一族に代々記録することなのである。

銘旗・銘旌（セイ）という言葉があり、死者の官位と姓名を記した弔旗のことである。これも一族の旗に物故者の官位・名前を記して、本人の記録を族譜に残しておくことである。旗も旌もともに一族の旗であり、その旗の下で誓う行為が族という漢字になる。一族が戦争に赴けば、旅という漢字になる。甲骨に始まり、青銅器に刻まれて、やがて石に彫られた石碑になり、漢字の歴史は続いていく。

(14)田部の畿・蕃の意味は？

田部（田偏・田冠）の漢字を学んでいたら、田んぼにかかわる言葉が目についたが、これは当然のことであろう。田からできた漢字は意外に多い。田の境界が界・疆であり、田で耕作するのが男であり、田のアゼが町・畔であり、田で使役される動物が畜であり、田の経営が略という漢字になる。町という字は、日本では町村の町だけど、もともとの意味は田んぼのアゼである。略という字を、説文解字は田の経営と説明している。

田の意外な意味は田狩である。田は水田を連想させるが、穀物を作るところが田である。穀物を作る田で、権力者が狩りをすることを田狩と呼ぶのであろうか。田役という言葉があり、これは権力者の狩りに動員されること、つまり勢子として使役されることなのである。昔は肉屋さんも魚屋さんもないのだから、動物性タンパク質をとるには狩猟以外に方法がない。田犬は猟犬、田矢は田狩に用いる矢であり、戦闘用の矢とは異なるようである。

近畿大学や近畿日本鉄道（近鉄）の畿も田部に属する。畿は王宮から五百里以内あるいは千里以内を意味する言葉である。郊という漢字も似たような意味で、王宮五百里以内を郊内、五百里以外を郊外と言った。周代は王宮から千里以内を王畿と呼び、そこから五百里ごとに九等分し、侯・甸・男……夷・鎮・蕃と名前を付けて九畿と称した。日本では京都を中心にして近畿という言葉が使われている。

九畿の最後の字・蕃は草冠をとった番や野蛮の蛮とも通じる。清代の理蕃院は今でいう外務省のことであり、江戸時代末期の蕃書調所（後の洋書調所）も同じ意味である。蕃という遠隔の蛮地という意味である。新大陸からもたらされた野菜にも共通してこの字が用いられた。蕃茄はトマト、蕃藷はサツマイモ、蕃椒はトウガラシのことである。そうそう青木昆陽の『蕃藷考』という書物もありましたね。

（15）鹿物語

身近に鹿を見ようと思ったら、奈良公園に行けばよい。このところ、奈良を訪れる外国人が急増している。動物園を除いて、鹿と遊べるところは奈良公園しかない。そういう意味では奈良は世界でも珍しい動物・鹿とともにある街である。奈良と鹿の関係は古く藤原氏が春日大社を創ったとき、招いたのが鹿島神宮の神であった。神位は鹿の背に乗り、鹿島神宮からはるばる奈良までは運ばれ、多数の鹿もやってきた。

鹿は神の使い、神鹿なのである。稲荷神社の使いが狐であるのと似た関係にある。神鹿ではあるが、世界を見ると美味しい鹿肉の提供者でもある。ドイツでは高級な肉料理だと聞いているし、欧米のレストランでも鹿肉料理を出すところは多い。鹿肉の輸出国はニュージーランドと中国である。中国の北部には鹿を飼う養鹿場もよく見受けられる。中国では鹿は、食肉だけではなく漢方薬の薬材でもある。

角は鹿茸といい生薬として、ジャコウジカは香料になり、鹿鞭は精力剤として利用されている。鹿部の漢字で驚いたのは麗の字である。美は大きな羊がモデルなのだが、麗は鹿の角や毛皮のことを意味すると書いてある。角とすれば牡鹿の見事な大角の姿だろう。毛皮とすれば白鹿の美しさを想像させる。美麗は羊と鹿からできた言葉になり、中国北部の生活や価値観から生まれた。

鹿は吉祥の動物でもある。鹿と鶴が描かれていれば「鹿鶴同春」と言って「六和同春」（世の中は平和）の意味になる。鹿と六（天地と東西南北）、鶴と和は同じ発音である。高官の後ろに鹿が描かれていると「高官厚禄」の意味になる。後ろの鹿は厚禄と同じ発音で、科挙の試験に受かって高官になり、高い給料をいただくことを意味している。神の使いとして、吉祥の動物として、漢方薬の生薬として鹿は有用な存在である。

(16)疾は病気、病は病状？

病気の病は、疒（ダク）からできている。疒はベッドの上で人が苦しんでいる形だと字通は説明している。疒の中が山であれば、疝という字になり、江戸時代はセンキといい腹痛のことである。麻であれば痲という字になり、麻疹はハシカ、痲子は痘瘡である。先進国でハシカを撲滅できない国は日本のみといささか不名誉な状態が続いている。他方痘瘡は1980年に世界保健機関から撲滅宣言が出された。

痘瘡は、疱瘡とも言い、天然痘とも呼ばれている。世界的に猛威を振るった感染症で、日本の歴史にもたびたび登場している。奈良時代は、藤原不比等の子・武智麻呂ら四兄弟が感染し揃って亡くなった。無実の罪で自害した長屋王の祟りだと噂された。日本の怨霊思想の始まりである。江戸末期にも流行し、多くの犠牲者がでた。緒方洪庵の活躍などはみなさんご存知のとおりである。

緒方洪庵は痘瘡については成功したものの、コレラには手を焼いた。コレラを漢字で書くと虎列剌、得体のしれない虎や熊のような凶暴な動物になぞらえられた。江戸時代末期から明治時代の初めまで、東京だけで数十万人の死者がでた。ところが東京に上水道が完成するとコレラは激減し、ほぼ制圧される。上水道は水を提供するだけでなく、感染症をも見事に撃退したのである。

江戸時代の病気の多くは梅毒・花柳病だと言われている。梅毒は一期に現れる紅斑や膿が梅花に似ていることからの命名。花柳という言葉は、花街柳巷の省略形で、街は大通り、巷は横丁のことである。輸入された漢方薬は、中国名は山帰来、日本名は土茯苓で、大量に輸入され、川柳にもよく登場した。サルバルサンができるまで、日本だけでなく世界中の男女を苦しめた病気といえるだろう。

(17)歹（ガツ）は散乱した骨？

歹が偏として使われる漢字には、死者や葬式にかかわる漢字が多い。歹が残骨であることから当然のことではある。死や殉や殘の字がその代表になるだろうか。殘は残虐や殘疾の言葉を見れば理解が早いかもしれない。残虐の虐は、虎が人を食っている姿である。殘疾は現代中国語でも身体障碍者の意味である。死や殉死などは説明するまでもない。

葬式の葬の字は、死の上下に草がある形である。草原に死体は放置され、骨だけになれば、残骨を拾い集めて、お葬式をするという意味である。残骨を拜し弔うのが死だと字通は説明している。簡単に言えば、葬式は二度行われる。死んでカリモガリをして、死者を賓として尊び、残骨を集めて本格的な葬式を行う。沖縄の洗骨は、カリモガリをすませ、残骨をきれいに洗って、厨子甕（蔵骨器）に収める儀式である。

葬式を二度おこなう複葬は、古代社会ではよく見られる葬送であり、現在でも沖縄の洗骨やベトナムの中部、インドネシアの一部で見受けられる。沖縄の小さな棺桶は、首里城の玉陵（タマウドン）や沖縄県立博物館で見ることができた。ベトナム中部は旅行で走行中のバスから、棺桶屋で見つけた。インドネシアは大阪民族学博物館のビデオで見たことがある。今では多少特殊な地域にしか行われていない。

そうそう！　この特殊の殊も歹偏があった。殊の本来の意味は殺すことである。殊死刑は斬殺刑のこと、字通は「死罪とする」と説明している。殊俗や殊風は、風俗が違うという意味で、異なるや特殊の意味で使われている。殊隣は外国という意味で、風俗の異なる国ということになる。殊は、誅殺に連なる「殺す」という意味と、特殊に連なる「異なる」という意味があることになる。

(18)竹冠の漢字

竹冠の漢字は、竹そのものまたは竹製のものを指している。竹製の箱で、四角い箱は筐、丸い箱は筥であり、飯櫃も同じで、四角いものは筐、丸いものは筥である。どの漢字も訓読みにしたらハコと読む。竹冠で不思議な漢字は等である。「等しい」という意味の漢字がなぜ竹冠なのだろう。設文解字の説明で納得した。竹簡の長さを「等しく」するからである。ところで竹簡とは何だろう。

文字を書く紙が発明されるまで、紙の代わりをしていたものが竹簡である。長さ25㎝、幅2㎝ほどの竹の札である。この竹の札に30字ほどの漢字が書ける。この札を並べて、革紐で綴じたものが簡策・簡冊である。「葦編三絶」という言葉があるが、それは読書三昧でこの革紐が切れたことを表現している。そもそもこの編という漢字が、革紐で綴じるという意味になる。長さの異なる竹の札を「等しく」切りそろえ、竹簡にすることである。竹簡は竹の札で、竹の裏側を用いる。竹の裏側を弱火にかけて変化しないような工夫をする。このことを殺青と呼ぶ。お茶の釜炒りも同じく殺青という。ともに水気を飛ばす行為なのである。漢字の書体のことになるが、戦国時代から秦時代にいたる書体を篆（テン）文と称する。この篆という漢字も、竹冠がついている。篆文は基本的に竹簡に書かれたことの反映といってもいいだろう。

字を書く役人を「刀筆の吏」というが、写し間違うと刀で竹簡を削って訂正した。そこで刀という漢字を用いた訳である。昔の「刀筆の吏」は下級役人をも意味した。筆は冠に挟んだり、髷に刺したりした。冠に挟むことは珥（ジ）筆といい、髷に刺した筆は簪筆と呼んだ。以前は、耳に鉛筆やペンを挟んだ人をよく見かけたものである。今はパソコンに向き合う姿に取って代わったのかもしれない。

(19) 中国の塩

塩の旧字は鹽である。官と鹵（ロ）と皿からなる漢字である。官は言うまでもなく役人であり、とりわけ塩関係の役人だろう。鹵はザルに盛った塩もしくは塩の結晶である。皿は鹽を盛る容器である。塩を盛った容器の隣に役人がいる。塩は漢字ができる前から役人の管理する重要産物だったのである。つまり塩の専売制は、国家の成立とともに存在したことになる。

鹵は鹽そのものだが、大鹵という言葉があり、これは山西省晋陽のことを指している。今の山西省の省都・太原である。太原の地は昔、晋の国の都があった。晋は春秋時代の大国である。戦国時代に晋は、韓・魏・趙の三国に分かれた。太原の南に晋祠という観光地があり、歴史的遺物が多い。唐の初代皇帝李淵はここの出身である。詩人白居易も山西の生まれ。大鹵という言葉からの類推だが、ここは塩の産地だったかもしれない。

山西省の北半分は石炭からできている。鉄道の沿線はどこも石炭山が続いている。他方山西省の南部は有名な塩湖・解湖があり、運城の南にある。延々20キロにもなる塩湖で、中国の死海と宣伝している。塩湖を抑えて塩を獲得することが権力への近道だった。ここの出身者に、三国志の猛将・関羽がいる。運城は関帝廟で知られ、運城の空港は運城関公空港という。

中国の歴史は、塩とかかわることが多い。漢字の紹介で触れた旧字の鹽は専売制を匂わせている。前漢の「塩鉄論」は塩の専売制をめぐる議論である。中国の各王朝は、財政状態が逼迫すると専売制を導入している。最悪の専売制は唐代の末期であろう。唐は塩の密売人黄巣によって命脈をたたれた。宋代の党争にもかかわり、元・明・清も専売制を続けた。世界と同じく中国も塩に悩まされ続けたようである。

(20) 淡字のお話

説文解字には「淡は薄味なり」と説明している。味が薄いことから何事にも淡薄なことに用いられる。淡水は真水の意味で、淡水の交わりはあっさりした君子の交わりである。戦前の海軍の将校以上の親睦組織を、水交社と呼んだ。ちなみに陸軍はそれを偕行社と称した。ともに戦いに行く、という意味である。戦前の陸海軍の特徴が表れているようで興味深い。海軍はイギリス流、陸軍はドイツ流であろうか。

海は大海を意味しているが、日本語ではウミと呼んでいる。万葉期にウミ・ウは海・湖・沼などを意味していた。そこから淡海湖は琵琶湖のことになる。都近くの湖だから近江（オウミ）であり、遠くの湖だから遠江（トオトウミ）になる。遠江は浜名湖を意味している。ここから淡海をオウミと読むことになる。淡海三船（御船）と書いて、オウミノミフネと読む。奈良時代の大学頭で、鑑真の伝記を書いた学者である。

淡紅は薄紅、淡雪はアワユキ、淡粧は薄化粧である。これと反対の言葉は、深紅、深雪（ミユキ）、厚化粧になるだろうか。杭州の西湖を観光したとき、ガイドさんが蘇軾の詩を引用してくれ、「薄化粧も厚化粧も共にいい」と紹介してくれた。これは西湖が晴れても雨降りでも、ともに絶景だとほめたものである。快晴の西湖の遊歩道を、あふれんばかりの人々が楽しんでいて、平和そのものの風景であった。

淡路島の説明はご存知の方もあろうが、阿波の国に行く途上にあるので、淡路だと書いてある。古代の南海道のルートである。京都から大阪、和歌山北部の加太を経て、淡路島の由良（洲本）に上陸し、淡路島南部の福良から徳島に至るルートである。徳島・阿波に行く道筋なので阿波路と称した。その阿波を淡の字に置き換えて、淡路島と呼んだことになる。淡路島の呼称など考えたこともないが、漢字・淡の意外な付録であった。

2、おかしな日本語　30話

筧　文生

(1)見い出す

まだ現役のころ学生のレポートの類を読んでいると、よく「見い出す」という表現に出くわした。手もとの『例解古語辞典』（一九八〇年　三省堂）によれば、「見出だす」は「見入る」の対語である。したがって「いだす」は「出だす」であって、「い出す」ではない。ところが口語で「ポケットから財布を出す」という風に使うものだから、つい「見い出す」と書いてしまうのだろう。じゃあ、「見い出す」の「い」はどうなるのかと聞くと、その学生はもちろん答えられない。「大学生がこんな恥ずかしい書き間違いをするな」と何度注意したか分らない。

ところがある時、教授会の最中に、隣の席に座っていた某教授が私に見せてくれた原稿に「見い出す」と書かれていたのである。びっくりした私が、その部分を指さして、「これ書き間違いですよね」と言うと、その教授は「えっ、これでいいと思いますけど」というのである。学生だけでなく、教員までもこんな間違いをするのかとムッとした私は、「なに言ってるんですか。嘘だと思うなら、国語辞典を引いて見て下さいよ」と、つい強い口調で言ってしまった。

こういう思い込みは、教員であろうとなかろうと誰にでもあるのだ。私だって、うっかりして、赤っ恥をかいたことがある。だから間違っていると思ったら、余計なおせっかいなどと考えず、お互いに注意した方がよいのだが、相手によっては逆恨みされる場合もあるので、言葉遣いには気をつける必要がある。

近ごろでは、どのみち正しく読んではもらえないと思ったのか、「見いだす」と書く人が増えて来た。

（二〇一六年九月）

(2)「開会式を始めます」

九月下旬の土曜日、小学校五年生になった孫娘の運動会があるので、見てやってほしい旨の依頼が母親からあった。その日の午後は漢詩講座の講師の仕事があったので、午前だけならと断って、コーヒーを飲むのもそこそこに、出かけることになった。

運動会が始まるのは九時だが、早く行かないとテントの中の敬老席がいっぱいになるので、八時過ぎには家を出ますよと、母親から言われていたためである。

運動場に着いてみると、はたして敬老席のほとんどはジジ・ババでうまっていた。かろうじて私が座席を確保したのを見届けると、母親は写真を撮る場所を探しにテントとは反対側の方に行ってしまった。

九時きっかりに壇上に登った高学年の女生徒が「ただいまから開会式を始めます」と宣言した。

私は思わず「えっ、そんな日本語はおかしいやろ」と口に出していた。帰宅してから息子に言うと、

「別におかしくはないんと違うか。毎年、甲子園で行われる夏の全国高校野球選手権大会の開会式でも、そんなふうに言うてると思うけど」

「いくらなんでも全国向け放送で、そんなこと言うはずないわ」

「いったいどこがおかしいんや」

「〈開会式〉いうんは、いろんな行事の最初にやる儀式やろ。そやから〈始めます〉いうんは、〈開会式〉と意味が重なるやないか。そこがおかしいんや」

「そしたら、どない言うたらええんや」

「そやなあ。たとえば〈これから開会式を行います〉かな。〈ただいまから○○小学校第○○回運動会の開会式を行います〉って言うたら、立派に聞こえるんと違うか」

（二〇一六年一〇月）

(3)一把一からげ

日本語には、古くから使われて来た「決まり文句」あるいは「決まった表現」がいろいろある。たとえば「押しも押されもせぬ」と言う言葉。「彼は今やこの世界では押しも押されもせぬ人物だ」というふうに使う。ところがそれを生半可に覚えている人が「押しも押されぬ人物だ」と言えば、たとえその意味を理解してもらえたとしても、日本語としては間違っていることになる。

もう数十年も前のことだが、大学改革を巡ってさまざまな議論が戦わされていた時のこと、廊下を歩いていたら、幹部職員の某氏が

「そんな《いっぱひとからげ》な議論があるか」

とどなっているのが聞こえて来た。初めは私の聞き間違いかと思ったのだが、そうではなかった。なぜなら、その《いっぱひとからげ》が職員たちの間で一人歩きしはじめたからである。組合や職員会議などで、何かと言うと《いっぱひとからげ》という人が出て来たのである。

これはどこかで注意したほうがよいと思っていた矢先に、こともあろうに組合の執行委員をしていたさる教員までもが《いっぱひとからげ》と言ったのである。ムカッとした私は、思わず「《一把》しかないものを、どうやって《ひとからげ》するんや！」とどなってしまった。

小学館『日本国語大辞典』の《十把一からげ》の項には、「よい悪いの区別をしないで、何もかもいっしょくたに扱うこと」という説明をつけ、『東海道中膝栗毛』や夏目漱石の『吾輩は猫である』の用例を挙げている。

（二〇一六年一一月）。

(4)神ってる

広島東洋カープがセントラルリーグの首位を突っ走り始めた六月下旬ごろだったか、カープの緒方監督が「今のカープは神ってる」と言ったことが、マスコミで報じられた。

負けを覚悟した九回の裏に、これまであまり目立たなかった鈴木誠也選手が二試合連続決勝ホームランを放って、試合をひっくり返したようなことがたびたび続いたからである。

テレビの解説者によれば、緒方監督が《神がかっている》という意味の若者言葉《神ってる》などという表現を知っているはずがない、きっと娘さんか誰かに教えてもらったに違いないと言うのである。

真相はともかくとして、この言葉、なんと今年の流行語大賞を獲得し、カープファンが大喜びしているとか。いずれにしても流行にはついて行けない老人には《カミッテル》などと言われても、「それってどういう意味？いったいどこの国の言葉？」と聞くのが関の山である。

私が思うに、日本語の文法や構造を無視したヘンテコな略語が若者たちの間で流行するのは、スマホと関係があるに違いないのである。スマホを使って文章を打ち込む時には、なるべく字数が少ない方がよいからである。わが家の孫娘たちに聞いてみると、《神ってる》はもちろん知っていた、というより自分たちも時々使うことがあると言う。

「どこでそんな言葉を覚えたんや」

と聞いたのだが、あまりはっきりした答えは返って来なかった。こういう略語は、テレビや新聞などよりも、スマホで一気に広がってしまうものらしい。どこかで誰かが粋《いき》がって使うと、それがすぐに仲間たちの間に広がり、アッと言う間に全国共通の言葉になってしまうのである。この言葉、はたしていつまで生き残れることやら。

（二〇一六年一二月）

(5)超変革

関西には熱烈な阪神ファンが多い。金本知憲監督がシーズン当初に打ち出した「超変革」という言葉を聞いた時も、「なんのこっちゃ！」というのが正直な感想であった。

昨年夏ごろから、なぜか熱烈な阪神ファンになった隣に住む高校生の孫娘は、父親にねだって甲子園まで応援に行き、背中に「超変革」と書かれた黒と白のTシャツを二着も買って来た。そしてテレビの中継が始まると、わが家にやって来て、そのTシャツを着て応援するのである。白のシャツを着て負けると、翌日は黒に着替えて、甲子園にいる時と同じように大声を出して「かっ飛ばせー」とわめいたり、外野フライを捕ろうとする相手側の選手を「それ捕ったら承知せんぞ」と冷やかす。とにかくやかましくて、落ち着いて観戦もできないのである。阪神が勝つと、その夜や翌朝のスポーツニュースを見て、勝利を再確認する。負けると、もちろん肩を落として帰って行く。

チャンスに阪神の選手が凡打して、父親が「お前なんか二軍落ちじゃ！」と舌打ちすると、「なんでそんなこと言うの。こういう時こそ〈頑張れ〉と言うてやるのが、ほんまのファンやないか」と怒るのである。

話が横道にそれてしまったが、私が気になっているのは「超変革」の「超」という形容詞である。金本監督はなんでまた「変革」の頭に「超」などという漢字をくっつけたのだろう。名詞の前に「超」をつけた例は、これまで見たことがなかったからである。

しかし孫娘が騒いでいるのを見ていて、ハタと気がついた。それは数年前から若者たちの間で使われるようになった「チョウ気持ち悪い！」とか「チョウ面白い！」と言う時の「チョウ」を漢字にしただけのことであった。ただし「チョウ変革」というのでは、見た目にも落ち着きが悪い。それで金本監督は「超変革」にしたのである。なーんや、そんなことやったんか。アホラシ！

（二〇一七年一月）

(6) 陽岱鋼

前回書いたように、高校生の孫娘は、昨年の夏ごろだったか、父親に連れられて阪神の試合を見に甲子園へ行ってから、急にプロ野球に目覚め、熱烈なタイガースファンになってしまった。藤浪が大好き、鳥さん（鳥谷）、おじいちゃん（福留）も大好きなのである。

すると中学生の妹は、姉に対抗して、これまた熱烈な日ハムファンになってしまった。「藤浪より、よっぽど大谷の方がイケメンやで」と言って、姉と喧嘩する。ついには母親に「あんたら、ええ加減にせんか」と叱られる始末。

ところが、プロ野球の公式戦が終わってストーブリーグが始まり、日ハムのセンター楊岱鋼が巨人に移籍することが決まると、姉が「移籍するのに事欠いて、ジャイアンツに行くなんてとんでもない奴や」と怒り出した。「ジャイアンツは金に物言わせて、他球団の優秀な選手を集め過ぎや。やり方が汚い。巨人さえ強かったら、それでええのか」。要するにこれ以上ジャイアンツが強くなったら、阪神の優勝がまた遠のくからである。

妹の方も、「楊岱鋼は、ポジション争いが激しい巨人なんかに入らんでもええのに。それにしても巨人の引き抜き方はあまりにも強引すぎや。陽にしたかて、金に目がくらんだんやろか」と悔しがる。

私が気になるのは「ヨウダイカン」という読み方である。台湾出身の彼をどうして日本語の発音と中国語の発音をまぜまぜにして発音するのか。それが分らないのである。名前の岱鋼はタイコウでなく中国音 Dai-gang ダイカンと読んでいるのに、姓の陽 Yang ヤンはどうして日本語のヨウなのか。ヨウと読むなら名前の方もタイコウとなぜ読まないのか。

あまりにも無原則すぎる読み方なのに、誰も文句を言わない。気になって、気になってしょうがないのである。

（二〇一七年二月）

(7)自転車をもたれ掛ける

小学生の孫娘が通う学習塾は、市バスで四つ目の停留所の近くにあって、ふだんは両親どちらかが車で送り迎えをしているのだが、たまに仕事の関係でどちらも都合のつかない時がある。そういう時は、私がその役目を引き受けることになる。

冬休みの時は、十二時十五分に塾が終わるので、その時間に合わせて迎えに行くのだが、バスは時間通りに来るとは限らない。やむなく少し早めに行き、近くを散歩しながら時間待ちをする。昨年夏までは、近くにコンビニがあったので、そこで週刊誌の立ち読みをしたりしていたのだが、そのコンビニもどこかへ移転してしまった。

道路を隔てて反対側には高校・大学を目指す進学塾があり、その隣には学生向けの食堂があって、出入りする若者たちの自転車が乱雑に置かれている。そのためか、塾は茶色のタイルを貼った壁を食堂との境に作って、自転車が塾の方にはみ出して来ないように防御している。それでも心配なのか、塾側は、次のような札をぶら下げている。

「自転車をもたれ掛けないで下さい。タイルが欠けて困ります。」

それを見た私は思わず絶句してしまった。「いったいなんちゅう日本語や。せめて〝もたれ掛けさせないで下さい〟とでもせんかったら、日本語にならへんやないか」

誰が書いたか知らないが、出入りする塾の先生の誰も注意しないし、直そうともしないなんて。まさか「わが塾はこの程度の水準ですよ」とみずから宣伝しているわけでもあるまい。

いったいこの塾は、どうなっているのだろう。

（二〇一七年三月）

(8)ご存知

京都府立大学文学部の教授だった国語学者寿岳章子さん（一九二四〜二〇〇五）から、お叱りを受けたことがある。私が四十代の後半ごろだったか、何かの用事で寿岳さん宛に手紙を出したところ、数日後にお返事をいただいた。ところが、その終りの方に大要次のようなことが記されていた。

「お手紙に〈ご存知のように〉という表現がありましたが、〈ご存知〉と書くのは間違いです。あなただけでなく、世の中には〈ご存知〉と書く人は確かに多くいますが、〈ご存じ〉でなければなりません。〈存じません〉と言う時に〈存知ません〉とは書かないでしょう。」

残念ながらその手紙は、もう手もとに残っていないため、いつ、どういう時のものだったかが分らないのだが、〈ご存知のように〉が日本語として間違っていることを教えていただいたことは、今でも強烈な印象として心に深く刻みこまれている。

寿岳さんに叱られてから大分経って、ふと気づいたのは、〈ご存知〉と書く人が多いのは、〈ご承知〉という言葉に引きずられてのことではないかということだった。〈承知する〉の丁寧な言い方として〈ご承知のように〉と言う。だから〈ご存知のように〉と書くことにすこしも違和感がないのである。

日本語は、やっぱり難しい。

（二〇一七年四月）

(9)ポテチ

四月十一日の朝日新聞朝刊を開けたら「ジャガイモ不作　消えゆくポテチ」という見出しが目に入った。はてポテチってなんだろう。ポテチンなら知っているけど、と思いながら、高校生の孫に聞いてみたら、「おじいちゃんはそんな言葉も知らんのか」という顔をされた。

記事を読んでみると、昨夏の相次ぐ台風上陸で、北海道産のジャガイモが不作だった影響で、貯蔵していた芋が尽きつつあるため、スナック菓子の大手各社が一部のポテトチップスの販売を休止・終了しているというのだ。なかには、九州のジャガイモ生産農家に手を打って、収穫の数か月前から押さえる業者も出ているのだそうだ。

ポテトチップスが品切れになったぐらいで、なんでそんなに大騒ぎをするんだろうと思うのは、ふだんスナック菓子など食べない人間の言うセリフかもしれない。

それはともかくとして、私が気に入らないのは、ポテチという略称である。おそらくスマホなどに打ち込む場合、ポテトチップスだと七文字も入力しなければならないためではないか。また会話する場合でもポテチの方が、若い人たちにはまだるっこくなくてよいのかもしれない。

ちなみに、ジャガイモはジャガタライモの略称で、日本には慶長年間にジャカルタから渡来したため、つけられた名前だが、もとは南米のアンデス高地の原産である。

〈馬鈴薯〉という言い方もあるが、その由来ははっきりしないようだ。小学館『日本国語大辞典』が引く新村出の説では、「駅馬の鈴のように実がなる」ところから来たのではないかと言う。中国語でも〈马铃薯《マーリンシュ》〉というのは、日本語から入ったのであろう。昔、上海にいた時、食堂の人たちは皆〈马铃薯〉ではなく〈土豆《トウドウ》〉と言っていたのを思い出す。

（二〇一七年五月）

(10)正々堂々、精進します

今年の大相撲夏場所では、白鵬が六場所ぶりに優勝し、そろそろ引退かとささやかれていた周囲の人々の予想を吹っ飛ばした。白鵬は、千秋楽から一夜明けた五月二十九日、都内で記者会見し、大関昇進が確実となった高《たか》安《やす》について、「圧倒する相撲で、迫力ある大関になってほしい」と期待の言葉を述べたという。

日本相撲協会は、三十一日午前、大相撲名古屋場所の番付編成会議と臨時理事会を開き、高安の大関昇進を満場一致で決めた。

その昇進伝達式で、高安は「大関の名に恥じぬよう、正々堂々、精進します」と口上を述べた。新聞の報道によれば、「正々堂々」という言葉を選んだ理由について、「どんな状況でも胸を張っている、そういうのが自分の大関像ですから」と語ったのだそうだ。

高安の口上を聞いて、どこかおかしいと思ったのは、私だけではあるまい。それは「正々堂々」と「精進します」がつながらないからである。もし「大関の名に恥じぬよう」に続けるなら、「正々堂々と戦います」、つまり「ねこだまし」をしたり、立会に左右に跳んだりするような小細工を弄せず、正面からぶつかって行きますというなら、すっきりするのだ。

ところが、後に来るのが「精進します」だと、「稽古に精進します」とか「相撲道に精進します」とかいう言葉を予想するのが普通であって、「正々堂々」とはどうしても結びつかないのである。

高安の口上に違和感を感ずるのは、そのためである。しかし私の見るかぎり、テレビも新聞もこのことを指摘する記者はいなかった。大関昇進を受ける高安の口上にケチをつけるつもりは毛頭ないのだが、事前に注意してやる人がまわりにいなかったのは、残念である。

（二〇一七年六月）

(11)神社を詣でる

日本語のテニヲハは難しい。外国人にその違いを説明するのは、もっと難しい。

今から五十年以上昔の話。上海外国語学院で日本語の教師として初めて教壇に立った時のことである。日本語を学び始めてまだ三か月の学生たちに、なにか質問はないかと聞いてみた。すると、一人の学生が、

「〈私は図書館に行きます〉と〈私は図書館へ行きます〉とは、どう違いますか」という質問をした。ええっ、そんなん同じやないか、と思ったものの、さて、どう説明したらよいか分らず、しばし無言のまま立っていた。すると後ろで聞いていた中国人の青年教師が立ち上がり、私に代って説明してくれた。

「〈図書館に行きます〉の〈に〉は《帰着点》を、〈図書館へ行きます〉の〈へ〉は《方向》を説明しています」

〈なんや、そんなことかいな〉と思ったが、もう後の祭である。

日本に帰ってからも、テレビのアナウンサーやインタビューを受ける通行人の言葉はもちろん、新聞や雑誌に掲載される文章に神経質になったのは、中国での体験がもとになっていること、言うまでもない。例えば、次のような文章に出くわした時である。

七月三日の朝日新聞夕刊に湊かなえ「雨待ちのカフェで」という随筆が載っており、読み始めてすぐ、

「神社を詣で、バラ園を散策した云々」

という表現に引っかかってしまった。えっ、「神社に詣で」じゃないの。どうして「神社を詣で」なんて言うのだろう。ひょっとして、方言でそういうところがあるのかな、なんて考えてしまうと、もう先へ進めなくなってしまうのだ。我ながら損な性分である。

（二〇一七年七月）

(12) アベック

日中友好協会兵庫県連合会の事務所で、一ヶ月置きに開かれる読游会（南宋の詩人陸游の詩を読む会）に出席する時は、いつも四條河原町から大阪行きの阪急電車に乗り、十三《じゅうそう》で神戸行きの特急に乗り換えて、兵庫県連の事務所がある岡本まで行く。

先日、十三で神戸行きの特急を待っていた時、私のすぐ前に若い男女が並んで立っていたのだが、突然ドレス

アップした女性が持っていた日傘で男の腰のあたりをポーンと叩いてから、すぐ近くにあったホームのトイレに入った。ふざけているにしてはちょっと変だなと思ったが、やがて来た電車に、二人に続いて、私も同じ車両に乗った。

西宮北口、夙川《しゅくがわ》を経て、岡本で私がホームに降りると、日傘を持った女性も突然パッと降りたため、あわてた男性がその後を追って飛び降りると、相手の手を握って、車内に引き戻そうとして、もみ合いになった。もたもたしている間にドアが閉まり、電車は走り始めた。

それを見た彼女は、相手を振り切って、改札口に向って歩き出した。止められないと思った男性はホームのベンチにへたりこむと、大声を上げてわめき出した。それがなんと中国語。そこで初めて私は、この二人が中国人であることに気づいたのである。ホームにいた人たちは、みな驚いて、一斉にこの男性の方を見やった。しかし、そんなことにはお構いなし、彼の絶叫は続いた。私はそこで改札口を出てしまったので、その後どうなったかは知らない。

帰宅後、中国人のアベックの話を媳婦《シーフ》（息子の嫁）にしたら、彼女は笑い出した。

「今どきアベックなんて古い言葉を使っても、若い人たちには通用しませんよ」

「じゃあ、どう言うんや」

「カップルって言うんです」

「なんや、カップルかてアベックといっしょやないか。どっちも外来語やし」

「それはそうですけど、アベックはもう古すぎて、誰も使いませんよ！」

（二〇一七年八月）

(13) 文化力

朝、テレビを見ていたら、文化庁が京都に移転するにあたって、京都府の職員が「文化力」に乏しいために恥をかくようなことがあってはならないと、府が職員数十人を早朝から妙心寺の塔頭《たっちゅう》「退蔵院」に集めて座禅をさせたというニュースが放映されていた。

テレビ局の解説によれば、座禅の時間は二〇分前後だったとか。たったそれだけで、いったいどんな「文化力」が身に付くというのだろう。もっとも、いまどきの若い人たちに二〇分以上座禅させたら、それこそ足がしびれてしまって、立ちあがったとたん、ひっくり返ってしまうのではないだろうか。

それにしても、お上の考える「文化力」のつけ方って、なんという安直な方法であろうか。もちろんこのほかにも「お茶」や「お花」など、いろいろ勉強させるのではあろうが、そんな付《つ》け焼《やき》刃《ば》的やり方でいったいどんな「文化力」が身につくというのだろう。

そもそも「文化力」という言葉そのものが、私には初耳である。念のため手許の『広辞苑』第5版を引いてみたが、「抵抗力」・「判断力」・「想像力」・「生命力」などは載っているが、「文化力」はない。こんな言葉を考え出したのは、京都府のお偉方なのだろうか。

そもそも私が気に食わないのは、京都府警本部ビルの一角に「文化庁」を置くことを決めた京都府庁の感覚である。こんな感覚の指導者に「文化力」をつけてもらう職員こそ、いい迷惑というものである。（二〇一七年九月）

(14) カッター切り注意

十年以上昔の話。小学校に入ったばかりの孫娘が、授業が終わると、運動場の隣に併設されていた児童館で五時まで遊んでいるのを迎えに行くのが、私の仕事であった。車がよく通る大通りを避けて、細い路地をまっすぐ南に行くと、児童館のすぐ近くに出る。帰りももちろん孫といっしょに、同じ路地を北に向ってわが家に帰るのが常であった。

ある時、この路地の数か所に「カッター切り注意」と書かれているのに気づいた。びっくりした私は、孫に「この路地は、絶対一人で通ったらあかんよ！」と何度も注意した。ヘンタイの男がどこかにひそんでいて、まわりに誰もいないと、カッターで女の子に切りつけると思ったのである。

母親にその話をすると、「ええっ、あの路地にそんなことをする奴がいるの。それやったら、ちょっと遠回りになるけど、ひとすじ東の路にしたら。あの道やったら、車もほとんど通らへんし」

ところが最近、わが家の近くで水道管の工事があり、アスファルトの道路を掘り返した後、埋め戻したままになっていたのを、一週間ほど経ってから、アスファルトで舗装しなおし、その横に「カッター切り注意」と書いていったのである。

「なーんや、そやったんか」と思ったものの、なんでこんなこと書くのか、不思議でしょうがない。わざわざそんな注意書きしなくても、舗装しなおした部分は、見れば分るし、たとえ気づかなくても、つまずいたりすることもなかろうに。そう思うのは誤解していた私だけだろうか。

（二〇一七年一〇月）

(15) ホンコワ

孫たちがしゃべっているのを横で聞いていると、老人には分らない単語が次々と出て来る。先日も「これなあ、〈ホンコワ〉やで」と言っているので、「ホンコンがどうしたんや」と口をはさむと、「誰も香港の話なんかしてへんで」と、ハナから相手にしてもらえない。

「ほな、なんて言うたんや」と食い下がると、「〈ホンコワ〉や」とぶっきらぼうな答えが返って来るだけ。しばらくして、高校生の孫が教えてくれた。

「〈ほんまにあったこわーい話〉のことを〈ホンコワ〉って言うんや」

「へエー。そやかて、ちょっとぐらい長いからって、なんでも略したらええっていうもんやないで」

と文句を言うてはみたが、《暖簾《のれん》に腕押し》でしかなかった。

やむなくその日の夕刊を見ていたら、《地球防衛家のヒトビト》という漫画に、「今の日本で世界に誇れるものって何だろうな?」という質問に対して、「まあ今はTKGでしょうな」と言う答えが返って来た。「それって、新幹線か?　アニメ?　アイドル?」と聞くと「TたまごKかけGゴハンです」という答えが返ってきた。

漫画でおちょくられているように、《なかまうち》にだけしか通用しない省略語を使うのは、いたずらに相手に疎外感を引き起こさせるだけである。

（二〇一七年一一月）

(16)顔面偏差値

前回でも書いたが、三人の孫娘たちの会話を聞いていると、聞き取れない単語が次々と出て来る。しかし孫たちからすると、おじいちゃんの話す言葉にも分らない言葉がいっぱいあるというのだ。

先日も「寒い、寒い」と言いながら帰って来た中学生の孫の薄い長ズボンを見て、私がつい口を出した。

「そんな薄いズボンでは寒いの当り前や、パッチはいたらええのに」

「えっ何、パッチ?そんな単語はうちの頭の中にはないよ。パッチて何」

「ズボンの下にはくやつや」

「なんやレギンスのことかいな」

「レギンス?それ何?」

まあ、こんな調子である。

平昌《ピョンチャン》で開かれる冬季オリンピックの女子代表を選ぶテレビニュースを見ていた孫たちが、

「あの子は顔面偏差値が低いから、無理と違うかなあ」

と話しているので、私がつい口をはさんだ。

「ガンメンヘンサチって、何?」

「いまどきこんな言葉、知らんのはおじいちゃんだけと違うか。みんな知ってるで。顔の偏差値が低いというのは、要するに可愛いくないいってことやんか」

空いた口がふさがらないとは、このことである。数日後、六十代後半の友人にこのことを話したら、「えげつない言葉やなあ」とあきれていた。

（二〇一七年一二月）

(17)インスタ映え

昨年の「流行語大賞」に選ばれたのは〈忖度〉と〈インスタ映え〉であった。〈忖度〉はもちろん老人の私にも分る。安倍首相夫妻に〈忖度〉して森友学園に土地の値段を八億円も安くしてやったということは、耳にタコが出来るほど聞いた。安倍がいくら丁寧に説明しようが、誰にも信じてもらえないことも明明白白である。

ところが、もう一つの〈インスタ映え〉という言葉は、それが昨年の流行語だと言われても、私は聞いた記憶が全くないのである。スマホにかかわる流行語かなとは思うものの、スマホはおろかケイタイすら持ったことがないものには、いくら説明されても分るわけがない。高校生の孫に聞いては見たが、結局腹の底にストンと落ちる説明は得られなかった。

念のため「国語辞典」の類を引いてはみたが、無駄であった。新しい言葉なのであろう、載ってはいないのである。本当に理解するためには、私がスマホを使ってみなければならないであろう。しかし、いまさらスマホを購入して、ボタンを押したり、指でなでてみたりしようなどとは思わない。

「流行語大賞」に選ぶなら、老人にもなるほどと納得できるような言葉を取り上げてほしいものである。まあしかし、これは若い人たちには分ってはもらえないであろう。

息子に聞くと、最近ではインスタグラムにむらがる連中のことを「インスタ蝿《ばえ》」というのだそうだ。いよいよもって分らない。

（二〇一八年一月）

(18) 35億

昨年の「流行語大賞」に関して、もう一つ、なんのことかさっぱり分らなかったのが、「新語・流行語トップ10」に選ばれた「35億」である。「35億」って、いったい何の数字なんだろう。世情にうとい者には、いくら考えても思いつくはずがない。

こういう場合は、やっぱりJK（女子高生）の孫に聞くのが早道である。

「なあ、35億って、なんの数字なん?」

「ブルゾンちえみが流行《はや》らせた数字やがな」

「ブルゾンちえみ?　何やそれ」

「そんなんも知らんのかいな。いま売れっ子のお笑い芸人やがな。」

「へえ。それでブルゾンって、どういう意味?」

「芸人はたいてい自分勝手な名前をつけるんや。そんな名前の意味までは知らん」

「まあ、ええわ。それで〈35億〉って、何の数字?」

「地球上にいる男の数や!」

「ふーん。そんな数字、誰が調べたんか知らんけど、それが何で流行語になったんや」

「ごちゃごちゃ言うてんと、ブルゾンちえみの言うのを聞いてみたら」

大学受験で忙しい彼女に、これ以上聞くのはあきらめた。まあ、80歳を過ぎた世間知らずの老人が、あれこれ文句を言ってもはじまらないし、いまさらブルゾンなんとかの漫才?を聞いて〈35億〉の使い方を知りたいとも思わない。
でも、こういうことにも関心をもてば、認知症にかかるのを多少は遅らせることができるかも。

（二〇一八年二月）

(19)恋人同志

いつだったか、散歩から帰ってテレビをつけたら、「福祉大相撲」というのをやっていた。人気力士らがちびっこたちと相撲を取ったり、兄弟力士が土俵上でにらみ合っていたかと思うと、突然、兄が弟の顔に向って口に含んでいた水を吹っかけて、観客を笑わせたり、土俵の上で稀勢《きせ》の里《さと》に数人がかりで横綱を締めさせるといった本場所では見られないさまざまなサービスをしてくれるのである。

またこの日は北勝富士《ほくとふじ》や勢《いきおい》ら、歌の上手な力士たちが女性歌手といっしょに自慢の喉《のど》を聞かせてくれた。歌わせたら玄人はだしのお相撲さんは、昔も結構いた。私が知っているのは、たしか大関を張った増位山《ますいやま》である。とっくに引退している彼は、今でも時々テレビで歌っているのを見たことがある。

この日の「福祉大相撲」で彼らがうたう歌の大半は、私にはなじみのないものばかりだったが、ただ一曲、四十年ぐらい前に流行《はや》った「別れても好きな人」を歌っていた女性歌手がいた。歌手の名前は覚えていないが、この歌なら私も知っているぞと思って画面を見ると、下の方に歌詞がテロップで流れているではないか。

傘もささずに原宿
思い出語って赤坂
恋人同志にかえって
グラス傾けた

この字幕を見ていて、アレッと思った。「恋人同志」はおかしい、「恋人同士」じゃないのか。もちろん志を同じくする「恋人同志」がいたっておかしくはないが、「別れても好きな人」には、そんな同志の話は出て来ない。

ネットで調べてみると、この歌は佐々木勉の作詞作曲で、一九七九〜八〇年に売り出されて、ミリオンセラーを記録したとある。歌詞も「恋人同志」になっていた。そんなに売れた歌なのに、どうして誰もクレームをつけなかったのだろう。不思議でしょうがない。

『広辞苑』第七版の「同志」の項を見たら、「①志を同じくする人。また、その人。②同じなかま。同士。」とあった。これだと「恋人同志」でもよいことになりそうだが、私は「同士」と「同志」はやっぱり区別したいと思う。


（二〇一八年三月）

(20) 女子追い抜き金

平昌オリンピック開会式や閉会式に集まった各国首脳の対応や対話には、いろいろ興味深いものがあったが、それは別にして、ここでは日本が取った金メダルに関する新聞の見出しについて、気づいたことを記しておきたい。

二月二十二日付の朝日新聞一面のトップ記事「女子追い抜き金」という大きな活字には、面食らった。一瞬ではあったが、「えっ、女子が男子を追い抜いたんか」と思ったものの、「そうではないなあ。じゃあ、女子がなにを追い抜いたんやろう」と首をかしげた。四人の女子が万歳している写真や記事を読んで、やっとそれがパシュートのことだと気付いたのである。

前日のテレビでは、アナウンサーもパシュートとしか言っていなかったのに、いきなり「追い抜き」と日本語で書かれても、ピンとこなかったのはやむを得まい。

いつもなら、「外国語なんか使わず、日本語で言えっ！」とどなるところだが、このときばかりはまったく逆。前日のテレビでパシュートとしか聞いていなかったものだから、いきなり日本語に訳されたら、面食らうのも、当然である。

出たばかりの『広辞苑』第七版を引いてみたら、「チームパシュート」の項に、次のような説明がなされていた。

「自転車やスピードスケートの競技の一つ。三～四名でチームを編成し、隊列を組みながら相手チームを追い抜くか、一定の距離を先に完走した側が勝ちとなる。団体追い抜き」。

（二〇一八年四月）

(21) こくる

「こんなところに日本人」というテレビ番組が好きで、息抜きすることも兼ねて、時折見ている。灼熱のアフリカとか、オーロラが見られる極寒《ごっかん》の地とか、あるいは交通不便なヒマラヤ山地の奥など、日本人が足を踏み入れたことのないような所に住んでいる日本人を、歌手とか映画俳優などが苦労を重ねて訪ねて行く番組である。

三月十三日に見たのは、スエーデンの最北端の北極圏に住んでいる日本人を探して、俳優の笹野高史が、首都のストックホルムから列車やバス・タクシーを乗り継いで会いに行く話だった。北極圏に近づくにつれて、明るいのはほんの一、二時間、暗闇の中を北へ北へと向かい、やっとの思いで訪ね当てた日本人女性に、笹野がインタビューする。

「日本人など一人もいないこんな北極圏にどうして住むようになったんですか」

「私は学生のころからスエーデンが好きで、何回か来たことがあるんです。東京に住んでいたころ、たまたま喫茶店でスエーデンの人に出会って、住所や電話番号を聞いたことがあったので、またスエーデンに来た時に、電話してみたんです。そしたらその人は、お父さんが働いておられた仕事を手伝うようになって、こんな寒い所にいたんです。それで私もここに住むようになったってわけ」

「へエ、そうだったんですか。で、どちらが〈こくった〉んですか」

「わたしです」

このあたりで、私はなにがどうなったのか、分らなくなってしまった。後で、高校生の孫に「〈こくった〉ってどういう意味？」と聞くと、例によって「そんなんも知らんのかいな。〈告白した〉ってことやがな。みんな普通に使うで」

若い子たちが〈告白する〉を〈告《こく》る〉と省略するのは分らんでもないが、私がショックだったのは、七十歳前後の笹野までが若者言葉をごく普通に使ったことである。それは八十歳を過ぎたとはいえ、私がすっかり世の中から置いてきぼりを食っていることを思い知らされたことになるからであった。

（二〇一八年五月）

(22) 考えてございます

森友学園や加計学園問題に関する国会での議論は、いったいいつまで続くのだろう。国有地を八億円も値引きして学校法人森友学園に売却した根拠として、地下深くに埋められていたゴミの撤去費用としてはどうかと、財務省理財局の側から森友側に持ちかけられていたことなど、とっくにバレバレになっているのに、理財局側はいまだにその全てを素直に認めようとしていない。夫人が森友学園の名誉校長をしていた安倍首相は、知らぬ存ぜぬの一点張り。

また安倍首相の若いころからの親友である加計学園の加計孝太郎理事長が国家戦略特区制度を活用して愛媛県今治市に獣医学部を新設した問題をめぐっても、加計側から事前に相談を受けたことはないと安倍首相は強弁し続けている。加計理事長といっしょにゴルフに興じたり、酒を飲んだりしているにもかかわらず、獣医学部問題の話は全くしていないなんて、誰が信じるというのだろう。

財務省の役人たちが国会で答弁するのを聞いていると、口先だけは低姿勢そのもの。私が気になったのは、彼らがしばしば使う「……考えてございます」という表現である。「考えています」あるいは「考えております」

でなくて、どうして「考えてございます」などと言うのだろう。私には、東大出の頭の切れる官僚たちが、ひたすら低姿勢で、その場をやり過ごそうとしているだけのような気がしてならないのである。彼らからすれば、威張るだけで頭の悪い国会議員なんか、なんとでも言いくるめることができると「考えてござる」のではないだろうか。

（二〇一八年六月）

(23) 申し訳ございました

日本に住み始めて二十年になる中国の知人は、当然のことながら日本語もペラペラである。久しぶりに会った彼に、私がつたない中国語で話しかけると、「自分は、ふだんから誰とでも日本語で話しているので、中国語なんかで話しかけないでほしい。今の私には、中国語でものを考えるなんてことを全くしていないんだから」と言われてしまった。

そういう彼の日本語を聞いていると、時々関西弁がまじる。「そやろう」（そうでしょう）とか、「そやさかい」（そうだから）などという言葉がごく自然に出てくるのだが、さすがにそういうところは、ちょっと不自然なというか、ぎごちない感じがしないでもない。

二、三日後、その彼からメールが来た。用件を記した後に、

「先日は、お忙しいところ、お邪魔して申し訳ございました」

とあったので、思わず吹き出してしまった。

べらべらしゃべれるということと、文章を書けるということは、まったく別の能力であることを、この例は示していよう。これは日本人でも同じことで、これ日本人が書いた文章?と言いたくなるような例は、これまでに何度もお目にかかっている。

それは文章になると、論理性を要求されることが多いからでもあろう。そういう私自身も、これまでに何度か

恥ずかしい思いをしたことがある。葉書のような短い文章の場合はなおさらである。パソコンのおかげで、書き上げた後に、必ず読み返して、手直しができるようになったのは、その意味でありがたいことである。

（二〇一八年七月）

(24) なにげに

媳婦《シーフ》（息子の嫁）は、「何気なく」というべきところを、よく「なにげに」と言う。彼女は能登半島の出身なので、石川県あたりの方言では「なにげに」と言うのかなあと思っていたが、ある時、立命館大学の古い卒業生で、能登出身の人に会ったので聞いてみると、「そんな言い方はしない」と、言下に否定されてしまった。

それで、いっぺん注意しておこうと思いながら、ついそのままになっていたのだが、先日必要あって『広辞苑』第七版（二〇一八年一月 岩波書店）を見たら、なんと「なにげに」（何気に）という項目があるではないか。そこには次のような説明がなされていた。

「何気無く」「何気無しに」というところを、一九八〇年代から誤って使われ始めた形。

①何気なく。それとなく。②たいしたことがないようで実は。意外と。「テストの点が―よかった」

要するに誤った用法が使われ出して、それがそのまま一般に通用するようになったということらしい。私の語感が間違ってはいなかったことにホッとしつつも、言葉は時代とともに変わって行くものだということを改めて実感した次第である。

（二〇一八年八月）

(25)「足の踏み場もない」

九月四日、台風二十一号が近畿地方を直撃し、各地に大きな被害をもたらした。特に海上に作られた関西空港は滑走路が水浸しとなったほか、本土との連絡橋がタンカーの衝突によって使えなくなったことから、空港が閉鎖されて、旅行客はもちろん、内外に大きな悪影響をもたらした。

台風の中心が通った神戸や大阪など近畿各地でも、トラックや乗用車が横転したり、住宅の屋根や看板が吹き飛ばされたりしたほか、JRや私鉄など、ほとんどすべての交通機関がストップした。わが家の蘇芳《すおう》も、右に左に揺れ動いたと思ったら、倒れてしまった。私個人の経験では、伊勢湾台風に匹敵する恐ろしい台風だったといえよう。

その翌々日の午前三時過ぎ、今度は北海道で震度7の地震が発生、全道が停電して、飛行機の離着陸も出来なくなった。六日朝のNHKテレビでは、地元のリポーターが札幌市清田区の道路陥没現場から、そのすさまじい状況を報告していた。

「足の踏み場がなくなっています」

いくら興奮していたとはいえ、こんないい方はないだろう。《足の踏み場もない》とは「物がいっぱいに散らばっていて、足を下ろす場所もない」(『広辞苑』第七版)ことのたとえとして用いられる表現。リポーターは自分自身がそこに足を踏み入れておきながら使うのはおかしいのである。

(二〇一八年九月)

(26) 見える化

九月二十日、自民党総裁選挙で、安倍晋三首相が三選を果たした。朝日新聞(九月二十一日)「政界ファイル」欄によれば、野田聖子総務相は、記者団に対して、「何もないことが一番の問題なので、自民党総裁選で《議論を戦わす場》を見える化できたことは良かった」と述べた。

しかし自民党員でない者には、何がどう「見える化」されたのか、さっぱり分らない。この選挙が単に自民党の総裁を選ぶためだけなら、「どうぞご勝手に」というところだが、内閣総理大臣を選ぶことに直結している以上、どう「見える化」されたのか、我々にも問いただす権利があるはずである。しかし残念ながら、新聞やテレビを見ても何も見えては来ないのである。

この〈見える化〉という表現、誰の目にも分るようになったことを言うのであろう。いつごろから使われるようになったのかは知らないが、日本語として、あまり良い表現とは思えない。手もとの三省堂『新明解国語辞典』第五版（二〇〇一年十月）や岩波『広辞苑』第七版（二〇一八年一月）を見てみたが、この言葉は載っていなかった。

（二〇一八年一〇月）

(27) 里帰る

いつだったか読売テレビを見ていたら、メアリージュンが滋賀に〈里帰る〉という字幕が出ていて、驚いたことがある。

メアリージュンとはどういう女性なのか、孫娘に聞いてみると、高橋メアリージュンというモデル兼女優で、滋賀県大津市出身なのだそうだ。その高橋メアリージュンが里帰りしたことを報じたニュースで、どうして〈里帰る〉などと言うのだろう。滋賀県の方言でもないことは、私自身が十二年間、滋賀県に住んでいたことからも断言できる。つまり、これはテレビ局側が字幕に出すために、勝手に縮めた言葉に違いないのである。

ここまで書いたところで、十月二十六日の午後八時過ぎ、同じく読売テレビが、熊本出身のクイズ女王宮崎美子が熊本に里帰りして、御当地の美味しい食べ物、馬刺しやお米をまぜたお好み焼きなどを食べたり、さらには味噌を祀った味噌神社など他府県にはない珍しい場所を紹介したりしていたのだが、それになんと「宮崎美子、熊本に里帰る」という字幕をつけているではないか。

そもそも〈里帰る〉などという表現がおかしいことに、ディレクターはなぜ気づかなかったのだろうか。こんな表現を堂々とまかり通らせるようでは、ディレクターはもちろん、テレビ局の責任も免れまい。こういう無神経な言葉をマスコミが使えば、一般の人たちにも広がる可能性は大きいのである。いや、ひょっとすると知らないのは私だけで、もうすでに市民権を得てしまっているのかも？

日本語の将来は、いったいどうなるのであろうか。まあ、そんな心配をするのは私だけかもしれない。

（二〇一八年一一月）

(28) 定年する

テレビを見ていると、時々「定年する」という人がいる。「定年した後」とか「定年してから」とか言うのである。「勝負する」や「病気する」などと同じつもりなのだろうが、私には、おかしいとしか思えない。「定年になって」あるいは「定年になってから」と言うべきであろう。

そもそも定年あるいは停年とは、退官あるいは退職することが決められている年齢のこと。では、定年と停年の違いは、どこにあるのか、小学館『日本国語大辞典』をはじめ、いろいろな辞書を調べてみたが、どこにも説明がない。ある人から聞いた話によると、かつては国立大学では停年と言い、私学では定年と言ったのだそうだ。旧帝国大学では、偉い先生に安い給料でいつまでも勤めていただくのは申し訳ない、ここらで停年とし、もっと高い報酬が出る私学や研究機関へ移って下さいということだと言う。真偽の程は、定かでない。

知人のYさんの御教示によれば、一九五四年（昭和二十九年）十一月、内閣法制局の「法令用語の改正の方針」によって、以後は「定年」を用いるようになり、日本新聞協会の『新聞用語集』や日本放送協会（NHK）の『放送用語ハンドブック』でも「定年」を採用しているのだという。

では、中国ではどう言うのか。これもその知人に聞いてみると、「退休年齢」とは言うが、日本語のように二字で表す語はないのだそうだ。社会のありようが異なる以上、すべての言葉が置き換えられるわけでないのは当り前である。

（二〇一八年一二月）

(29) 目のあたり

毎年正月に行われる「箱根駅伝」は、参加するチームのほとんどすべてが関東の大学であるにもかかわらず、関西でもテレビの視聴率は結構高いらしい。第九十五回をむかえた今年、なぜか京都に住む孫娘たちが熱心に観ていた。

優勝したのは、往路二位、返路も二位だったにもかかわらず、綜合一位で悲願の初優勝を果たした東海大学だった。それに対して、優勝候補の筆頭に挙げられていた青山学院大学は、往路六位だったのが禍いして、復路一位と盛り返したものの、結局綜合二位に甘んじた。

何度も胴上げされる東海大の両角速監督が、

「いやあ、嬉しいですね。走り込んだ成果が出たし、選手たちの成長を感じました。最高ですね」

と語っているのを横目に見ながら、記者団のインタビューに応じた青学の原晋《すすむ》監督は、いかにも悔しそうであった。

「昨年に続く連覇を確信していたのに、東海大に優勝をさらわれるのを目のあたりにして、残念としか言いようがありませんね」

それを聞いていた孫娘が「〈目のあたり〉は〈目（ま）のあたり〉と読むんじゃないの」と聞くので、「もちろん、そうだよ」と言うと、「あの監督は〈目（め）のあたり〉と言ったよ。おかしいよね」と言うのだ。

「そりゃ、おかしいね。〈目（め）のあたり〉と言ったら、目の付近になにか傷があるとか、墨がついているとかいう意味に受け取られてしまうよ」

どうやら、私がいつもテレビに出演する俳優や選手たちのおしゃべりの間違い探しをするのが、孫たちに伝染してしまったらしいのだ。以後、孫たちの前ではつつしむことにしたいとは思うものの、長年の癖は、そう簡単には治りそうもない。

（二〇一九年一月）

(30)卒婚

朝日新聞一月二十一日付朝刊を見ていたら「卒婚におびえる未婚中年」という見出しが目に入った。えっ、「卒婚」なんて言葉、はじめてお目にかかるけど、いったいどういう意味なんだろうと思って、その説明を読んでみたら、次のように記されていた。

「夫婦間でお互い束縛せず、自由な人生を歩み始めることを〈卒婚〉という」

これだけではよく分らないので、パソコンで覚えたばかりの難しい言葉を説明してくれる画面で「卒婚」という項目を開けて見たら、次のような説明が記されていた。

「結婚という形を維持しながらも、夫と妻が互いに干渉せず、それぞれの人生を自由に歩んでいくという夫婦関係」のことで、「別居する場合と同居したままの場合」がある。「うっかり離婚したりすると、住宅ローンをどうするか」などの問題が生じるのだそうだ。

「同居を続けての卒婚は、互いが納得しての前向きな選択であり、その点で夫婦間の仲が悪い状態での家庭内別居とは異なる」

へえー、世の中が複雑になると、夫婦関係もいろいろになるんだなあと思いつつ、これはやはり女性の力が強くなったからこそ生まれた新しい関係に違いないことを実感する。しかしいまだに結婚すらしていない中年男性ともなると、その受け止め方はさまざまで、結婚すら難しいのに、その先に「卒婚」が待っているのかとおびえる未婚中年が多いというのも、もっともであろう。

念のため「卒婚」などという言葉が何時ごろから使われるようになったのかと、『広辞苑』第七版(二〇一八年一月 岩波書店)を調べてみたが、載ってはいなかった。

(二〇一九年二月)

第四章

中国このごろ　25話

吉村澄代

(1)中国の住宅事情に新展開

1992年、鄧小平の「南巡講話」が発表されてから、全国は瞬く間に都市建設と不動産開発ブームに沸き、不動産市場は急速な成長期に入った。とりわけ人々が住宅を購入できるようになってからのマイホームフィーバーは凄まじいものであった。一時期「房奴《ファンヌー》」(fáng nú)という語が流行したようにマイホームを手に入れるためにそれこそ奴隷のように働かねばならなかった。その様相は、実に涙ぐましいもので、ローンを組んでしまったら最後、朝から晩まで仕事、仕事、仕事……と地獄のような毎日が続く。正規の仕事以外に夜もアルバイトをしなければローン返済におっつかない。その結果、夫婦の不仲、親子の断絶、そして家族全体の危機……挙句の果て、家庭崩壊となる……などなど社会問題化してきた。ところがそれが2016年頃からちょっと変貌しているようである。

中国の大手不動産研究院―鏈家《リエンジア》地産研究院の「2016居住生活報告」よると、ここしばらくで中古物件の契約数が新築物件を上回ってきたという。つまり、ブームに乗って新築物件を買ったが、一人っ子政策が緩和された結果、2人目の子どもが生まれる家では、住宅を買い替える必要に迫られる。ぎりぎりのローンで買ったマイホームは手狭になり、家族が増えてより広い家に移るためには、中古物件しか手が届かないというわけだ。そこで中古物件の需要が伸びてきているのである。

その現象の一つは、経済が失速して、これまでのように新築物件が売れなくなった。住宅バブルがはじけて、だぶついたマンション群が林立している団地は人の気もなく、ついにゴーストタウン(「鬼城《グイチョン》」guǐ chéng)化している状況は、日本のテレビでもよく紹介されている。北京に住んでいた頃からそれら真っ暗闇の巨大なマンション群は不気味ですらあった。

人々がもう新築だけがいいとは思わなくなったもう一つの現象は、賃貸住宅の希望者が増えていることでも分かる。住宅を手に入れるお金が貯まるまで、賃貸に入居せざるを得なかった30代前後の夫婦が、賃貸から賃貸へ住み替えることのメリットに気付き始めたのである。多額の新築購入費用を貯めても、すぐに手狭になることを予想すると、品質の良い賃貸住宅で住みかえて行く方が賢明であると……。

２０１５年、中国全土の都市部で賃貸住宅に住む人は１億６０００万人となり、２０１９年には１億９０００万人になる見込みだとか（「人民網」日本語版２０１７・３・10）。若年層の８割の人が、何がなんでもマイホーム購入というよりも目前の生活の質を向上させるのが大事との考えが増えてきているとのデータもあるようだ。

中国では、社会主義国家建設の初期からずっと住宅事情は厳しいものであった。住宅は国家からの配給で、自分で買うものではなかった。やっと割り当てられた部屋は１ＤＫのアパート。そんな時代を経て、マイホーム購入時代の到来、そしてローン地獄……しかし、その次の賢い選択が中古物件や賃貸住宅の活用かもしれない。

(2)シェア自転車

自転車が洪水のように道路に溢れていた情景は、懐かしい中国の風景であった。日本人にとって、中国＝自転車と言うほど象徴的なものであった。それが経済発展とともに、自動車が道路に溢れ、幹線道路の大渋滞で交通マヒが日常化したのはついこの間までの中国の風景であった。ところが、ここしばらくで、またまた様相が変わった。つまり、自転車が復活したのである。カラフルな自転車が都市部の市街地の歩道や地下鉄の駅周辺に大量に並んでいる。それらの自転車に乗る人々も俄然多くなった。

かつてと違うのは、これらが「シェア自転車」（共享単车《コンシァンタンチャ》 gòngxiǎng dānchē）と呼ばれるもので、個人所有ではなく社会全体が所有するシステムだということである。一時期、「公共自転車」という公営のレンタサイクルが住宅地と駅などを結ぶ道具として導入されたが、貸し出しや返却のための駐輪場所の制約や、また手続きの煩雑さのためなどで思ったほどには人気がなかった。ところが、現在ブームになっている「シェア自転車」は、人々が利用するのに便利なように考慮された優れものなのである。

まず、どのようなシステムかと言うと、①乗り捨て自由、②スマホアプリで近くにある空き自転車を探すことができる（自転車にGPS発信機と通信チップが内蔵）、③自転車についているQRコードでロック解除でき、目的地に着きロックをかけると即時に利用料金が明示されるというもの。このようにいつでもどこで使用、返却ができる。

揚州市内の街角に並ぶシェア自転車
（筆者撮影）

気になる使用料金は、1時間につき1元（約17円）で、北京などでは月～木曜日は無料にするという優遇策も打ち出されている。ただ、利用するには実名登録が必要で、電話番号と住民ID、外国人はパスポート画像を送信する。これらすべてがスマホによる電子決済なので一定額のデポジットをチャージしなければならない。保証金はこの自転車の大手モバイク社のもので299元（約5000円）、オフォ社のもので99元（約1500円）。使わなくなったら返却してもらえる。

こうした「シェア自転車」の普及は、環境保護になり、排気ガスの抑制につながるので、人々も積極的に利用しており、その全国のユーザー数は、2015年末の250万人から2016年末ですでに2000万人を突破した。2018年では2億人になろうと推計されている。台数で言えば、2018年5月時点で、北京で190万台、上海で150万台、全国で3000万台とされている。なんとも半端じゃない数値だ。これは、経済成長の鈍化により、人々の消費行動もやや控えめになってきて、個人所有欲より社会シェアへと考えが転換し、ライフスタイルが変化してきていることを表していると言える。中国のこうしたシェアリングエコノミーは今後さらに発展してゆくのであろうか。

ところが、2017年にはこのシェア自転車にもやや陰りが出てきたようだ。中国の経営活動の残念な側面としての管理がおろそかになるということろか。郊外の駐輪場以外に無残に放置されている自転車の写真などが中国メディアにすら投稿され、「バッタの大群」などと呼ばれているのは悲しい。

2012年には韓国にも進出し、2017年6月には日本の福岡に上陸し、その後札幌、大阪、京都などにも配置されたようだが、日本での爆発的な普及の話はあまり耳にしない。2018年10月には和歌山市と北九州市で早くも撤退とのニュースが流れている。

(3)中国の海外旅行ブームの動向変化

中国国家観光局の発表によると、中国人の海外観光消費額が2015年度で延べ1045億ドルになり、出かけた人数も延べ1億1700万人となり、4年連続で世界一になったとのこと。さらに、2017年では1億3000万人になっている。ちなみに、2005年の海外へ行った旅行者数は約3000万人だった。このように中国人が移動すると、海外での観光消費額は膨大なものとなり、「動くサイフ」とまで言われている。

日本においても、メジャーな観光地や温泉に大勢の中国人観光客が押し寄せ、大型量販店ではパソコン、小型家電、カメラ等の「爆買い」という現象が起こるほど、中国人の購買力は驚くべきものであり、日本にとっては歓迎すべきインバウンドの来客であった。

このような中国人の海外旅行ブームの背景には、①中国人の所得が増加したこと、②国内旅行が値上がりしていること、③国内観光地が混雑することなどがある。たとえば、海南島の4泊5日ツアーで1万元（日本円で15万円）以上はかかること、また、長期休暇期間などはどこの観光地も超満員になるので、旅行を楽しむことができないなどの理由で、国内が敬遠されているのだ。

ところがここ数年、中国人の海外旅行の特徴がどんどん変化してきている。たとえば、次のような点が挙げられる

一つは行く先の多様化である。従来から人気のある日本、韓国、東南アジア、ヨーロッパ、アメリカに加えて、北アフリカのモロッコ、チュニジア、また、南太平洋の島国などノービザで観光を楽しめる国が増加した。

二つ目は、滞在型の旅行が増加したことである。著名な観光地を1日駆け巡るように見て回る（「走马看花《ソウマアカンフウア》」zǒu mǎ kàn huā という言葉もある）のではなく、2日も3日もかけてじっくり見物する。また、その国の生活体験を取り入れるようになった。日本では、一時期の「爆買い」もこのところ鳴りをひそめ、地方のいなか暮らしやお祭りなどの異文化体験を楽しんだりしている。スキー、ゴルフ、サイクリングツアーそしてマリンスポーツなどリゾート地でのレジャーを楽しむ若者も。女性に人気なのが温泉だ。また、各地の名物市場の食べ歩きでは、中国人がひしめいている。まさに「癒やし」、「グルメ」、「文化体験」と言われるゆえんである。

三つ目は、海外旅行者数の増加率が減速している。これまでのように爆発的に増えるということがなくなった。海外に出ることができなかった世代が猫も杓子も国外へ飛び出した一時期のフィーバーが沈静化してきたのである。今の若者は留学もできる、仕事で海外勤務になるなど海外へのハードルが低くなってきているのだ。

観光事情のこのような異変は中国経済の減速化とも無関係ではないが、それ以上に人々の旅行意識の向上であろう。物見遊山的旅行からの卒業に他ならない。

(4)中国のボーナス事情

中国では春節を迎えると、前年度の年末年越ボーナス支給が話題となっている。近年では、都市部のホワイト

カラー層には現金支給が増えているようだが、春節前に支給されるのはまだまだ4割ぐらいの企業にとどまっている。春節後にもらえる企業で1割ほど、全くないというところが5割にもなるようだ。

現金支給でない場合、多くは現物支給になるとのこと。経済発展で景気がいいのかと思いきや、そうでもない意外な実態で、それもリンゴ1箱やお米、食用油などちょっとひと昔前の様相である。筆者も北京で国際放送局に勤めていたとき、ボーナスとして大きな5リットルはあろうかと思う食用油のボトルがすべての局員の机に配布されているのにびっくりしたことがある。さすが、我々外国人職員は別のものであったが……。

支給される企業についてみてみると、2017年度は、金額面では平均1万2821元（日本円で約21万円）、最高額は金融関係で約1万7000元、（同約28万円）。次いで、不動産、建築関係で約1万6000元（同約27万円）、官公庁関係で平均1万元（同約17万円）、最も低いのは教育・文化・スポーツ関係で約7000元（同約11万円）となっている（出展:『ホワイトカラー年末ボーナス調査』）。企業形態で言えば、国有企業が最も多く、私営民営企業が最も少ない。それでも、前年比では若干上昇しているとのこと。地域的には広州、上海、北京などがもっとも高く、沿海部の諸都市も比較的高額で、内陸部の地方都市は低い。

スマホメーカー世界第3位の中国・ファーウェイ（華為技術）が、2018年3月末に公表した2017年12月期決算の売上高は、前年比15・7％増の約6036億元（約10兆2000億円）、純利益は同28・1％増の約475億元（約8000億円）だった。さらに、同社従業員の給与、ボーナスなどの平均年収が68万8900元（日本円約1100万円）超えというのも明らかになり、その太っ腹も話題になった。

同社はまた、2017年の新卒者向け求人広告で、「年収28万8000元（約490万円、内訳は月給1万8000元、ボーナス7万2000元）」と出しており、注目を浴びていた。その反面で同社は、実力主義、長時間労働、厳しい管理でも有名である。

これらのボーナスの使い道は、ホワイトカラー層で、親孝行のためにというのが4割、次いで貯金、投資、教育、旅行などに回すという。やはり親を大事にするお国柄が窺える。

また、中国では、こういうボーナス支給の有無や額の多少が、転職を促すかなりの要因になっているということだ。勤め先への帰属意識が強い日本社会とは違って、中国では待遇が悪い職場は従業員からさっさと見限られる。従って、年末ボーナスに不満を覚える人々は４割近くにもなり、ボーナスの多寡は職場選択の重要な参考データの一つとなる。これにより、各職場の人材移動が激しくなるとのこと。雇用する側も熟練労働者などに辞められたら困るので、うかうかとしておられないだろう。それがボーナス支給やベースアップなどの待遇改善に繋がることになればいいのだが……。

(5)中国のネットショッピング

中国では、10年ほど前からネットショッピング（インターネットによる通信販売）が盛んになってきており、その利用者は４億１３００万人（２０１６年11月のデータ）にもなり、スマホからでも簡単にできるようになった。よく知られているサイトとして、京東《ジンドン》、陶宝《タオバオ》、一号店《イーハオディエン》、当当《タンタン》、アマゾン中国などなどがある。中でも一番人気の「陶宝」へのアクセス数は１日に６０００万回というから驚きだ。それぞれ扱う商品の違いはあるが、家電、ＩＴ製品から衣料、化粧品、書籍、生活用品などまで実に多彩である。「一号店」のように全く街中のスーパーと同じ品ぞろえもある。また、「外売《ワイマイ》」のように、食事のデリバリーも可能なところもある。スマホで注文すればバイク便でできたての熱々のものがすぐに届く。

現在では、このネットショッピングも海外通販へと広がっている。アマゾン中国の「２０１６年海外通販報告」によると、昨年度の海外通販有効ユーザー数は大幅に増加し、２０１４年度の23倍になったとある。また、その利用者の約80％が35歳以下で、そのうちの90％以上が大卒以上の学歴を有するとのこと。また、その主力が子どものいる家庭で、約84％以上に上るのは、買い物に外出ができない事情を物語っている。

アメリカの調査会社が２０１７年3月4日に発表した『第3回世界クロスボーダー取引報告』によると、２０１6年、中国人が海外通販で利用する国は、アメリカについで日本、韓国に人気があるとのことだ。その理由は日本のネットショップは品質がよく信頼でき、韓国のそれは珍しい貴重なものが手に入るからだそうだ。

一時期、日本へ押し寄せた「爆買い」ツアー客もこのところぐっと減ってきたのは、こうした海外ネット通販の拡充によるものであろう。中国のネットショッピングはこのように日々発展深化している。

しかし、課題もある。一つは信頼欠如問題であり、品質、価格、配達サービスへの不信感を克服する手立てが整っていないこと。「安かろう、悪かろう」、「粗雑な配達」などのトラブルがインターネットのサイトなどで取り上げられている。その原因は物流システムが整備されていないことにあるとのこと。二つには、配送する人材の不足問題である。配達人を流動人口などの都市戸籍のない階層に依存せねばならず、細かいサービス業務の教育ができていないなどがある。日本でも、最近、通販商品を届ける宅配物が急増し、配達員が不足するということが問題になっている。その解決の一端として、高齢者の元気な人たちが、生きがいや就労の場として、自転車や手押し車で宅配便を狭い路地奥の家に届けている。その姿はもはや珍しくなくなった。また、ロボットやドローンを使って配達する技術も開発されつつある。少子化、高齢化が世界一深刻な日本は配達員の確保は待ったなしである。中国でも、今後同様の問題が益々増えて来るのは間違いない。

(6)中国にキャッシュレス社会が到来

２０１7年あたりからそれは始まったとされる。その年のメーデー三連休期間、北京の人気三大公園（頤和園、天壇、北京動物園）では、ＱＲコードで入場できるシステムの試行がなされたとのことだ。チケット購入の長い列に並ぶ必要がなくなり、スムースに入場できる。その手順はすべてスマホなどでのインターネット処理となっている。このシステムはその後、市内の十一か所の公園に導入されたのを皮切りに、その設置箇所はどんどん増えている。

さらに、北京では駐車場への入庫や出車の際にスマホによる電子決済（「微信支付《ウェイシンジーフー》」wēi xìn zhīfù）のスマート駐車場なるものが出現している。駐車場の混雑解消のために導入されたもので、すでに北京だけでも２０００か所以上存在するとのこと。利用するためにはやはりスマホアプリのダウンロードが必要で、支払いはアプリのプリペイドカードから自動的に処理されるシステムだ。

また、中国の都市部で自転車の共同利用、いわゆる「シェア自転車」（「共享单车《コンシアンダンチャ》」gòng xiǎng dān chē）と呼ばれるそれは、いつでもどこでも使用、返却ができるというすぐれもので、スマホアプリで近くにある空き自転車を探し、自転車についているＱＲコードでロック解除でき、目的地に着いてロックをかけると即時に利用料金が明示されるシステムなので、やはり、スマホに熟達していれば便利そのものである。従来のレンタル自転車の不便さが一掃された。

そして、今やタクシーの支払い、ショッピングやレストランでの飲食の支払い、露天での買い物の支払いにも、果ては街頭のホームレスへの施しにも、スマホのＱＲコードで処理するモバイル決済という状況になっている。

そもそも２０１２年以後、中国ではパソコンとインターネットの普及を待たずに、一挙に爆発的にスマートフォンが普及した。その結果、モバイルインターネットユーザーは２０１７年６月末の時点で７億２４００万人に達しているという（『第40回中国インターネット発展状況統計報告』２０１７年７月）。また、モバイル決済利用者数は５億１８５万人。13億７９００万人の国民のうち、38％が使っている計算となるという報告もある（２０１７年６月時点、『ＣＮＮＩＣ報告書』）それに、経済的に遅れた地域ほどモバイルインターネットの普及率は高く、モバイル決済の成長率が最も高いのはチベットだとも言われている。

このように、中国社会では、混雑の解消と便利さ、早さを求めてQRコードによる決済が増えてきており、短気な中国人だからとか、偽札が多いからだとか、現金の札が不潔だからなどと言われているが、それもあるかも知れないものの、それ以上に、大手運営会社のキャッシュバックや各種プレゼント等のユーザーへのサービス、決済手数料の安さや無料化などが人心を掴んでいると言えるのではないか。

ますますキャッシュレス社会は進むだろうが、しかし、中高年などのスマホに慣れない世代にとってはかなりのストレスフルなことになるかも。

(7)二人っ子政策が実施されて……

中国では、2016年1月から、長年行われてきた一人っ子政策が緩和され、二人までは子どもを産むことができるようになった。

国家統計局の公式サイトのデータによると、全国出生数は2016年で1786万人、そのうち第2子は45％の800万人～830万人、2017年では1723万人、そのうち第2子は51・2％の883万人で、第1子が少し減少したものの、第2子は増加の傾向にあるとしている。また、出生数は第12次5カ年計画（11～15年）期間の平均出生数1644万人を上回ってきているので、このまま上手くゆけば高齢化社会に備えることにも光が見えるかも……と期待されていた。

が、意外なことも分かった。調査データによると、2人目の子供の出産数が増加したにもかかわらず、2017年の総出生数は前年より少なかった。原因は1人目の子供の出産数が減少したことである。子育て観の変化や日常的なストレスの増加、晩婚化など、さまざまな要因が総合的に作用し、中国全体の出産・子育て意欲が低下し、少子化が進行している。

次に、第2子を産みたくないという人々が53・3%もいるということ。その理由は、①教育や医療の費用など子育てに経済的な負担が大きいこと、②夫婦共働きで、長時間勤務も珍しくなく、子どの世話をする人がいないこと、③都市部（現在中国の都市化率は57%）では人々の出産意欲が低下してきていること、④結婚年齢が遅くなってきていた上に、第2子が許可された女性の年齢はすでに35歳を超えるようになってきていること、などであるという。こういう理由は我が国日本の事情とも重なるところもあるが、中国では、それに加えて長年の一人っ子政策下で、多くの子どもを育てる苦労を免れてきたことがあるかもしれない。なにしろ子沢山は幸せの証とは言われるものの、そのために女性は仕事など社会参加を大きく制限されるからだ。先進国などではＤＩＮＫｓ（double income no kids）の夫婦が増えており、それは女性の社会参加が大幅に増えたからに他ならない。

しかし、中国では地域的特徴もまた興味深い。山東省などでは、新生児のうち第2子が52・2%を占め、これは全国で50%を超えた唯一の省であること、おまけに違反となる第3子以上の出産も3・7%、合計第2子以上の出産が56%で全国で第一位となった。この原因には、山東省では、子どもは多いほど幸せという考えが強いことが挙げられている。また、一人っ子政策のときに、その実施が厳しく行われたことへの反動か、という研究者の見方もあるようだ。

このように、政府が少子化に歯止めがかかると期待した「二人っ子政策」であったが、多くのメディアでは、「期待は裏切られた」と伝えている。２０１８年8月28日付け「検察日報」（中国人民検査院機関誌）では、審議中の「民法典」での「家族計画」への言及がなくなることを報じており、それが家族計画の再度の見直しへゆくのではないかとの見方も出てきている。

(8)中国の大学生就職事情

中国では、大学生の就職先を国家が決めていた時代が終わって久しい。今では、大学に来る求人情報から選んだり、個人で求人イベントに参加して多くの企業の中から選んだり選ばれたり……と日本と同じような就活が必要になっている。

そもそも中国の大学卒業生の数は半端じゃない。2001年で114万人だったのが、2017年で749万人、2018年では過去最多の820万人と、約8倍にもなっている（中国国家統計局の調査）。これは高等教育拡大政策実施以降、大学進学率が1997年の9・1%から、2002年15%、2016年42・7%（教育部統計）と急速に拡大したからである。

このような大卒生はどのような仕事に就くのか。ある調査では、卒業半年後の就職率は2016年では91・6%で、うち常勤職が77・3%、研究職を目指して進学するが10・3%となっている。自分で起業する人も3・0%いる。就職が有利な学部は、マネージメント学、工学、経済学などで、文学、法学は不利なようだ。卒業半年後に従事している業界のトップ3は、教育業、金融業、メディア・情報通信業で、建築業、コンピューター関連製造業、政府・公共管理業、各種コンサルティング業、医療・看護サービス業、商業・小売業、機械製造業と続いている。教育関係がトップに入るのは、進学率が上がり、教育機関や受験産業が増え、その方面の就業人口や雇用が増えたことかもしれない。2016年の大卒半年後の月収が全国平均で4376元（約7万5000円）となった（2017年中国大学生就業報告のデータ）。2001年～2009年頃までの北京での大卒初任給が国有企業で800元～1000元だったことを考えると、ずいぶん上昇したものだ。

しかし、課題もある。就職先での満足度の面から考えると、2016年度の調査では、就職満足度は65%で、不満が結構あることが分かる。不満の理由は、①収入が低い、②キャリア発展の見込みが少ない、③残業が多すぎる、④職場の雰囲気が良くない、⑤就労環境や条件が良くないなどである。これを見ると、大卒資格に見合う就職先が見つかっていないと考えられる。そこで、職場でのちょっとしたトラブルで簡単に退職をしてしまうようだ。高等教育が大衆化段階に入ったのに、親や大学生自身に古いエリート意識が残っており、意に沿わない就職はできない感覚がある。その結果、近年、問題になっている「啃老族《ケンラオズー》」（kěn lǎo zú　富裕層の子弟で親のすねをかじる高学歴ニート）や「蚁族《イーズー》」（yǐ zú　地方出身の大卒者で満足の行く就職先が見つからず都市近郊で集団生活をする非正規雇用者。蟻族と言われる）が出現している。

このような面から考えると、中国の大卒者の就職は決して楽観視できない。８２０万人にのぼる大卒者の就業先がそんなに簡単に保障されるものではないことは明らかであり、むしろ就職難と言うほうが正しい。中国の労働市場は、今なお、ブルーカラーの労働者の需要が大きい。

昨今の人材不足分野は、都市部でのフードデリバリーサービスやネット通販の配達員、建設部門の土木作業員などである。これらは出稼ぎ労働者のテリトリーであり、大卒者はいない。大卒者の「空前の就職難」と言われる状況は今後も続くと考えねばならない。

(9)オンライン図書館の出現

中国では、近年、図書館の貸し出し、返却サービスにＡＴＭが導入されているという。

北京市においては、街角で24時間、図書貸出し及び返却サービスを行う図書ＡＴＭ機の設置は２０１１年から開始され、はじめは区内に8台設置されたのだが、２０１２年はさらに１５０台が設置された。これにより、区内の43の「街道《ジエタオ》」（jiē dào　街道）と「乡《シアン》」（xiāng 郷）（いずれも末端の行政単位、日本の市町村に相当）において24時間の図書サービスが行われるようになっている。

このような図書館ＡＴＭが最初に導入されたのは、広東省東莞市である。２００７年12月に、図書館に５００～１０００冊の図書を収納できるＡＴＭ機を設置し、貸し出しと返却のサービスを始めた。試行的に始められたようだが、評判が良く、若者層にも利用者が広がったとか。また、深圳市においては、２００８年以降、図書館にだけでなく、オフィスビルの一角など、市内各所で図書ＡＴＭ機による図書貸出や予約、返却等24時間図書サービスが実施され、すでに１４０台が市内に設置されている。図書ＡＴＭ機一台当たりの収蔵量は約２００冊であるが、公共図書館とＡＴＭ機のオンライン化が進み、各ＡＴＭ機において市及び各区の図書の貸出、予約、返却等が可能となっている。

上海では、最近、オンライン図書館というブックレンタルのサービスが始まったということだ。個人情報を管理する会社、地域図書館、宅配企業などが共同して、「信用スマートブックレンタル本棚」というレンタル書籍の集配場を設けて、時間や場所の制約がない閲覧サービスを行っているという。

どういうシステムかというと、利用したい人がスマホアプリでレンタル申請をすると、図書館側が本を探し出して、それを利用者が指定するレンタル本棚に配送する。利用者はスマホで連絡を受け、その本棚に取りに行くか、もしくは宅配を頼むというものだ。地理的に図書館が遠い場合でも、このレンタル本棚が中継地の役割を果たしてくれる。

このレンタル本棚も設置数を増やす計画が進んでいる。また、読者が希望する図書を購入してもらえる「書籍リクエスト機能」も整備されつつある。貸し出し所蔵数も現在すでに８万冊あり、今後15万冊に増やすとのことだ。

さらに２０１７年に入り、中国各地では、図書館と他業種との連携サービス「図書館＋（プラス）」が導入されている。「図書館と書店」、「図書館と地下鉄」、「図書館とケーキ店」、「図書館と喫茶店」、「図書館と銀行」、「図書館と裁判所」……

街角にある図書貸し出しシステム
（中国国際放送局HPhttp://japanese.cri.cn/より）

このように、中国では、オンラインで図書に関する様々なサービスが行われるようになって便利になったが、その注文や決済のほとんどをスマホで行わなければならない。そのためにはアプリを取り込み、身分証明や銀行口座など個人情報も申告しなければならない。このように生活全般がスマホで振り回されるとなると、中高年やお年寄りは果たして大丈夫だろうかとお節介な心配もしたくなる。

(10) 電動自転車

中国ではシェアリング経済が発展しつつあり、日本でもすでにテレビなどで紹介されて、おなじみになったシェアリング自転車「共享自行车《コンシアンズーシンチャ》」(gòng xiǎng zì xíng chē) が大流行している、またそれは日本でも、福岡、札幌はじめ数都市に上陸している。

防風カバーが可愛らしい電動自転車
(筆者撮影)

そこで、2017年末、上海から蘇州、揚州、南京方面を訪れた時に、その実態を確認すべく、道中ずっと街角に目をこらしていた。確かに、蘇州でも揚州でも南京でも街のそこここに黄や赤や青のシェアリング自転車がずらりとかつ整然と並んでいる。これらを市民たちはきっと喜んで利用しているのだろうと期待していた……が、予想に反して、あまり利用されている気配がない。この時期は寒いからかな、と思って、通りに目を向けると、たくさんの二輪車が走っている。あれがシェア自転車なのか。しかし、それにしては颯爽と走るそのスピードはどうも自転車とは思えない。バイクにしてはなんだか軽そうな仕様だ。そこでよくよく見ると、モーターを装備した電動自転車だった。

それらに乗る人は老若男女を問わない。そして自動車レーンを平然と走行している。大型自動車やトラックのすぐ横を並行して走るそれは、ある意味、危険極まりない。見ているこちらがひやひやさせられる。そんなことにお構いなく、車と車の間をすいすいと走っている。このような自力でこがなくてもいい電動自転車はこのところ急速に広がっているという。

ところが、その颯爽とした走行姿とはちょっとそぐわない綿入れの布団状の前面カバーがなかなか面白い。ハンドルも腕回りも腰も覆っているそれは、カラフルで、水玉模様、花模様、渋い男性用の柄などさまざま……ある人が風よけに考案したら、あっという間に流行したとのこと。冷え込みが厳しい江南の冬の風物詩となりつつあるという。

この電動自転車、モーターでもペダルでも走行可能なもので、中国では、非機動車として扱われ、登録や免許は一切必要ない。ヘルメットの着用義務もない。都市部ではオートバイの規制はかなり厳しいので、あまり普及していないようだが、その一方で、規制を免れることができるこのような電動自転車の需要が急速に増えている。それらは２００６年にはオートバイを、２００７年には自転車をも越え、２０１７年段階で、中国国内で現在使われている電動自転車の数は、１億５０００万台から2億台と推計されている。人口14億とも言われる中国、自転車は個人が持つだけに、家族では数台所有となり、全国津々浦々にまで行き渡ったら……すごい数になるだろう。

(11)中国では電気自動車（ＥＶ）が主流になる日が近い？

北京では２０１７年10月から、ＥＶ（電気自動車）公共バス「中国紅」が正式に運行されるようになった。全長18メートルで、低床、大容量、車内通路も広いこのバスが北京のメインストリート長安街を走る。しかも、悪名高いＰＭ２・５を自動濾過する浄化システムを採用しているという（「新華網」２０１７・10・23）。

電気自動車の展示会場
（中国国際放送局 HPhttp://japanese.cri.cn/ より）

世界的にもガソリンや軽油を使う自動車から電気自動車（ＥＶ）への転換を加速させる動きが活発になっており、ノルウェーとオランダは２０２５年からガソリン・軽油車の販売を禁止、フランスとイギリスも２０４０年までに停止するとしている。が、その実なかなか進んでいないのが現状である。

しかし、中国政府は、大気汚染対策として、ガソリン車の規制を強化し、ＥＶ車の普及を進めている。２０１６年に生産された乗用車のうちＥＶが26万台、ＰＨＥＶ（プラグイン・ハイブリッド自動車）が８万台で、これは乗用車の生産台数２４４２万台の１・４％にすぎないが、その９割を中国ブランドのメーカーが占める。外資系メーカーは中国でＥＶやＰＨＥＶをまだほとんど生産しておらず、互いに中国市場を舞台にガソリン自動車でしのぎを削っている間に、中国系メーカーはそれぞれの地元政府とタイアップしてＥＶ生産の実績を着々と積んでいた。北京市、上海市、深圳市など主要都市ではガソリン乗用車に対する新規のナンバープレートの発行を制限しているが、電気自動車にはほぼ無制限にナンバープレートを出しているし、一般の乗用車には通行制限が設けられる場合でも電気自動車だけはどこを走ってもよいという。このようにＥＶ自動車には手厚い支援があるようだ。

２０１７年11月末には80台にもなるという北京のＥＶ公共バスは、二酸化炭素排出削減や大気汚染防止に貢献し、そのイルカ型の流線形デザインはおしゃれなものだという。充電も15分で完了し、最大走行距離は１３０キロになるとか。しかし、北京市内のＥＶ路線バスは1万台なのに対し、ＥＶ路線バス用充電ステーションは５０００台分というと、ちょっと足りないのではないかと懸念されている。

また、それらで使われる電気についても、中国は火力発電、原子力発電以外のエネルギー開発に力を入れ出した。風力の大きい地帯の風力発電、日照の豊富なところのソーラー発電などは、十数年前から始まっていた。その頃に訪ねた新疆ウィグル自治区の草原では、巨大な風力発電装置が並んでいたし、また、10年程前寧夏回族自治区の平野部の民家の屋根にはすべてソーラーシステムが設置してあったことを思い出す。

　ある調査報告として、２０２５年時点でＥＶ化される路線バスが世界で１２０万台に上り、うち99％は中国を走る路線バスになるとの見通しである。強力な経済力をもって、中国が多方面、多分野において、世界№１の国力を築きあげるのも、そう遠くない日かもしれない。

(12) 中古車人気

　近年、中国では中古車の販売台数が急増している。中国自動車工業協会によると、２０１６年に全国の中古車販売台数は初めて１０００万台の大台を突破し、１０３９万台となった。中国の新車販売が、２０１７年は２８８７万９０００台、前年比３％増にとどまっているのに対し、中古車販売は１２３４万３３００台、前年比20・５％増を記録した。２０１８年に入っても引き続き活況を呈しているという。

　現在、中国の新車保有台数はすでに2億台を突破している。これまで富裕層だけであった車の所有が中国の新たな中流層にとっても願望の一つとなり、マイカー所有は、豊かになれた証拠として新車購入が中心であった。さらに、車により詳しくなるとグレードを高めたくなり、それにはそれなりの経費が必要となってくる。しかし、中流層になると、そう簡単に高級車の新車には手が出ない。そこで、より安く上級車種に乗り換える手段として、最近は高級車でも手頃な値段で買える中古車を探すようになってきているのだ。

フォルクスワーゲンの中古車展示場
（中国国際放送局 HPhttp://japanese.cri.cn/ より）

このような中間層の購買意欲を敏感に感じとった外国メーカーは中古車販売に力を入れ出してきている。アメリカの自動車メーカー、ゼネラル・モーターズ（ＧＭ）も、今や中国にあるすべてのビュイック、キャデラック、シボレーの販売店（１６００店）で中古車を扱っており、２０１７年には中古車販売台数が30％増加したとのことだ。フォードも、中国に約８００ある販売店の80％で認定中古車を販売している。日本も中古車販売チェーン大手「ガリバー」（本社・東京）が湖北省武漢市内に第１号店をオープンした。３年以内に武漢市内で20店舗、中国全土で５００店舗まで増やす計画で、中国市場への急速な浸透を狙っているとのこと。

中古車に人気が集まる原因には、中古車市場へのてこ入れを目的とした最近の国の政策変更で、登録地以外では販売できなかったのが緩和され、中古車の所有権移転が容易になったことや、上海、杭州などの経済発展地域から高級車が中古車となって大量に供給されることなどがある。住宅購入についても近年言われることだが、「なんでも新品がいい」という価値観から、経済的な「合理性」へという価値観の転換が始まってきている。

しかし、中国ではまだ中古車に対する販売情報が十分ではない。したがって、不正やトラブルが発生しており、裁判に持ち込まれる事案もある。行政と業界団体が中心となる対応策が必要とされるが、それは始まったばかりという。日系自動車メーカーが集積する広東省では中古車の点検のための独立した第三者機関の設置が決まり、取引業者が中古車の点検を依頼し、問題点が見つかった場合は、条件によっては第三者機関が修理費用を補償するなどの支援をするという。

中国の中古自動車市場は、まだまだ発展途上ではあるが、その展望は明るいようだ。

(13)中国の大学入試

２０１８年６月７、８日は、中国の大学入試（「高考《ガオカオ》」gāokǎo「全国高等院校招生統一考試」の略称）が行われた。中国にははるか隋の時代から「科挙」という官吏登用試験があり、試験により人生が決まる国柄である。現代にもそれは人々の考えの底流に生きている。

小中学校から試験に明けくれる子どもたちは、「月月火水木金金」の生活をしていると言われる。土曜日、日曜日ももちろん塾通いで、以前住んでいた北京のマンションで、休日でも朝早くから塾に行く小学生や中学生の顔は疲れ切っていて、笑顔もなかったことを思い出す。小学生には当然親が付き添っていることから、家族の厳しい管理下にあるのもわかる。そのような受験生活の集大成である大学受験は本人だけの問題ではなく、親、祖父母、親族にまで及ぶ。

２０１８年の大学受験者数は、少子化でかなり減ったとは言われるものの、それでも全国で９７５万人になる。日本のメディアではバスを何台も連ねて受験に向かう地方都市の様子などが紹介されていたが、家族、親族あげての受験生への応援態勢はもとより、地域によっては、入試実施日の１ヶ月前から午後10時以降の土木・建築など騒音を出す工事を中止したり、タクシー会社が当日遅刻しそうな受験生を無料で受験会場まで送り届けるサービスをするなど社会全体でもサポートする国家的なイベントとなっている。

ところが、２０１８年は「００后」と呼ばれる２０００年以降に生まれた人が初めて大学を受験する年であるが、その希望する進学先もちょっと変化してきたと言われている。たとえば、外国の大学に留学する、芸術系大学で学びたいなどが選択肢に入ってきた。あるメディアの調査で2万人の高校生とその親たちにアンケートを取った結果、約半数の高校生たちは大学入試が一生を決めるものではなく、経験を積む過程だとしているとのこと。親たちもそれに同意するのが70・7％にものぼるとのこと。また、何が何でもブランド大学に進学するというのではなく、大学が存在する場所を重視し、周辺の社会や文化も学びたい、あるいは親元から離れて自立したい、ということも選択基準になってきているとのことだ。一人っ子政策の弊害で、自立できない子どもやわがまま一杯の子どもが問題視されてきただけに、この現象には驚かされる。そういえば、友人の優秀な中国人女性の息子さんは、小学生の頃、天才的なほどの数学頭脳を持っていて、その上、歴史関係の知識も研究者を目指すレベルで、てっきり北京大学か清華大学に進学かと信じて疑わなかったが、その後、進学先を聞くとアメリカの料理関係の専門大学とのこと。その大学で一人で立派に学業に専念しているという。もちろんそれも世界一流の料理人を輩出する高等教育機関だが……。自分の既成観念を大いに反省した。

　また、インターネットによる情報獲得が主流となる社会になって、知識を得るのは大学だけじゃないという考えを持つようになってきているようで、ちょっと日本も学ばなければならない面があるかもしれない。

(14)中国のＭＯＯＣ（ムーク）人口急増

　ＭＯＯＣ（ムーク）とは、それぞれＭ（Massive 大規模）、Ｏ（Open 開放）、Ｏ（Online オンライン）、Ｃ(Course 課程）を指し、インターネットで聴講できる大規模公開オンライン講座のことである。中国語では「慕《ムー》課《ク》 mùkè」と書く。世界中の様々なジャンルの様々な講義が無料で（一部有料）で受けられるというもの。著名な大学や企業が提供しているということもあり、質の高い講義が保障される。日本でも、ＪＭＯＯＣ（日本オープンオンライン教育推進協議会）が、大学や企業が提供する全てのＭＯＯＣ講座を公開し、その普及に取り組んでいる。教養・実務・資格取得など幅広い講座をオンラインで受講でき、修了証も取得できる。しかし、日本ではまだまだＭＯＯＣの広がりが弱く、充実しているとは言い難いのが現状で、これまでのところ累計１４０講座があり、50万人以上が受講しているものの、知名度は余り高くないといわれている。

　ところが、中国ではこの講座が５０００講座、大学生、社会人などの受講生は７０００万人になるという半端じゃない数で広がっている。北京大学、清華大学をはじめ、中国の著名な２８７大学と提携している。科目としては、コンピューター、経済管理、経営・会計、社会・法律、歴史・文学、外国語、生命科学、心理学、理学、

日本の大学における MOOC の募集広告
（筆者撮影）

工学、医学、芸術など多岐にわたっている。これらがどんな遠隔地であろうが、コンピューターさえあれば、無料で受講できるのだ。

かねてから、中国では広大な土地に教育を普及する教育施策として、通信教育が発達しており、ラジオ講座やテレビ講座は「業余教育」といわれる成人のための生涯学習の手段としてかなり充実した内容を持っている。それが、原則無料でブランド大学の講義が受けられるというのは画期的なものであり、成人のための生涯学習としてだけでなく、正規の講座として認められるので、都会の大学へ行けないへき地の人々や授業料が払えない貧困地区の人々にとっても朗報となっている。

経済が飛躍的に発展しても、まだまだそれに取り残されている地域も多く、とりわけ教育の格差は深刻な中、教育機会の格差の是正や教育の質の平等が、インターネットの普及でこんなにも早く実現に向かうとは夢のような話である。学校に通って受ける形態での学習も人間同士のふれあい、コミュニケーション力などの育成の面ではむろん大きな意味があり、重要である。しかし、広大な国土、14億という人口を抱える中国において、教育機会を平等に保障するためにはこのような方法が追求されることもまた重要である。

(15) 世界の著名人のニックネーム

中国の人は外国人の名前もすべて漢字にしてしまう。日本語のようにカタカナがないので、仕方がないのだが、それでもアルファベットがあるのだから、それで表記してくれればいいのに……といつも恨めしく思っている。

しかし、表意文字である漢字を大切にする誇り高き中国ならではの頑固さもこれまた貴重なものである。

そういうこともあって、中国人は外国人にネックネームをつけたがる。最近の著名人に付けたニックネームなどはなかなか面白いものだ。例えば、スケート選手に見て見ると、

金妍児《キムヨナ》（韓国）は、「鵝《エォ》（é）」と呼ばれている。ガチョウを意味する鵝（é）というこの愛称は、漢字表記である「金妍児」の児「儿《エォル》（ér）」から取っているが、あの優雅な姿がガチョウとはちょっと可哀想な気もする。ファンのことを「粉丝《フェンスー》」（fěn sī）というが、キム・ヨナのファンは「鵝粉《エォルフェン》」（ér fěn）と呼ばれている。

我が国の誇る浅田真央（日本）は「猫《マオ》」（māo）である。これは名前の「まお」からとったのだろう。真央ファンは中国では「猫粉《マオフェン》」（māofěn）となる。キム・ヨナと浅田真央の対決は中国では「金猫大戦」と呼ばれていた。

ソチ五輪女子フィギュア銅メダリストのグレイシー・ゴールド／格雷斯・戈尔德（米国）は「美金《メイジン》」（měi jīn）。その美貌からまず「美」がつけられ、ファミリーネームの「ゴールド」を表す「金」の2文字合わせて美しきゴールドの「美金」になった。ガチョウや猫とは雲泥の差で……。この「美金」は、中国語では「米ドル」という意味でもある。なかなかうならせるネーミングだ。

平昌五輪女子シングルスの金メダリスト、アリーナ・ザギトワ／扎吉托娃（ロシア）は「杂技娃《ザージーワー》／雑技娃」（zá jì wá）。彼女は、難易度の高い回転技で知られ、中国では「雑技（サーカス）のドール」と呼ばれている。「娃」は「ドール（人形）」という意味だ。

羽生結弦（日本）は、「哈牛《ハーニウ》」（hā niú）。日本人ならすぐピンと来る「羽生」の発音から誕生したニックネームだが、彼の流れるようなスケーティングからすれば、イメージ的に「牛」はちょっと意外。しかし、中国語で「牛」は「やり手だ」、「能力がある」という意味も。「結弦」の発音から「柚子《ユーズー》」（yòu zi）と呼ぶ人もいるようだ。

宇野昌磨（日本）は「豆丁《トォウディン》」（dòu dìng）。「豆丁」とは、中国語で小さな豆、豆のように小さなもののたとえ。幼少期から活躍していた宇野昌磨だが、彼の演技を評した中国ファンが「飛んでいる豆みたい」と発言したこと

で、いつのまにかこの可愛らしい愛称がつけられたらしい。

ハビエル・フェルナンデス・ロペス／哈维尔・费尔南德兹（スペイン）は「海盗《ハイタオ》」（hǎi dào）。彼が頭角をあらしたバンクーバー五輪での演技で使われたのが映画『パイレーツ・オブ・カリビアン／呪われた海賊たち』のサウンドトラックの楽曲だったので、中国ファンの間で「海盗＝海賊」と呼ばれるようになった。

(16) 広場ダンスと経済効果

中国の公園で大勢の人々が太極拳、ダンスなど楽しんでいる光景は誰もが目にしたことがあるだろう。日曜日はもとより平日でも退職者や高齢者が集まってダンスに興じている。中国の庶民の生活文化を代表するものだ。

そもそもその起源は、80～90年代に政府が勧めていた農村改革の成功と伝統文化の復興によって、郊外などの農民が現代化を喜んで踊った伝統的な祝いの踊り「秧歌舞《ヤンゴーウー》」（yāng ge wǔ）がもとになっていると言われる。21世紀に入り、中国の社会経済が発展してゆくと共に、都市の広場での住民の地域活動が活発になった。さらに、2008年の北京五輪をきっかけに全国的に健康ブームが巻き起こり、伝統的な太極拳に広場ダンスが加わり、多くの市民に愛されるようになったという。

初めは、個人の興味が中心で、特に道具も必要とせず、決まったルールもなく、踊り方、ステップ、姿勢、音楽などは自由で、楽しく踊って健康を、という感じだった。基本的にはみな同じような動きだが、音に合わせて心のままに手足を動かせば良い。踊ることが好きな人が気軽に参加できる。そばを通る人々も即席で招き入れられることがあり、私も何度か加わって楽しんだことがある。

実は昨今、その広場ダンス「广场舞《グワンチャンウー》」（guǎng chǎng wǔ）では、大きな経済効果が生まれているという。それはすでに1000億元（日本円にして約1兆7000億円）になり、そのうち音響設備など関連電気製品のインターネットでの売り上げだけでも1ヶ月2500万元（約4億2500万円）にのぼるとか。また、店頭販売ではオンラインの10倍の30億元（1年合計で）という試算もある。現在、広場ダンス人口は1億人にものぼり、大きな市場となっており、関連商品の購買規模は1億元にもなるという。

それに関わって旅行業界も乗り出している。各地で行われるコンテスト参加に観光を組み合わせるツアーを組み、それに金融業界も参画する。さらに、中高年自身の消費意欲も盛んで、カラフルな衣装や様々なダンスグッズをネットで購入する。インターネットサイト大手「アリババ」の統計では、2018年1月19日までの50歳以上の消費額は一人あたり平均5000元（約8万5000円）、個数にして44個と示されている。中国では定年が早く（男性60歳、女性55歳）、現在の退職者層は年金も比較的豊かであるため、「ヒマ」も「カネ」も「元気」もあり、業界は中高年のフトコロを狙って様々な仕掛けを打ち出しているのだ。昔からよく見てきた公園風景はいかにもお年寄りの退職後のゆったりとした時間だとこちらものんびりと眺めていたが、経済の活性化にこんなに貢献しているとは思わなかった。

しかし、このところちょっと熱狂が過ぎて踊る場所の確保でトラブルも発生しているとか。駐車場、バスケットコート、ホテルのロビーなど所構わず集団で踊る姿はやはり市民活動の域を超えており、困った中高年と言われても仕方がないかも。

(17) レストランにロボット

中国の鍋といえば、「涮羊肉《シュワンヤンロウ》」（shuànyángròu 羊肉のしゃぶしゃぶ）が伝統的だが、今日では「火锅《フォグオ》」（huǒ guō 火鍋）という名で、その激辛スープが人気。しかし、すべてが辛いわけではなく、あっさり味もある。とにかくあの多種多様な中国の外食産業の中で火鍋の占める割合は11％とか。10軒中1軒が火鍋屋というわけだ。

冬はもちろん夏でも食べる。そんな人気を背景に四川省成都で1か月120元（2000円弱）で食べ放題という会員カード制の店が出現した。しかし、わずか11日目にあえなく閉店となった話題等がネットを賑わした。20席程の店に1日500人以上が押し寄せたらしい。カード保有者が1日に何回も食べられるわけではないから、カードの使い回しなどもあったかもしれない。

それほどの人気がある火鍋店に、最近、パナソニックが自動配膳ロボットを提供し始めたという。自分の席から端末機で注文すれば、ロボットが自動倉庫から食材を選んでテーブルまで運んで来てくれる。店側のメリットは、①食材倉庫の衛生確保②厨房の人材不足軽減③人的ミスの減少④データ管理…などなど。なるほど、考えて見れば、鍋の場合は食材など揃えてもらえば、すべてセルフで行う訳だから、ロボットの配膳でいいわけだ。

ちなみに、ロボットが食材を間違った場合はどうなるかというと、そのままプレゼントされるという。改めて注文すればよし。間違った分だけ得になるというサービスか。このロボット配置をした店は、北京、上海を始め全国展開をする「海底捞《ハイディラオ》」(hǎi dǐ lāo)というチェーン店。海外展開もしており、日本でも東京池袋をはじめ4店舗ほどがあるという。

ロボットがテーブルに運ぶ姿
（中国国際放送局HPhttp://japanese.cri.cn/より）

中国では、2016年頃からレストランにロボットが投入され始めたが、初めはなかなか成功しなかったようだ。技術的に完成度が低かったと言われていた。しかし、2018年に入ってから北京市、上海市、天津市などで、次々とロボットレストランが開店している。お客は食材を自分で選びスマホで決済する。それら食材をロボットが厨房に運び、調理人が料理を作ってくれ、それをロボットが席まで運んでくれる。この場合、調理するのは人間である。一方で、食材を機械の中に入れると、5分後に「ロボット料理人」がアツアツの料理を運んでくれる、あるいは調理もロボットがするなどいろいろとあるようだ。

このようにまさに注文、下準備、調理、配膳、食事、決済の全過程を、ロボットとAIが管理するレストランの出現は、その味や食するときの雰囲気はどのようなのであろうか。AIが理解できる情報を組み込んでいるから、味は遜色ないとはいうものの、画一的な味になるだろう。日本料理の繊細、微妙な味はAIなんかに出せるものか、と私一人意地を張っている。人間はロボットを管理するだけというのもなんだかさみしいから。

(18)デジタル時代の春節

中国はまさにデジタル社会となりつつある。春節行事もその例外ではない。一般に、春節の伝統的な行事に、年賀状、年始挨拶まわり、お年玉等々がある。その年賀状がショートメールになり、インターネットで電子メール年賀状などになって久しいが、2018年には、それらがさらに進化し、「视频拜年《シーピンバイニエン》」(shìpín bàinián お年賀ビデオ)の出現となった。これはビデオ通話や録画映像などで新年のあいさつをすること。スマホなど個人同士でのリアルタイムのものが、挨拶を録画し、それをネットにアップロードしたりする挨拶ビデオだそうで、中には、手のこんだ編集や派手な演出もあるとか。つながりを大事にするようで、反面、作品化することで画一的になり、個人それぞれのつながりが希薄になると懸念もされている。

子どもも大人も楽しみな「红包《ホンバオ》」(hóngbāo お年玉、お祝儀、ボーナス)も「微信红包《ウェイシンホンバオ》」(wēixìn hóngbāo ウィチャットお年玉)が出現。これはウィチャットによる「红包」で、2015年ごろに始まり、アプリを使って相手の銀行口座にお金を入れることができるシステムで、一時期、熱狂的なブームになったようだが、現在はトラブルや違法行為を防ぐため、入れられる金額にも上限200元が定められている。

勤め人にとっては、勤め先から出るボーナスは楽しみなものである。かつては物品支給が多かったが、近年は徐々に現金支給が増えて来ている。それに加えて、「春节红利《チュンジエホンリ》」(chūnjié hónglì 春節ボーナス)といわれる、国民だれもが参加できる春節ボーナスイベントも行われている。「红利」とは、元来は配当金という意味であるが、ここでは、2016年からスマホ決済サービス会社アリペイ（「支付宝」）がアプリのスキャン機能を使って、「集五福」（街中にある福の字を五つ集め、設定された条件をクリアーすると登録ユーザーたちとお金を山分けできる）というボーナスキャンペーンを張ったものを指す。現在もゲームや質問に解答することでも福の字を集められるなどいろいろとバリエーションも増やして続けられているし、他の決済サービス会社も同じようなボーナスキャンペーンに参入してきている。

こうして楽しく過ごす春節も終わってみると、多額の出費で懐具合が心配になると言うわけで「春劫《チュンジエ》」（chūnjié 窮正月）なる言葉もある。「春」は春節、「劫」は中国語では奪う、略奪する、強奪するという意味。春節でお金を使う（奪われる）ことを嘆いたもので、あるデータでは、5000元以内で収まった人が45％で、半数以上が5000元～2万元を使うという。日本語で語呂合わせをすると、春節＝旧正月＝窮正月ということになる。

そこで、「恐归族《ーングイズー》」（kǒngguīzú 帰省恐怖症患者）なる語も。これは春節に故郷に帰ることを億劫がる（恐れる）人たちを指した言葉で、その理由は、帰省すると、交通費、親戚へのお土産代、親戚の子どもたちへのお年玉などの多額の出費があり、それを恐れることからきている。もっともそれだけでなく、社会人になったら中国では結婚や出産を催促されるので、それを恐れることもあるようだ。

(19)春節の過ごし方　各地さまざま

中国のお正月と言えば、旧暦の春節である。広大な中国、その春節の過ごし方もそれぞれ地方色がある。

東北部は極寒の地であるが、外は寒くても暖房が完備しているので、家の中は暖かい。南方は温暖なはずだが、湿度が高く、空気が冷えるので冬は寒々とするとか。なんと杭州では家の中も外も同じ3℃で、とても寒いとのことを当地の人から聞いた。

従って、お正月の過ごし方も違ってくる。東北では暖かい室内で過ごす楽しみ方をする。みんなでお正月の料理を作ったり、麻雀、トランプ等のゲームをして遊ぶ。南方は家の中でも外でも同じような気温なので、暖かい太陽のある時などは外で散歩をしたり、お寺詣りをして過ごすとのこと。

春節といえば「饺子《ギョウザ》」と、我々日本人はステレオタイプで考えがちだが、これも大きな違いがある。東北はもちろん家族全員で作ったり、食べたり「饺子」三昧だが、南方の浙江省などでは全く食べないとか。魚や川エビ、アヒルの煮付けなどがごちそうで、「元宵《ユエンシアオ》」（本来なら陰暦1月15日の元宵節に食べる白玉団子）の中身の餡のないものを食べる。また、江蘇省では、日本のお餅に似た「年糕《ニエンガオ》」（niángāo）を食べる。しかも四角の形で、日本の角切りお餅に似ている。それをチンゲン菜などと一緒に煮て食べる。なんとなくお雑煮に近い。安徽省では、味付けのゆで卵を食べるという。

それぞれの地方のお正月のゲン担ぎも面白い。東北では、大みそかから家のゴミは外に出さない、ゴミでも財産だから捨ててはいけないとのことだ。日本の「お正月には掃除をしてはいけない」のと通じるかも。（日本では福を掃き出すからだという）。「年糕」を食べるのも、「年年収入が増えるように」との願いとか。ゲン担ぎの代表とも言うべき「鞭炮《ビエンパオ》」（biānpào 爆竹 大きな音を出して鬼を追い払う）については、１９９０年代には厳しく禁止されたが、現在では春節期間中は解禁された。その結果、北京などの大都会では、期間中いたるところで「鞭炮」が炸裂して、その騒音はたまったものではない。大みそかから元日にかけては夜通しその音で睡眠不足になる人が続出する。

また、火傷の事故等も多く、爆竹用の保険等も出現した。数年前には、北京のど真ん中にあるＣＣＴＶの新築の社屋が職員が楽しんでいた爆竹の不始末から大火事になり、ビルが丸焼けになってしまったことは有名。

しかし、この爆竹も南方ではここ数年ではあまり聞かれないという。これは中国が車社会になり、南方の都市の街では道路が狭いことから、路上駐車の車に爆竹のカスや火の粉がふりかかり、トラブルが頻発するので、人々が自粛するようになったことによるとのことだ。

(20)独身税

中国では、「単身税《ダンシェンシュイ》（dānshēn shuì　独身税）」というのが出現した。文字だけを見ると、「独身者に課す税金」のようだが、そうではなく、「税」とされているが、内容は未婚であることにより、納税時に一部の減税や減免の優遇措置を受けることができないことを指すとのこと。つまり、既婚者と比べて、より多くの個人所得税を納めなければいけないということである。

昨今、先進国などでは、結婚しなければならない理由付けが希薄になり、結婚しないことを選ぶ人が増えている。少し前の統計で知ったのだが、イギリスでは、既婚者数がこの１５０年間で最低になり、フランスでは３世帯に1世帯が独身者で、ドイツのベルリンでも独身人口が54%となっているとのことだ。日本では30歳から34歳までの未婚率が47・１%、そのうち女性は32%となっており、やはり結婚しない選択をする人が増えている。韓国はすでに独身全盛期に入ったと言われている。

また、イギリスでは、独身者の1年の支出が既婚者よりも５０００ポンド多くなるとの計算もある。つまり、一生独身でいると既婚者より25万ポンドほど（日本円で３５００万円前後）多く支払うことになるというのだ。

中国では、経済的な理由や、子育て環境への不安から、結婚できない若者が多いことに加えて、結婚適齢期の人口で男性が女性よりも３０００万人も多い男余り社会であることから独身者が多い。この原因は一人っ子政策時代に暗に行われていた男女の産み分けであることは明らかだ。

そこで、２０１８年6月19日、財政部（日本の財務省に相当）が『中華人民共和国个人所得税法修正案（個人所得税法修正案）（草案）』を公表し、パブリックコメント募集（意見募集）を経て、8月29日に、全国人民代表大会常務委員会の審議で、この修正案が決定した。この修正では、子育て家庭を優遇しようというわけであるが、その中に独身者に対する税措置を修正することが含まれている。多くの独身者からの反発はもとより、そうでない人からも大いに関心を集めたという。

内容としては、控除対象として、子どもの教育費、生涯教育費、重大疾病医療費、住宅ローンの利息と家賃などが含まれ、さらに、所得税を納める際には、基本高齢者保険、基本医療保健、失業保険、住宅積立金などの基本的な「专项扣除（特別控除）」項目があるが、さらに「专项附加扣除（特別付加控除）」という項目を設けて税金が計算される。その結果、これらの特別控除や付加控除から縁遠い人々は独身者であり、その所得計算は情け容赦なく高くなってしまう。「税」ではないとしながらも、実質的には独身税となる。中国では、独身者も「貴族」どころではなく、厳しい税負担を強いられる肩身が狭い立場に置かれることになるのだろうか。

(21) 新語に見る中国社会　①結婚事情

中国では、近年、結婚事情はどんどんスピードを増して進展しているようで、次のような「スピード結婚」の三展開がある。

すなわち、「闪婚《シャンホン》」（shǎn hūn スピード婚。知り合って8か月以内で結婚）、「闪离《シャンリー》」（shǎn lí スピード離婚。結婚後1年以内に離婚）、「闪复《シャンフー》」（shǎn fù スピード復縁）。あんなに結婚願望が性急だったのに、すぐ離婚する、しかしすぐまた復縁するということ。離婚率51％と言われて久しい中国社会は、一人っ子同士のわがまま婚、未熟婚の破たんが増えてきたので、政府をして「试婚《シーホン》」（shì hūn 正式に結婚する前に試験的に同居生活をせよ、というもの）の勧めを言わしめた。

ところが、中国の離婚にはそんな夫婦の個人的事情だけではない中国社会の特殊事情がある。最も典型的なことは不動産購入規制対策のようである。中国政府はバブル対策として不動産購入制限を行なっており、通常この規制は世帯を単位とする。ゆえに、単身であれば、この規制を回避することができる。で、離婚し、不動産を取得したら、また復縁するのである。また、不動産以外にも、世帯単位で規制がかかったり、補償が実施されたりする場合に、このような偽装離婚が大量発生する。やっぱり「上有政策《シアンヨウジョンツー》、下有対策《シアヨウドウイツー》」(shàng yǒu zhèngcè xià yǒu duìcè　上に政策あれば、下に対策あり)は健在である。

昨今の中国の結婚のかたちを表す言葉を簡単に列挙すると、次のようになる。まずは「比婚《ビーホン》」(bǐ hūn)。これは結婚式の派手さを競うことで、財力比べであり、メンツを重視する中国独特の見栄である。農村でも都市部でも結婚には大枚をはたいてでも派手にするのが一族繁栄の証でもあるというわけだ。日本では結婚式や披露宴が派手であることが多いが、中国では不動産、家財道具、お祝儀、内祝品までも豪華にして自慢する。

次に、「裸婚《ルオホン》」(luǒ hūn)。ドラマがきっかけで広まった。マンションやマイカー、結婚披露宴、結婚写真(中国では重要なもの)、新婚旅行、結婚指輪までも省略することをいう。中国では男性がマンションを準備することが結婚の前提である社会風潮があるが、バブルのため高騰する不動産価格は若者にはとてもじゃないが手が届かない。このことから「裸婚」が改めて注目されているものの、男性の経済力を重視する傾向が強い中国女性にとっては受け入れ難いようだ。

さらに、「素婚《スーホン》」(sù hūn)。地味婚のことで、あっさりしている派手でない結婚方式のこと。また、「悄婚《チァオホン》」(qiāo hūn)というのもある。身内や友人だけで行うひっそりと行う内輪婚のことで、食事会に親友を招き、結婚を報告するだけのもの。

そして、「瘦婚《シヨウホン》」(shòu hūn)。節約婚のこと。披露宴は行わず内輪の食事会に、結婚写真は友人の助けで撮影する、家財道具をはじめ物資はなるべくネットで安く購入し、使用後売却できるものはオークションで売却する、というように、あらゆる手を尽くして経費を節約する結婚方式。

このほか、「走婚《ゾォウホン》」（zǒu hūn）と言うのもある。いわゆる週末婚のこと。もともとは少数民族地区等の伝統的な母系社会に残っている「通い婚」であるが、現代では都市部などでも出現している自立したカップルの一形態。

とまれ、中国社会の諸相を表すいろいろなネーミングはなかなか面白い。

(22) 新語に見る中国社会　②結婚相手探し

日本でも「婚活」が流行語の一つになって久しいが、中国でも同じように結婚相手探しは深刻な問題となっている。それに関して、様々な新語が登場してきている。

まず、「嫁房女《ジアファンニウ》」(jiàfáng nǚ)。これは、「房《ファン》」(fáng　マイホーム)を持っている男性としか結婚しない女性のこと。経済発展が加速している中国では、マイホームを準備することが男性の結婚の条件となってきたが、それに伴ってバブルが膨らみ、不動産価格がとてつもなく高騰した。その結果、いくら経済発展といっても、結婚適齢期の普通の収入の男性には手が届かないものとなってしまっている。「房奴《ファンヌー》」（fángnú）なる言葉に表されているようにマイホーム購入のための奴隷となる、つまり、何が何でもローン返済のために奴隷のように必死に働らかねばならない。したがって、大企業に勤めていてもマイホームがないような男性はだめで、極端な場合、たとえ無職でも不動産、特に高額不動産を持つ男性のほうがもてはやされるとか。それほどマイホームの有無が女性の結婚相手の絶対条件となっている。

ところが、経済格差の拡大やバブル崩壊の懸念などと、中国の経済発展もやや失速してくる頃から、「经济《ジンジー》适用男《シーヨンナン》」（jīngjì shìyòng nán）なる新語も登場してきている。これは「经济适用房《ジンジーシーヨンファン》」（jīngjì shìyòng fáng）という低所得者向けに設定された面積60㎡以内の住宅を表す言葉からきたもので、中産階級志向、堅実志向の男性を示すことから、理想的な結婚相手の男性像の一つとなっている。つまり、収入は中レベル（マンションの頭金ぐらい支払える）で、性格は温和、美人の友人も少なく（浮気される心配がない）、職業はＩＴ、技術系（現代的な手堅い職業）で、妻にとっては「使い勝手のいい」結婚相手ということらしい。

経済発展が進む中国では、経済力を重視して結婚相手を選ぼうとする「拝金女《バイチンニウ》」（bàijīn nǚ　拝金主義の女性）も無論まだまだ増殖中だが、「金持ちになって愛人を作る」男性よりは、「収入はそこそこでも、家族の事を大事にする」男性を選ぶ時代にもなってきたのであろう。

では、男性側から見た理想的な結婚相手として、どんな新語があるのだろうか。それが「简单方便女《ジエンタンファンビエンニウ》」（jiǎndān fāngbiàn nǚ）。「简单」は、日本語と同じ意味もあるが、中国語では、「優しい」「平凡な、人並み」という意味もある。「方便」とは、「都合がよい」であり、つまり、家庭のやりくりが上手で、性格はつつましく、貞操観念が強く、ファッションや外見は地味め、不倫もしない……などとなんとも男性に都合のいい女性ということになる。しかし、ゆめゆめこの「简单方便女」を日本語で解釈しないように……とんでもない発想につながりかねない。

ちなみに、「拝金女」の対極となる言葉は、「清汤褂面女《チンタングアミエンニウ》」（qīng tāng guà miàn nǚ）だ。「清汤褂面」とは、具のない素うどんみたいなもの。さっぱりとした味と飾り気のないことから、金銭欲、物欲もない、質素で爽やかな女性のことをいい、昨今では中国の男性から強い支持を集めているとのことだ。

(23) 新語に見る中国社会　③最近の新語から

中国のネットを見ていて「颜值《イエンジー》（yán zhí）」なる語を見つけた。つまり、顔面偏差値（自分の顔面レベルを平均50とした偏差で示す値）の省略した言い方で、日本のアニメや漫画から取り入れられたもので、そのまま日本語の漢字を中国語読みにして、若者の間で定着してしまったとのこと。「颜值」の数値が高ければかっこいい、ルックスがいいということになる。発展して、男性やものに対しての評価として、「颜值」で表わされるようになったと。たとえば、「颜值高《イェンジーガオ》 yán zhí」（外観がよい）とか。

しかし、そもそも日本語の「顔面偏差値」と言う言葉が流行していることも知らない私などの年代の者にとっては、この言葉が中国の社会や実生活で使われているとしてもチンプンカンプンだったろう。

「白菜价《バイツァイジアー》（báicài jià）」は直訳すれば、白菜の価格。中国では、冬場になると、市場では丸ごとの白菜が山のように積んで売られる。値段はもちろん非常に安い。北京で一人暮らしをしていたとき、白菜を丸ごと買わねばならないのには、いくら安くてもいつも処分に困ったことを思い出す。それから転じて、安い価格のものを指したり、あるいは本来の価格よりもずいぶん安いものをいい、割引や大売出しの場合にもよく使われているとのこと。日本では、野菜は中国に比べて、随分と高い。白菜なども四分の一、八分の一に切り分けて売られているので、安い価格を意味するとは全く逆のニュアンスだ。しかし、近年では、中国でも白菜も随分高くなったようだ。また、野菜の安全性が問われるようになって、有機野菜のコーナーなどの白菜はかなり高価である。

「跳楼价《ティアオロウジアー》」(tiào lóu jià)という言葉もセールの時によく使われる。「跳楼」は、ビルから飛び降りると言う意味で、飛び降り自殺のこととか。飛び降り自殺するほど安い価格ということになる。日本では、さしずめ「清水の舞台から飛び降りる」という一大決心をする意味にも通じるかもしれない。それぐらい、売る方の側には思い切った値下げだよ、という心意気を感じさせる言葉だ。

「代驾《ダイジァー》」（dàijià）は運転代行サービスのこと。「代」は、代わって~するという意味で、「驾」は「驾驶《ジァシー》 jià shǐ」という運転するという意味の言葉を省略した言い方。依頼者が飲酒などの原因で車を目的地まで運転できない場合、代わりに指定された目的地まで運転する有料サービス。中国も車社会になって、こういう言葉も出てきたのだ。中国では、2011年5月1日から『中華人民共和国刑法修正案（八）』が施行され、飲酒運転を「危険運転罪」と認定し、運転手の刑事責任を問うようになった。この「代驾」の料金は、朝6時から夜10時まで、10キロ以内は60元、10キロを超えると10キロごとに20元加算される。夜の10時から朝の6時までは、その時間帯によって80元、100元、120元と値上げされる。この運転代行業は、宅配と同様に、中国の各都市では重要な仕事となりつつある。

(24) 新語に見る中国社会　④消費動向──「她经济」と「他经济」

中国のメディア情報を見ていると、このところ「互联网经济《フーリエンワンジンジー》(hùliánwǎng jīngjì インターネット経済)」、「共《グン》享《シアン》经济《ジンジー》(gòng xiǎng jīngjì シェアリング経済)」などと「○○経済」という言葉がよく出てくる。そんなところに、「她经济《タージンジー》」(tā jīngjì)、「他经济《タージンジー》」(tā jīngjì) なる言葉を耳にした。

「她经济」は「女性经济」ともいわれ、女性をターゲットにした経済活動のことで、2007年に教育部が新語として認めたとか。女性が経済的に自立し、消費行動や消費能力が旺盛になり、女性に特化した経済分野が出現してきたことを反映している。このような女性の消費による経済の活性化やその推進効果のことを「她经济」と名付けたのである。この結果、多くのメーカーが女性の立場や視点からの新商品の研究・開発に取り組むようになって業績を上げ、経済全体への波及効果も大きくなっているとのことだ。

しかし、この10年ほどで、単に消費行為だけでなく、女性が起業へ参画するようになったという。とりわけ、インターネット分野での起業が多く、ネットショップやウィチャットと呼ばれるサイトを利用して販売・PR活動を行い、ビジネスにつなげる人が出てきた。いずれも、資本がそれほどなくても始められるような分野が開発されている。本来ビジネスでなかったものに消費価値を見出すことには、女性特有の視点からの智恵が生かされているのかもしれない。

これに対して、「他经济」とは、「男性经济」とも言われ、男性の消費活動による経済効果促進を指した言葉とされている。昨今、男性による消費はその種類も金額もどちらも増えており、さらに、収入を上回る消費もしてしまう傾向があると言われる。ネットでの消費力も女性を上回り、特に、モバイル決済の利用率が高い。

中国では中産階級の人口が経済動向に影響を与えると言われるが、その数は男性が圧倒的に女性より多く、2017年の高収入層の中で、比率は男性63・4%、女性36・6%となっている（コンサルティング会社アイリサーチの統計）。このように、男性の消費意欲と経済力の向上が男性経済を盛り上げている。

さらに、結婚適齢期の男女比の不均衡や結婚願望の低下などから独身男性が増加した。独身男性は貯蓄というより消費に偏りがちになるので、それが経済効果促進に繋がっているとも。とりわけ、女性に比べ男性は年齢層によって消費分野が変わり、趣味に要する消費なども年齢と共に高額化してゆく。また他にも、「颜值经济《イェンジージンジー》」（yán zhí jīngjì 颜面偏差値経済）と言われるように、今まで女性の消費分野とされていた美容・スキンケアに費やす金額も多くなっている。

日本でも、女性の「社会進出」ということが叫ばれて久しく、今では女性の起業も盛んになり、男子の考えの及ばない分野を開拓している。一方で、男性の「颜值经济」さながらの美容、スキンケアの分野が発展している。いずこの国も同じような道を辿っているのか。

(25) 新語に見る中国社会　⑤理解困難な言葉

ここ2、3年、中国メディアをウォッチングしていると、いわゆる辞書的に調べても出て来ない理解困難な言葉が増えている。

「油腻中年《ヨウニーチュンニエン》」（yóuni zhōngnián）うざい中年男

「油腻」は脂っこいと言う意味で、脂ぎったウザい中年ということになるのだろう。日本でも「うざい」という語は年代を問わず使われていて、「面倒くさい」「うっとしい」などと理解されていたが、中国では、話が薄っぺらで、大した才能も見識もないのにカッコをつけたり、大口を叩いたりする中年男性を指す言葉とかなり厳しい。

しかし、この言葉は中国社会の多様な面をあぶり出していると分析されてもいる。２０１７年10月、作家の馮唐氏による『如何避免成为一个油腻的中年猥琐男（うざくてみすぼらしい中年男性にならぬ為には如何にすべきか）』という文章が微博《ウェイボー》で発表され、瞬く間に拡散されて、ＳＮＳでリツイートやコメントが溢れたという現象を起こした。

これはまた、中国の中年男性の不安を表しているのではないかとも言われている。事実、ある携帯電話のメーカーで「40歳以上の一部社員を早期退職させる」という噂が広まり、社会全体が中年危機に陥ったことがあった結果、そのような不安が広がったとも。

ゆえに、この言葉の流行には「世代交替」への揺さぶりという背景もありそうだ。インターネットの普及と、「九十后《ジウシーホウ》」（90後）と呼ばれる１９９０年代生まれの若者の社会人デビューがあり、デジタルエイジと呼ばれる彼らは、生まれたときからデジタル社会である。そうした技術を持つ世代が活躍する社会となることへの不安を中年世代は覚えるのだ。

「中年《チュンニエン》少女《シャオニウ》」（zhōngnián shàonǚ）　中年化少女

これは字面だけではわからない言葉。中年少女と認定されるためには、次の5つの基準を満たす必要があるとのこと。①ピンク色が好きなこと、②髪の毛が抜けていること、③「淘宝《タオバオ》」（ネット通販ショップ）でのショッピングにハマっていること、④やたらと健康維持に気を遣っていること、⑤若いイケメンと恋愛したがることだそうだ。要するに、ややセンスがださくて、若いのに体調を気にする中年っぽく、でもまだ夢見るところはあるということか。これも、微博で拡散され、ネットユーザーからは「全部私にあてはまっている」、「図星だ」などの声があがって、若い女性自身のやや自虐めいたユーモアの書き込みで盛り上がったと言われる。

このように、「中年少女」は乙女心を持つ中年女性という理解ではなく、2017年中頃に一般に中年世代が使用する商品の育毛剤や保温水筒が「九十后《ジウシーホウ》」の少女に人気だったことで、若くても中年っぽく見える「九十后」を指すことになったとされる。

日本でも、1990年代に「オヤジギャル」などという言葉があった。それはおじさんくさい言動をとる若い女性のことだったし、2010年になると、「おっさん女子」となった。

ちなみに、このおっさん女子の魅力の5要素は、①素直であること、②面白いこと、③客観性があること、④着飾らないこと、⑤友人関係にさばさばしていること、だそうだ。

第五章

中国の経済社会をどう見るか

井手啓二

1、習近平・李克強政権の5年—社会経済動向を中心に—

⑴中国は社会主義か？　資本主義国家か？

２０１７年10月、中国共産党第19回党大会がひらかれました。この大会の特徴は、①21世紀半ばまでの近代化の３段階戦略を具体化し、前面に押し出したこと、②「習近平思想」を党規約に入れ、そのリーダーシップを強調したことです。習総書記の報告は「中国の特色をもつ社会主義」への確信と自信が繰り返し表明されました。

メディアではさまざまな論評が加えられていますが、私は、日本の中国研究についておかしいと考えています。市場経済と資本主義経済を区別できないのです。いわゆる近代経済学、アングロサクソンの経済学でもマルクス経済学でも、市場経済と資本主義は同じものだとする理解が一般的です。

中国が市場経済を基にした社会主義社会をつくるといったときに、マルクス理論にも反しているし、近代的経済理論にも反していますから、「ある種の冗談を言っている」「そんなことはありうるはずがない」というのがマルクス経済学者の意見でしたし、近代経済学でも共通の常識でした。したがって、中国が市場経済に基づく社会主義ということを言い出したとき、「悪いジョークだ」（サムエルソン）と批判しました。市場経済イコール資本主義なので、したがって中国は資本主義に移行中であるとか、国家資本主義だという見解になるのです。

世界全体を見てみると、市場経済に基づく社会主義は、ソ連・東欧の経験に基づいて存在しています。ソ連・東欧ではそういう改革は成功しなかったのですが、そこで生まれてきた理論です。中国は自分の所でつくりだした理論と言っていますが、中国は、ソ連・東欧の研究を猛然とやりまして、ソ連・東欧の失敗にも学んで、良いところを引きだして参考にしています。ここから社会主義市場経済論が生まれたわけで、歴史に裏付けられた非常にまっとうな理論です。そこで、中国はかなり成功してきています。

社会主義市場経済というのは、歴史に裏付けられた理論でして、現実にマルクスが言う社会主義が中国でできているとは、私は全く思っていません。まだ問題を抱えた社会主義であると。とりわけ民主主義の問題です。

(2)中国の民主主義のレベルは

民主主義の経験が全くない所で社会主義が始まっていますから、いろんな問題がたくさんある。いま中国で一番問題になるのは政治の民主化だと私は思います。先進国から見たら、中国の民主主義のレベルは相当に問題がある。高いレベルに達しているとは思われない。普通選挙が民主政体の一番厳格な定義なのですが、その点で見れば中国は普通選挙なんかしたことがありませんから、民主政体ではない。中国共産党の一党独裁制です。

しかし、中国の歴史に即して考えれば、一党独裁は中国共産党の発案物ではありません。中国国民党が一党独裁を作り出した。それを受け継いでいます。当初共産党はそれに反対していた。中国は皇帝専制という伝統がありますから、そういう中でなお一党制が堅持されて中国共産党が指導政党という建前になっている。基本的人権の保障であるとか、民主主義を普通の常識的な意味で使いますと、中国に自由と民主主義は確立していない。

今進んでいるのは、労働者と農民の同権化です。中国では労働者と農民は身分的な差があります。都市戸籍と農村戸籍。しかも大都市に居住地を定めるということは、厳しい制限があります。たとえば上海の住民になっても同等の権利を保障されるということにはなりません。大都市になればなるほど難しくなる。日本から考えれば「おかしい」と思えることが厳然としてあるわけです。しかし、その中でも戸籍制度廃止の方向が出て、労働者と農民の同権化が進んできています。自由と民主主義にとって非常に大きな前進であると思います。しかしそういうことは全然伝えられないわけです。一党独裁である、民主主義がないということだけが言われるのは片手落ちだと思います。

民主主義論は非常に難しいです。日本は民主主義国なのか、アメリカは民主主義国なのか。アメリカの民主主義は国内にとどまっている。対外では帝国主義的な行動をとっているから、民主主義と戦争・帝国主義は両立している。民主主義を単に国民主権下の普通選挙権と考えると、日本でも1945年まではなかったことでして、天皇主権だったわけです。しかし一定の議会をもっていて民主主義が前進する可能性はありました。

(3) 富強・民主・文明・和諧・自由・平等…24文字が

いま中国に行かれますと、「24文字」があちこちに貼ってあるのです。18回党大会で定式化されたことですが、「社会主義の核心的価値観」の24文字をいたるところで目にします。「富強・民主・文明・和諧・自由・平等・公正・法治・愛国・敬業・誠信・友善」この24文字がいたるところにプラカード等々であります。中国のいまは、歴史的理由からこれらが不足しているという自己認識から標語化されたものです。ご覧になった方は多いと思います。

今年5月下旬に、先輩と一緒に中国へ行きました。南京・合肥・上海コースだった。そこで、友人がこれを見てびっくりしました「中国でこういうスローガンが」と。誰が見ても妥当な言葉、賛成せざるをえない言葉が並んでいます。こういう方向に行こうというものです。実現されていないからこういうスローガンになると思うのですが、建前は非常に重要だと思います。建前と実態は区別しなければいけないが、建前はそれなりに意味がある。こういうスローガンを掲げているということは素晴らしいことだなと思います。

(4)中央委員会決定と第13次5カ年計画

この5年間の変化ですが、中国共産党中央委員会決定は非常に重要なもので、集団的に作られます。かなり広範な人の意見を聞いてつくられます。したがって、日本の首相だとか、内閣の施政方針演説みたいなものではない。すぐ変わるとか、しょっちゅう変わるとか、ではなくて集団的に練り上げられてつくられます。

中国では、悪く言えば官僚的だといわれますが、習近平総書記がいうことは、集団的に作られた方針を発表しているわけでありまして、それはかなり広範な議論を経て作られています。言葉・文字は大切ということです。中国は官僚制の伝統があるということです。

(5)中央委員会総会の意義

中国共産党は大会と大会の間に7回の中央委員会総会をします。1回、2回目は基本的に人事と体制です。大方針が出てくるのは3回～6回の中央委員会総会で、7回は次の大会の準備です。

２０１２年の党大会の後、13年秋三中全会で「改革の全面深化方針」を出しました。四中全会は「法治国家への前進方針」、中国も先進国と同じような法治国家をめざすというのが基本的な考え方です。中国のリーダーは立派な人でなければいけないという建前です。リーダーの場合は著作や博士号がなくてはいけない。中国のリーダーはみんな博士号か修士号を持っているのです。社会主義の法治国家をめざすのだと。これは大きな前進だと思います。

五中全会では、「13次5カ年計画」の提案をやりました。それに基づいて現在の5カ年計画の方針が、翌年の全人代で決定されました。2020年までに一人当たりの所得の倍増をやる。全面的な小康社会をつくる。2020年までの目標が短期的目標。さらに、2050年くらいまでの「三段階構想」を常に持つということでこれまでやってきました。

(6)2050年までの発展計画

いま中国では、いろんな長期計画がつくられています。20年を当面の目標として、風力発電（再生可能エネルギー）を15％にする。世界一の風力発電をやっています。それから30年か35年の目標、2050年目標。中国共産党ができて100年が2021年ですから、第一の100年目標、そして人民中国建国の1949年から100年後が2050年。ここで先進国にキャッチアップする、ということで第二の100年目標です。

2050年までをいろんな分野で三段階に分けて考えています。六中全会は党建設の問題、どの党大会でも、党建設とかイデオロギー建設とかそういう問題に集中するということで党のガバナンスということを習近平総書記は非常に強調しています。徹底した腐敗汚職の追及というのがこの5年間進められています。党の規律を厳しくするという方向に動いて行っている。党も政府も透明性を拡大し、幹部は資産報告をしなければいけない。こういう努力がされています。

(7)党と政府の重点政策

二番目に、党・政府の重要方針ということで、この5年間の目立った内容にふれておきます。

「一人っ子政策から二人っ子政策へ」

新生児が1600万人くらいだったのが、1800万人近くまで増えています。日本では100万人ですから非常に大きな人口増加です。これが長続きするかどうかです。世論では産児制限の全廃という意見が多数派です。したがってそういう方向になっていくと思います。中国でも産児制限を取らなくても、子どもがたくさんできる状況ではないということなのです。

「戸籍制度の改革」

残念ながら短期のうちに農村戸籍と都市戸籍の違いを廃止するという方向は取られていません。これは漸進的です。上海では、2400万人の上海住民のうち約1000万人は上海市の戸籍がないのです。上海市民としての権利が保障されていません。都市人口は16年で57・3％ですが、戸籍人口で見れば15～21％低いとされています。いまかなり急速に都市戸籍をあたえていく方針が取られています。

「創業創新」

大衆創業、万衆創新ということで皆で起業し、皆でイノヴェーションをしていこうという方針が出ています。毎日1万5000～1万6000の新しい企業が生まれる状況になっています。「新常態論」というのが重要な役割で登場する。二ケタ成長から6～8％程度の成長の時代に入ったのだと。高い成長目標を追求するのは実態に合わないという「新常態論」が出てきました。

「一帯一路政策」

2013年の秋にでています。これは陸と海のシルクロードと呼ばれている政策です。中国とヨーロッパを陸路と水路（海）でつなぐ。インフラ建設が中心ですが、ものすごい勢いで中国からヨーロッパまでつながってきています。ヨーロッパへの輸出がどんどん増えています。今のところヨーロッパから中国へ入ってくる貨物は少ない。ここへ日本企業も参入すると言っていますから、物流が伸びていきます。日本も協力する方向といわれています。

「国有企業改革の深化方針」

２０１５年8月に8章30条の基本方針がだされました。「強く、優良で、大きな国有企業」をつくりだすこと、資産管理から資本管理へ、３分類での改革推進、コーポレートガヴァナンスの確立、混合所有制の推進などが重点です。国有企業も民有企業も共に発展させる「国進民進」路線の具体化です。

「中国製造２０２５」

これは２０１５年5月策定。目標は３段階戦略でして、20年、35年、50年の目標、それぞれ先進国の下位レベル、中位レベル、そして50年に先進国の上位レベルに追いつくという目標で、５大プロジェクト、重点10分野が定められました。

「供給側構造調整論」

登場が２０１５年11月。これは「３去１降１補」（過剰生産能力・過剰住宅在庫・過剰債務の解消、コスト引き下げ、供給不足の解消）政策です。

「13次5カ年計画」

五つの発展理念を打ち出しました。創新・協調・緑色・開放・共享です。これで質と効率向上を今後の発展の軸とすることが明確にされました。２０１６年5月には「国家創新駆動戦略綱要」というのが出されています。今年に入って、「河北雄安新区計画」が発表されました。北京と天津と三角形に結ぶ２００万人くらいの都市をつくろうと。

この間の社会・経済の変化ですが、この5年間のポイントは、改革深化の時代に入っているということです。中国は、この改革を進めていけば、成長を持続できる、ということになります。私の理解では中国の興隆の時代が始まっている、本格的な前進はこれからだというものです。

ところが日本での多数派の見解は、「中国は終わりの始まり…」というものです。そのような見解が多いようなのです。そこでここでいくつか、この間に起こったことをお話しします。

(8)綱紀粛正と公的消費の規制が進んだ5年

形式主義・官僚主義・享楽主義・奢侈浪費の四つの風潮が問題とされ、これをなくしていく綱紀粛正が行われました。社会の雰囲気は一変します。

大学に行っても、宴会をやる場所から違います。昔は、来賓のお客さんを招待するのはできるだけ高級なところに連れて行って、高いお酒をふるまっていた。このごろは、全員が200元とか出し合ってするようになりました。奢侈的な部分が一変しました。非常に厳しくなっています。以前は、研究費は何に使ってもよかった。社会科学院の人なんて研究費をみんなで山分けし給料として渡していたから、自分の給料はいくらかわからなかった。それが全く変わりました。

3公消費の規制削減も進んでいます。海外旅行、公用車、飲み食いの三つの公金による消費、一番額の多いのが公用車です。かなりランクの低い人でも、運転手つきの車でした。旧ユーゴスラビアあたりでも、市役所の課長さんでも運転手つきの車がありました。旧社会主義の国に多かったのです。中国もそれに倣っていました。中央官庁で言いますと局長以下の公用車は廃止され、オークションにかけて売られ、交通手当に替えられました。中国人の海外公務出張は5日間だけです。

言論統制締め付けは強化されています。難しい議論なのですが、一方では寛容度が広がつています。これも確かです。しかし、政府批判に対しては、敵対する国に利する行為として厳しい措置が取られる。習近平は、第二の毛沢東をめざしていると言われています。指導力があることは確かですが、とてもそんなカリスマ性はありません。福建省へ行くと習近平の悪口はいっぱい聞きます。福建省時代の習近平は凡庸で平均的な指導者だったという意見が圧倒的に多いです。彼は今、集団的な力で祭り上げられている。リーコノミクス、「新常態論」、三期重畳論、供給側構造調整論とか、こういうものがこの5年間に登場しました。

(9) 地域経済産業の三分化と経済実態の変化

この間、地域の産業が三分化しました。非常に躍進している産業、新興産業、戦略的な産業は世界にも進出。新聞にも出ていましたが、中国9社が、新幹線・鉄道では2社が合併しました（2015年）。世界一の企業になりました。それで、国際競争力をつけた分野があります。いろんな分野で世界トップレベルの企業を作り出してきている。『フォーチュン』の世界500社の中に今年で119社ですか、日本の二倍以上の企業がランクインしています。「大きいだけで、何もないじゃないか」との批判もありますが、力をつけてきているのは間違いない。

そういう産業分野があるかと思えば、不振にあえいでいる石炭とか鉄鋼とかの産業もある。地域で言っても三分化している。一番しんどいのは東北三省。山西省、あるいは甘粛省。去年、遼寧省はマイナス成長。東北地方へ行きますと、若者は他の地域へ行っている。あるいは外国へ行っている。若い人が定着しない。大卒の7割は他地方へいく。昔は逆だった。いま、東北三省は不振です。山西省は圧倒的に石炭です。…こういう三分化が見られます。

その中で次のような変化があります。

個人私営企業の急増　社会インフラの進展

わずかこの5年足らずのうちに、個人企業と私企業で働く人が1億２０００万人以上増えています。日本のスケールでは考えられないことです。

それから、生活・産業インフラの急進展です。高速道路、高速鉄道、世界の高速鉄道を合わせても中国に及ばない。今年、福州の地下鉄に乗ったのですが、新しく綺麗です。日本の地下鉄よりはるかに綺麗です（２０１７年6月1号線23km全線開通）。

次々に地下鉄ができています。27都市に地下鉄ができて、路線も増えています。北京は16路線あります。いま20号線が作られようとしています。社会的資本を投入して、国の金と民間の金を導入してパートナーシップ（ＰＰＰ）として開発、インフラ整備が進んでいます。

社会保障制度の整備

社会保障制度の整備が進んできています。国民皆保険制化へ。ただし、全部が強制保険になっていません。日本ほどの皆保険ではありませんが、大きく加入者数が増えて、皆保険化へ向かっています。医者にかかるのがむずかしい、医療費が高い、というのがだんだんと解消にむかっています（高額医療補助制度も導入され始めました）。

国内・海外旅行者の爆発的増加

中国の観光地には、いやになるくらい国内から人が来ていて、少し風情がなくなっています。ほぼ毎年私は武夷山（福建省）という所に行って、筏下りします。何十台も数珠つなぎです。風情がないです。船頭さんも以前は年配の人が多かったのですが、若い人が増えました。旅行客の数も激増です。

海外へ州かける人は、香港・マカオ・台湾へを含んでいますが、1億2000万人です。日本へも637万人が来ています（2016年。17年は735万人）。

中国人の海外旅行というのはすさまじいです。イタリアへ行った時も、アジアの観光客が多かったのですが、その中でも圧倒的なのは中国人です。日本人や韓国人よりも多いです。イギリスにいちばん多く行く外国人は中国人です。幼児を飛行機に乗せて同じ料金取られて、ベニスでは歌手を雇って、歌を歌わせるような遊びをしているのです。1週間から10日の旅行を、何カ国も駆け足でまわる。落着いて何処かをゆっくり見るというような感じではないですし　すさまじい勢いで増えています。タイに行く中国人は、去年の統計で800万人台、今年は1000万人になるということです。ベスト3はタイ・韓国・日本。トップは韓国とタイだったのです。日本に1000万人が来日してその半分が京都に来たとしたらどうなります？　京都は持ちませんね。今でも持たない状況になって市民は困っている状況です。ベニスは人口5万人。フィレンツェでも15万人です。5万人の都市に中国人が100万人押しかけたらどういうことになるか。生活水準が上がっていますから、それだけ国内外の旅行を楽しむ人が増えてきています。増加は衰えを見せないと思います。

電子取引、宅配サービスの急成長

キャッシュレスという点では、中国ははるかに日本の上を行っています。先進国のなかでは、日本が一番現金を使う。日本はATMのインフラ施設が整っていますから、そういう点ではいいです。中国では、なんでもスマホで決済します。びっくりします。

それから、宅配便の急成長。店舗網が充実していないせいもあるのでしょうが、魚から肉から野菜まで家に配達なのです。そういう状況です。買い物に行かないから「太ってしまった」という女性の同僚がいました。新鮮なお魚が家庭に運ばれてくる…。いいことかどうかわかりません。恐るべしです。

(10)既存世界秩序への挑戦

一方、既存の制度の改革が遅れており、その中で中国が力をつけてきたので、中国はそれに見合うような制度を要求しています。これが全部拒否されるということで、自ら作りだしています。

アジアインフラ投資銀行（ＡＩＩＢ）

中華人民共和国が２０１３年秋に提唱し主導する形で発足したアジア向けの国際開発金融機関です（英：Asian Infrastructure Investment Bank 中：亜洲基础设施投资银行、亜投行）。アジア開発銀行（ＡＤＢ 英：Asian Development Bank）を追い抜くという状況になっています。「合計の出資比率が50％以上となる10以上の国が国内手続きを終える」としていた設立協定が発効条件を満たし、２０１５年12月25日に発足し、２０１６年１月16日に開業式典を行った。57カ国を創設メンバーとして発足し、その後２０１７年３月23日にアジア開発銀行の67カ国・地域を上回る70カ国・地域となり、さらに85カ国から90カ国に拡大するとしていますが、一方で日本、アメリカ合衆国などは２０１７年の現時点で参加を見送っています。創設時の資本金１０００億ドルです。

上海協力機構

世界最大の地域協力組織です（中国語：上海合作組織／上海合作组织）中華人民共和国・ロシア・カザフスタン・キルギス・タジキスタン・ウズベキスタン・インド・パキスタンの８カ国による多国間協力組織、もしくは国家連合であり、面積と人口では世界最大の地域協力組織です。２００１年６月15日、上海にて設立。２００１年10月にアジア太平洋経済協力（ＡＰＥＣ）首脳・閣僚会議が上海で開催されたが、これに先立ち上海の存在を国際的にアピールする結果となりました。

おわりに

最後に、国有企業改革あるいは「国進民進」路線について述べるつもりでしたが、紙数が尽きました。グローバル経済の時代に即した国際競争力を持つ「強く、優良で、大きな」国有企業をつくりだすこと、「国有企業の活力、支配力、影響力、リスク対応能力を高める」ことが目指されています。同時に前に述べましたように民間部門の振興政策がとられ、また優良民間大企業と国有企業との混合所有化、ＰＰＰ（官民連携）が強力に推進されています。現在すすめられている「国進民進路線」が今後どのような成果や結果をもたらすのか、大いに注目していく必要があります。国有企業の経営はうまくいかない、中国の挑戦は失敗に終わる、私有化以外に道はないと固定観念で見ていては中国の改革深化の動きは捉えられないと思います。

（２０１７年９月28日）

（国有企業改革については本講演にもとづき次に文章化しました。「中国国有企業改革の現段階」『立命館経営学』第56巻第６号、２０１８年３月。ご参照下さい）。

2、現代中国経済評論　18話

(1)2017年の回顧と18年の展望

成長・消費拡大が続く

17年の世界経済は前年より上向いた。これは中国経済にも幸いし、貿易の2桁増をもたらし、成長を後押しした。だが約6・8％成長の最大の牽引者は国内需要とりわけ堅調な消費拡大である。消費の成長貢献度は63％前後。最大の懸案である企業および地方財政の債務危機は、依然解消には程遠いが、何とかコントロールされ、外貨流出も抑制された。経済は好転傾向にあり、トランプ大統領登場により米朝危機が煽られ騒がしかった1年も終わってみれば、中国の興隆（世界成長と安定への寄与）が目立った。

18年の3大課題

年末の政策決定で、中国の18年は引続き、金融リスク解消、貧困層解消、公害抑制が3大課題とされた。成長は6・5％前後の見通し。

17年秋の第19回党大会において21世紀半ばまでの3段階発展構想を打ち出した中国は、引続き一帯一路政策などグローバル化を進めている。中国はすでに30余ヵ国と産業協力（産能合作）を進め、関係は着実に強化されている。中国欧州貨物列車の運行も11年の17本から17年には３０００本を超えるまでになった。

一帯一路政策は、相互の成長に効果を挙げている。日本政府も、遅まきながら17年12月には3分野中心に協力方針に転じた。アメリカに先を越され失笑を買う事態は避けられそうである。

質と効率向上を求めて

中国の当面の最重要課題は質と効率向上を軸とした発展への転換。その担い手である国有・民間企業は効率化・合理化を追求し、競争力の強化に努めている。

17年に目立ったのは国有企業の大型合併による資本の効率向上、高付加価値部門への資本流動、サービス経済化推進、「双創」政策の展開や企業負担軽減による民間企業の活性化であろう。11月末には4つ（産炭・電力・再生可能発電・石炭液化）の世界最大を誇る国家エネルギー投資集団（国電集団と神華集団の合併、従業員33万人）が誕生した。

民間部門ではＩＴ産業、電気自動車関連など先端・高付加価値部門などで躍進する企業が続出し、創新・創業、民間投資も引き続き活発で、科学技術力の向上が著しい中国の国有・民間企業の18年の前進・展開は注目の的である。世界５００強企業に入る中国企業は年々増大し、昨年は日本の2倍の１０３企業に達した。

(2)改革・開放40周年の中国

40年の巨大な変貌

周恩来、朱徳、毛沢東が相次いで逝去し、唐山大地震が発生した１９７６年に中国の転換が始まり、78年末に転換は明確になった。20年に近い中国の暗黒の時代あるいは冬の時代が終わった。毛沢東ほどその功績と過失が鮮やかな政治家はいない。

だが中国は、今日その存在と地位を大幅に高め、アジア最大の経済・政治・軍事大国となった。40年前の改革開放政策の採用、25年前の社会主義市場経済化路線の確定など鄧小平と彼に連なるリーダー集団の功績はきわめて大きい。

わずか40年で中国は激変し、昨年の党大会では、30数年後には世界の最前列に並ぶという展望を明らかにした。

豊かで自由な中国へ

40年前から豊かで自由な中国への歩みが始まった。欧米日の先進国からみれば、中国は他の後発国同様、極めてアンバランスな国である。貧富の格差、基本的人権保障の遅れ、民主主義の欠如、前近代的な権威主義の風潮、偏狭なナショナリズムなど先進国化には程遠い現実がある。他方、自由と民主主義が拡大し、IT技術、電子商取引やスマホ決済、再生可能エネルギー利用、高速鉄道・道路、電気自動車、人工衛星などでは先進国と肩を並べるか凌駕している。

この40年は92・93年で2つの時期に岐れ、社会主義市場経済化路線が「中国の特色をもつ社会主義」のエッセンスをなす。現在その深化に努め改革開放の第3段階を迎えている。その帰趨は目下の注目点。

中国はどこまで発展し豊かになり続けるのか?

自由な言論をはじめ、基本的人権保障がどのように進み、先進国化するのか?　アジアの軍拡を先導する中国の軍事大国化はどこで止まり、平和・民主主義の道に転換するのか?　今、党指導の強化、個人崇拝への逆行、大国主義的風潮など複雑な動きがあるが、今後の30数年の中国の動向は世界にとり目が離せない。

中国の今、日中関係

中国は今、春節。伝統の里帰りは、高速の鉄道・道路の普及やスマホ予約の普及で便利になった。所得が向上し、年金の引上げは、18年で14年連続となる。

日中関係は、昨年から双方の微調整で少し好転し、17年の中国からの旅行者は735万人（15％増）に達した。今年もさらに増えそう。アジアの1位と2位の大国が、政権首脳の訪問を欠くのは双方の国民の利益を損なっている。関係改善は双方の国民の課題である。

(3)社会主義混合経済の現在

中国の経済制度は、社会主義市場経済あるいは社会主義混合経済と特徴づけられる。この制度的特徴から、中国は世界最高の成長を続け、興隆の時代を迎えている。

国有・私有部門の共進

中国の経済制度には近年、次のような大きな変化が生じている。

①フォーチュン誌の世界500強に入る大陸企業が年々増加し、10年の42企業から17年は109企業に達した。すでに日本の2倍以上である。その大半は国有企業であり、「強く、優良で、大きな国有企業」が現実化し始めている。

②IT企業を中心に私有の民間大企業が出現し、国有企業との混合所有化やPPP（官民連携）においても大きな役割を演じ始めた。すでに中国は世界一の官民提携大国となっている。この動きは注視される。

③小規模企業である私営企業および個体企業が爆発的に増大し、両者の就業者合計は17年には3億895万人、就業者総数の約40％を占めるに至った。この5年間の増加は1・2億人以上となる。

④中国の大企業部門は、国有企業（16・1万企業、16年就業者6170万人）、集団所有制企業（同、453万人）、外資系企業（同、2662万人）、会社制企業（同、8205万人。会社制企業の約半数は私有と見られる）からなる。大企業部門就業者は1億8051万人で就業者総数の23・3％を占める。

⑤1次産業就業者数は2億1496万人で就業者総数7億7603万人の27・7％を占める。就業者構成からみた中国の社会主義混合経済の現在は大要、右のようである。中国の特異な点は2・8億人の農民工の存在であろう。

混合経済の行方

国有企業も民間私有企業も共に発展を続けている。マクロで見れば、非社会的所有部門が拡大しているが、影響力からみれば国有部門の存在感が高まっている。2035年を目標年度とする中国の近代化の基本的達成時の社会主義混合経済の姿が注目される。この40年で日系を含む外資系企業は1・8兆億ドル超の対中直接投資を行って、高級日用品市場を席捲している。

中国製ブランドに注目

経済発展方式の転換、産業高度化、イノベーション推進は時代のスローガンであり、また昨年末に定められた今後3年間の3大方針は、貧困解消、公害抑制、金融危機抑制である。貧困解消や公害抑制は大きく前進してきている。中国経済の眼に見える発展は、貧困層や大気汚染の解消とともにまだまだ外国企業製品の多い日用品の分野で中国企業製ブランドがどれだけ出現するかで測られると思う。

(4)中国大国化時代の新陣容—13期全人代を読む—

習主席を満票で選出

3月5～20日開催の全人代は5年ごとに選出される新メンバー（2980人の75％は新人）による初めての会議。18年計画目標の決定以外に、①新しい国家指導部の選出、②14年ぶりの憲法改正、③国家監察委員会など新国家機構の設置を決めた。

国家主席・副主席の3選禁止の削除、「習思想」の憲法への明記、69歳の王岐山・前党政治局常務委員の国家副主席への選出、主席・首相選出の際の反対・棄権票の異例の少なさなど、習総書記への権力集中と権威主義の風潮強化を印象づけた。

異例の動きをどう見る

様々な見方が可能であろう。習一極化、長期政権化、個人崇拝への逆行とも、改革遂行体制の強化とも読める。長期政権化は今後5年の「政績」次第であろう。はっきりしているのは、「初心を忘れず、使命を銘記する」が昨10月の第19回党大会のメインテーマであり、習・李政権は改革・開放の推進により体制の建て直しを試みている、政治改革は第6世代に先送りしている。しかし、社会・経済改革の推進は胡・温前政権より断固としている。

進む大国・強国化

2期目の習・李政権のカラーは、より鮮明になった。改革・開放の推進、中国の大国・強国化の推進であり、大きな政治改革は先送りする路線である。しかしそれは社会的公正の実現や自由化・民主化の逆行を直ちに意味しているわけではなかろう。中産階級層は年々拡大し、市民社会の成熟化は進んできている。

アメリカと対抗・協調しての大国・強国化が計られ、民生向上に注力する方針は明らかである。

古めかしい政治文化、権威主義的・前時代的色彩をもつ中国マルクス主義、強い軍事力信仰などは時代にそぐわないが、先進国における民主主義の逆行や中国の政治文化に照らせば、習・李政権の路線は国民の支持をかなり得ているのであろう。

中国の興隆の時代ははじまったばかりであり、2期目の習・李政権は過去5年と同様、世界最高レベルの社会・経済的成果を挙げることは、ほぼ間違いなかろう。

18年の経済成長目標は6・5％前後、この6月の大学卒業生は820万人の史上最高を記録する。官民提携（PPP）は世界最大規模であり、特許取得件数でアメリカに次ぐなど好材料には事欠かない。今秋開催予定の党4

中全会がどのような方針を打ち出だすのかをみれば中国の進路はさらに明確になるだろう。

(5)どうみる米中貿易・関税紛争

トランプの火遊び

この３月初めからトランプ大統領は保護貿易政策を鮮明にし、ほとんどの国とりわけ対米貿易黒字の大きい国（中国、メキシコ、ドイツ、日本）を槍玉にあげ始めた。11月の中間選挙をにらんでのこと。

米国の巨額の貿易赤字は、貯蓄を越えて投資するアメリカが自ら生み出したもの。だが70年代以降はしばしば他国が悪いとして懲罰行動に出る。

拡大する関税紛争

中国は93年まで貿易赤字国であったが、それ以降は恒常的黒字国となり、01年のＷＴＯ加盟以後は巨額の黒字を記録するようになった。17年黒字は４２２５・４億ドル、うち対米黒字は２７５８・１億ドルと過半を占める。中国が巨額の赤字を記録するのは対台湾１１１４・０億ドル、対韓国７４７・６億ドルである。巨額の黒字は対アメリカと対香港が並ぶ。

トランプ氏からすれば、中国は最大の標的になる。

とくに中国のハイテク化抑制が狙い目。相手から譲歩をひきだし、政治的得点を挙げればこの交渉・取引は終わりにするというのがトランプ流。

鉄鋼・アルミからはじめ、４月３日までに１３００品目、５００～６００億ドル規模を関税引上げ対象としようとしている。他方、中国は同じ規模まで対抗措置をとるとしているため、中米貿易戦争が深刻化している。

災厄は米中から世界に

世界の1・2位の経済・貿易・製造業規模をもつ米中の貿易戦争であるから当事者双方に大打撃を与えるだけでなく、他国に悪影響を及ぼす。日本にはまず円高・株安で波乱が生じる。さらに日本はアメリカに約4800億ドル、中国に1100億ドル超の直接投資残高をもつから2大市場進出企業が打撃を受ける。

衆目の一致するところ、最大の敗者はアメリカとなるほかない。アメリカの対中輸出品目は①航空機関連②大豆③乗用車④半導体⑤産業機械の順であり、中国の対米輸出は①携帯電話関連②コンピューター③通信機器④コンピューター付属品⑤玩具・ゲームである。しかも対米輸出の過半は米系企業が担っているからである。

対立回避に動く中国

中国は大きな譲歩はしないが、大人の対応をする。米中双方の本心は泥沼化ではなく、どこかで収拾したいのである。中国からみれば、欧・米・日は中国の今後の発展にとり不可欠のパートナーであり、対立は得策ではない。また外交音痴のトランプ氏は安倍首相と同じく御しやすい交渉相手でもある。

(6)金融リスク下の安定成長

8年目の「穏中求進」

17年は6・8%成長、18年第1四半期も6・8%成長でまずまず。L字型成長または景気の底を探る動きが継続している。弱点は、なお民間投資の増勢の動きが弱いこと(16年3・2%、17年6%、18年第1四半期8・9%)。異変は3月からのトランプ大統領による貿易戦争の挑発。この帰趨次第で今年の成長率は下振れする。

3大難関の突破

昨年末の中央経済工作会議は、異例なことに単年度ではなく今後3年の経済政策の重点を「3大攻堅(難関)戦」と定めた。①金融リスクの抑制、②貧困層の解消、③公害抑制、である。

③公害抑制、②貧困層解消については、「日中友好新聞」でお馴染みの平井潤一氏が『経済』誌２０１８年5月号、3月号で「中国の環境改善対策」、「質的転換めざす中国経済」と題して目標やその概して順調な進展状況について書いておられる。参照されたい。

最重点は金融リスク抑制

では、３大難関でも重点とされる①金融リスクの抑制の進展状況はどうか？

金融リスクの根底は、一方での過大な国有企業債務、銀行債務、地方政府債務、個人債務の形成、他方での過去の大規模金融緩和による過剰流動性の形成にある。これが不動産市場や株式市場、そして外貨流出リスクなど金融リスクを生み出す。

17年3月末の企業、政府、家計の総債務比率は対名目ＧＤＰ比で２５８％に上る。企業のそれは１６５％、最大の懸念は地方政府債務である。18年３月末の地方政府の債務は16・６兆元となお微増している。

地方政府債務のゆくえ

地方政府債務の主たる対策は、地方債発行による置き換えである（企業債務は株式化）。15年から17年第３四半期までに10・22兆元の債務を地方債に置き換えたという。今年は昨年予算より５５００億元増の１・35兆元の地方債を発行する。

現在でも地方政府の投資熱は強く、ＰＰＰ方式（官民連携）で債務を積み上げていると言われ、中央政府はそのコントロールに追われている。

もう一つは土地使用権譲渡収入を増やしている。17年は5・21兆元と史上最高を更新し、18年は5・47兆元を見込んでいる。地方政府の土地財政依存はすでに60％と異常な水準に達している。

金融リスク解消には時間を要する。政府の対策強化により、質と効率向上を梃とした安定的発展は継続すると見られている。

(7) 18年上半期経済と米中貿易紛争

懸念は米中貿易紛争

米朝会談の実現と米中貿易紛争の開始は18年前半期の最大の話題であろう。北朝鮮が改革開放に舵を切り始めたことは歓迎かつ注目すべきこと。

この3月から開始された米中貿易紛争は、大方の予測に反して、7月現在、エスカレート一方で長期戦の模様。関税戦争は鉄鋼、アルミなどを除けば、7月6日から発動なので、その悪影響は今年下半期に顕在化する。

上半期の中国経済

7月16日、今年上半期の経済統計が発表された。GDP成長率6・8%増（4半期別では、6・8%増、6・7%増）、固定資産投資6・0%増（民間投資8・4%増）、消費8・8%増（実質6・7%増）、貿易7・9%増（輸出4・9%増、輸入11・5%増）、対米貿易は輸出14%増、輸入12%増である。

右のように安定的成長の持続となっている。とりわけ、民間投資が堅調。米中貿易紛争開始による変化は、17年からの株高、元高傾向が、再び株安、元安に振れ始めたことであろう。このため金融リスクへの警戒が高まっている。下半期経済への影響が今後どう出るかが注視される。

米中貿易紛争をどう見る

アメリカは巨額の貿易赤字を出し続けている。これは、ドルが基軸通貨で、かつ71年からドルは金とのリンクを断ったことにより、可能となった。アメリカは「国際収支の壁」がない唯一の国である。

貿易収支は世界合計ではゼロサムである。アメリカの節度なき貿易赤字の垂れ流しは、対米貿易の多い国の巨額貿易黒字となるほかない。

したがって、アメリカの巨額貿易赤字は、アメリカが自ら過大消費を削減して解決するほかない。だがアメリカは従来も他国の責任追求で凌ごうとしてきた。「アメリカファースト」を掲げるトランプ大統領は、過去の大統領にも増して身勝手な傾向が一段と強い。

中国に対米貿易黒字の2000億ドル削減要求を提出し、さらには「中国製造2025」に代表される産業高度化政策への攻撃を絡めている。

今回の米中貿易紛争は、単なる関税紛争ではなく、経済・産業政策への干渉となっている。アメリカの狙い目はハイテク分野での中国の台頭を抑止すること、そのためあらゆる力と手段を総動員しようとしている。ハイテク分野をめぐる米中の覇権争いの様相を呈している。

当該国でない日本は中立・公正を貫き、中国における失地回復のチャンスとして好転傾向にある日中関係の改善に努めるべきで、それが世界への貢献にもなろう。

中国は、昨年から輸入拡大に努め、今年9月には初めての輸入拡大の貿易展の開催を決めてきた。こうした国際協調路線を続けて欲しい。

(8)社会保障制度の改善

平和度指数

何でもランキングの時代である。腐敗度、報道や経済的自由、民主主義、女性解放、軍事費、ベターライフなどは見たことがあるが、平和度指数があることは安斎育郎氏の教示により最近知った。

日本は過去10数年3～11位の間で推移し、中国の18年ランキングは112位、アメリカは121位、北朝鮮は150位という。

社会保障ランキング

21世紀に入って、中国の社会保障制度は急速に整備されてきている。この世界ランキングがあるのか寡聞にして知らないが、気になる。中国は上位でないことは確か。

中国は財政からの社会保障支出は多くないし、制度はまだ全国的統一や一本化はされていない。給付水準の地域的格差や企業種別格差は大きい（概要は『中国百科』増補版を参照）。

近年どのように改善されてきているのか、『社会藍皮書（青書）２０１８年』により、その一端を見たい。というのは、周知のように中国の昨年の党大会は２０３５年の近代化の基本的達成を掲げたからである。近代化の詳細は明らかにされていないが、少なくとも言論の自由、都市・農村別の戸籍制度の廃止、産児制限の撤廃、国民皆保険化は必須だからである。

『社会藍皮書』から

①社会保険の普及は、17年9月末で基本医療保険の11・2億人、基本養老保険の9・2億人をはじめ拡大している。介護保険制度も16年6月の試点開始以来３８００万人に達した。

②年金、医療、失業、労災、生育の５項目の社会保険基金は初めて支出が収入を上回った。新生児増により、生育保険支出は79％増であった。

③企業従業員年金は、月額平均３０５０元（1元は約17円）となり、初めて３０００元を上回った。医療保険補助金も30元引上げられ一人平均年４５０元、失業保険は最低賃金の90％水準を目指して引き上げられ、他方で失業保険料は引き下げられた。

④生育保険と基本医療保険の統合に向けて17年6月から試点での試行が開始された。

⑤右は社会保険であるが、最低生活保障、特別困窮者扶助、医療扶助などの公的扶助は前年比11・5％増の１７０４・6億元（第3四半期まで）であった。

日本のおおよそ30年遅れのテンポで中国は高齢化社会に向かっており、また現在76歳の平均寿命も今後確実に伸びる。中国でも社会保障費支出の拡大は不可避であり、制度の充実・平準化・持続可能性が問われる。日本の医療・介護事業の中国進出が目立ち始め、中国で歓迎される時代でもある。

(9)個人所得税の改正―低中所得者に配慮

日本を含む先進国の多くで、所得格差が拡大している。最大の原因は、財政と税制の改悪が続いてきたためである。お金の流れ（所得フロー）の規制を通じて社会革新を図っていくというのが、経済学者・都留重人教授の主張であり、北欧の実践であったが、逆流している。

では、中国の財政、税制はどうなのか。18年10月から中国の個人所得税制が改正されることになった。

個人所得税の歴史

中国では、文革が終わるまで、低賃金・低収入時代が続き、個人所得税も大学授業料も存在しなかった。

個人所得税の導入は、１９８０年に中国在住の外国人から徴収したことから始まる。中国公民に所得税が導入されたのは86年９月から。現行のような個人所得税は93年から施行された。その後、とくに21世紀に入り度々改正されているが、改正点は主として所得課税の算入範囲（利子・配当など）及び課税最低限の引き上げ、とくに後者であった。

前回は、11年９月実施の改正。その要点は、①月２０００元から３５００元への課税最低限（基礎控除額）の引き上げ、②５％から３％への最低税率の引下げ、③課税等級を９級から７級とし、最低と最高の税率適用範囲を拡大し、低中所得者を優遇したことにある。

総合課税化と控除拡大

8月31日全人代常務委決定の今回の改正の要点は、①居住者となる日数を1年から183日以上とした、②従来の特定項目控除（社会保険料、住宅積立金、いわゆる「五険一金」）に加え、教育費、医療費、住宅ローン利子、家賃、高齢者扶養など6項目の付加控除を新設した、③勤労関係所得（賃金・俸給、労務報酬、原稿料、特許権使用料報酬の4項目）を総合課税とした、④課税最低限は月3500元から5000元に引き上げた。

7等級の所得税率は3～45％で変わらない。（今回改正は19年1月施行であるが、④は今年10月から施行される）。なお、利子・配当収入、家賃・地代収入、資産売却収入などは一律20％の分離課税であること、および所得税は中央と地方で6対4で分割されることを付記しておく。

零細・小企業主の経営所得への課税は、5等級で、年50万元を超える課税所得に最高税率35％が適用されている。

免除者が多数派

個人所得税の納付人数はわずか約2800万人、17年納付額は約1・2兆元。大多数の労働者・小営業者は免除である。これをどう読むかは難しい。

今回改正は一歩前進であるが、所得格差拡大を抑制できるかは疑問であろう。

(10)どうみる米中貿易紛争――世界経済に動揺と不安

困難を増す世界経済

総合所得の税率（超過累進税率）

（単位：％）

等級	2011年版		2018年版	
	課税所得額	税率	課税所得額	税率
1	1,500元以下	3	3,000元以下	3
2	1,500元超～4,500元	10	3,000元超～1万2,000元	10
3	4,500元超～9,000元	20	1万2,000元超～2万5,000元	20
4	9,000元超～3万5,000元	25	2万5,000元超～3万5,000元	25
5	3万5,000元超～5万5,000元	30	3万5,000元超～5万5,000元	30
6	5万5,000元超～8万元	35	5万5,000元超～8万元	35
7	8万元超	45	8万元超	45

出典：ジェトロ「海外ビジネス情報」2018年9月13日

18年の春からのトランプ政権による対米貿易黒字国に対する貿易紛争の開始および昨年来のアメリカの金利引上げは、新興国の通貨安、世界同時株安を生み、世界経済に10年ぶりの大きな動揺と不安をもたらし始めている。アメリカは、カナダ、メキシコ、韓国、ＥＵ、中国、そして日本にＷＴＯルール違反の輸出数量制限やアメリカ産品の輸出拡大を求めている。メキシコ、カナダ、韓国などは、やむなく譲歩している。

開放の拡大と対米対抗

中国は、ＷＴＯに提訴するとともに、外資規制の緩和、関税引き下げ、輸入拡大など経済開放の拡大を基本としながら、対米では対抗措置にでており、この7～9月の3段階の関税引上げをめぐる米中応酬はエスカレートする一方。世界経済を牽引する2大国の対峙だけに、双方及び世界経済に与える影響は甚大となる。しかしＥＵ、日本などは、両者の争いを冷ややかにみるだけで手をこまねいている。

中国台頭の抑制が狙い

アメリカの狙いは、国際ルールを無視しても、対米貿易黒字国に譲歩を迫ること、および中国の経済発展とりわけ技術進歩の抑制にあるようだ。中国の台頭によるアメリカの覇権への挑戦は許さないというのが「偉大なアメリカの復活」を呼号するトランプ政権の基本姿勢である。理不尽な主張だが、アメリカ国民の半数前後の支持を得ている。したがって、今回の米中紛争は妥協が容易な経済紛争ではなく、国際政治紛争化している。このため短期に簡単には収まらないであろう。

中国はどうする

中国からみれば、興隆・発展の極めて早い段階で巨大な障碍を課せられたことになる。これまで国際・対米協調を外交の基本としてきただけに大ショックだろう。

今後、中国は全方位外交の改善、研究開発能力の強化に傾注していくであろう。長期的に見れば、中国にとり飛躍の機会になりうるが、短中期的には、対米輸出の不振、元安・株安で金融不安が増し、成長は下振れする。

アメリカは大丈夫か

ともに年間800億ドル弱の巨額の貿易と財政の赤字（「双子の赤字」）を抱えて苦しむアメリカへの悪影響は避けられない。対中輸入品の値上げなどで明らかになり始めている。対中貿易依存度の高いアメリカ経済の下振れも避けられない。「米中共損」、「米中共倒れ」の構図である。

しかし最大の打撃は、アメリカに対する信頼感の低下である。9月末のトランプ国連総会演説は失笑・蔑笑を誘った。

アメリカ経済を支えているのはアメリカへの巨額な外国資本・資金の流入である。これなしには「双子の赤字」および対外直接投資大国の地位の持続はできない。今後のアメリカへの資本流入及びドル離れの動きが注目される。

米中貿易紛争の行方はまだこれからだが、巨視的に見れば、71年のニクソン・ショック（ドルと金の交換停止）に次ぐアメリカの相対的衰退の新段階の象徴的事件とみられるのではないか。

(11)対外直接投資減と残高急増の異変―『2017年度中国対外直接投資統計公報』

中国はすでに世界有数の対内・対外直接投資大国であり、14年以後は対外投資が対内投資を上回る純資本輸出国に転化している。9月28日商務省・統計局・外為局『2017年度中国対外直接投資統計公報』が公布された。

前年比2割減の異変

『公報』は17年の特徴を次の8点にまとめている。

①17年の対外直接投資は1582・9億ドル、前年比19・3％減、しかし歴代2位。アメリカの3422億ドル、日本の1604・5億ドルにつぐ世界第3位。連続3年対内直接投資を上回る。

②対外直接投資残高は、アメリカの7・8兆ドルに次ぐ、世界第2位（前年は1・35兆ドルで6位）の1・8兆ドル、世界シェアは5・9％である。
③商務サービス業、商業、情報関連産業、金融、鉱業、製造業が投資残高の86・3％を占める。
④対外M&Aは431件、1196・2億ドル、直接投資分は334・7億ドル。
⑤欧州向けが72・7％増の1844・6億ドルと史上最高、アフリカ向けも70・8％増の41億ドル。一帯一路投資は、31・5％増の201・7億ドル。
⑥投資フローの2割は人民元建て。進出企業の利潤の再投資は896・4億ドルでフロー総額の44％を占める。
⑦地方企業の非金融投資フローは862・3億ドルで42・7％減、中央企業のそれは532・7億ドルで73・4％増。
⑧国外進出企業の納税額376億ドル、外国人雇用171万人、前年比36・7万人増。

地方企業投資の大幅減

右の⑦から、前年比減の理由は地方企業の対外投資減にある。中央が大規模資本流出対策として乱脈投資を規制したことがその主因であろう。

17年度中国統計にみられる2つ目の異変は、国連貿易開発会議（UNCTAD）が毎年6月に発表する『世界投資報告2018』の数字とフローでも、ストック（残高）でも大きな差異が生じていること。すなわち、後者によれば、17年のフローは、1246・3億ドル、ストックは1兆4820億ドルである。

中国の17年度統計ではフローが1582・9億ドルであるのに、ストックは約4500億ドル増となっているのは、過年度の増加分を正確に参入したためと説明されている。

また17年フロー数字の約337億ドルの相違は、香港経由投資あるいは金融類投資の扱いの相違によると推測されるが、不分明。中国統計には、対香港投資の比重が高く、香港経由分が不明という悩ましい問題がある。

18年1~9月の対外、対内直接投資は、それぞれ前年比で、5・8％増、6・4％増であり、増勢を維持している。

(12)計画出産政策・退職年齢に変化

中国は、日本に約30年遅れで高齢化社会にむかっている。このため一人っ子政策や退職年齢の変更が進められている。

先行したのは一人っ子政策の変更。1980年前後から進められたこの政策は、13年には両親の片方が一人っ子の場合には2児まで（「単独2孩」）、そして16年には、条件なしに2児まで（「全面2孩」）認められることになった。

新政策も効果は限定

中国の新生児は、21世紀に入ってからは毎年1600万人台だった。13年の方針変更により、14年は47万人増加したが、15年は前年比32万人減少、16年からの「全面2孩」政策により、16年は1786万人に増加したものの、17年には前年比で63万人減少するという経過だった。

今後も出産可能年齢の女性の数が500万人前後減少するので、新生児の減少が継続し、人口も25年から減少に転ずると予測されている。かくして、計画出産政策の廃止を求める声が高まっており、18〜20年中には新方針が出る、とみられている（すでに中央政府の担当部局名から「計画生育」は削除されている）。

政府は、出産奨励のため、託児所・幼稚園の拡充、個人所得税の育児・教育控除の新設などを矢継ぎ早に打ち出している。しかし新生児の維持に成功している国は稀であり、中国の将来も予断を許さない。

男女とも65歳退職へ

中国では就業者の増加は辛うじて続いているものの、労働年齢人口は5年間で1000万人前後のペースで減少している。少子高齢化のもとで、就業者数と社会保障の持続のためには、退職年齢の延長が求められている。

中国の退職年齢は、男性55歳、女性50歳が一般的で（幹部はそれぞれ5歳延長）、平均退職年齢は約54歳だった。今年5月の全人代常務委で原則批准された案では、今年退職年齢を迎える人は1年延期され、その後女性は3年毎に1年、男性は6年毎に1年延期され、２０４５年に男女とも65歳退職となる。72年以後生まれの女性、67年以後の男性から適用されることになる。

ありうる前倒し

中国の平均寿命と教育年限は、年々伸びており、50年代に定められた現行退職年齢は時代にそぐわない早過ぎるものとなっていた。今回の改定は遅すぎたとも言え、近い将来、労働力不足や社会保障上から退職延長の前倒し案が出てくる可能性がある。

厦門大学に勤める55歳の友人は定年が62歳になると喜んでいた。

(13)中米貿易紛争のなかの改革・開放40周年

中国はこの12月に改革開放政策を採用して40年を迎える。来秋は人民中国建国70周年。この40年で国民生活は天と地ほど変貌した。中国の老若男女が、信じがたいと語る生活の変化と中国の興隆ぶりだ。

めざましい中国の興隆

改革開放10周年(88年)は、6・4天安門事件の半年前でインフレ亢進と社会混乱が生じていた。20周年(98年)は、朱鎔基首相の改革の高潮とアジア経済危機の只中だった。リーマンショックを受けた30周年（08年）は、4兆元対策で世界の称賛を浴びていた。この40周年は、米中貿易紛争の開始で、世界の注視の的である。

07年以後、中国は世界経済成長の最大の牽引者となり、現在、ＧＤＰシェアはアメリカに次ぐ世界第2位の約15%、日本の約2・5倍のアジア最大の地域大国となった。

21世紀に入っての変化は、自動車、高速鉄道・道路、地下鉄、コンビニ・スーパー、大学大衆化、観光旅行、高層ビル、電子商取引、スマホの普及に表される。「大きい、強い、速い」を愛好するのが中国社会である。

改革深化の第3段階へ

21世紀中国の指導者は、成長一本槍の江沢民、バランスのとれた調和的発展の胡錦涛、改革の大ナタを振るう習近平と3代を経てきている。

安定的・持続的成長をもたらした92・93年の社会主義市場経済化路線の採択を改革第2段階の開始とすれば、2012年前後から改革は質と効率を求める第3段階に入った。今、中国は2035年までに近代化の基本的達成をはかるとしている。

習近平改革の二面性

習近平政権の改革の全面的深化路線は二面的であり、経済面では革新的、政治面ではかなり守旧的である。言論統制の強化には危うさがある。

中国の政治体制は、アメリカの一部の研究者が指摘するように、すでに「民主主義の特徴を備えた一党制」に進化している。しかし自由と民主主義が全面開花した体制とはまだ大きな距離がある。この解決が今後の最大の課題であろう。

経済面では、質と効率の向上を基軸に据えた持続可能な成長の実現にむけて前進を続け、世界最高の経済的成果はここから生まれている。

後発性の利益＋社会主義

中国が後発性の利益を生かす能力を得たのはなぜかという問いへの答えは、大きく分岐している。①資本主義の導入、②社会主義の再生、③共産党の指導、④権威主義的政治体制、等々である。私見は②だ。すなわち共同富裕と社会的公正の実現を掲げて、政策と制度の自己革新を図る能力や柔軟性をもつに至ったことが、中国の躍進を支えている。10数年後には世界最大の経済大国となっているだろう。

速いテンポの生活・教育水準の向上は、市民社会の形成を進め、政治文化の変化も呼び起こすだろう。中国社会の変化は加速化している。20～30年後には平和・自由・民主主義の旗手への変貌を遂げている可能性さえあり得る。

(14)中国経済の回顧と展望―２０１８～２０１９年

米中貿易紛争の人災

米朝首脳会談と米中貿易紛争が18年の２大事件であろう。アメリカを凌駕することは許さないという攻撃にたいし、中国指導部は、これまで抑制された対応をしている。

米中貿易紛争解決の筋道はまだ見えていない。というより、米中のヘゲモニー争いは、今後長期の曲折を経るであろうという予想が支配的である。いわゆる「ツキディディスの陥穽（罠）」と言われる「覇権交代」期は厄介な時代である。

日中経済関係の改善

米中貿易紛争の開始は、皮肉なことに日中関係の改善をもたらした。昨5月の李克強首相の訪日、昨10月の安倍晋三首相の訪中は、相互に最大の歓待で迎えられ、関係改善が進んだ。日中貿易は2年連続の2桁増である。アメリカの自壊的行動のため、中国に同情が集まり、対外関係で中国は力を得ている。

内需拡大で対抗

アメリカの保護主義・一国主義に対し、中国は改革・開放の推進で対応している。米中貿易紛争は世界と中国の成長に下行圧力を与えているが、中国は減税や負担軽減など内需拡大策で、18年の成長は約6・6％を維持し、

19年も6・5％前後を維持するものとみられる。

18年の就業、消費、貿易、投資などマクロ経済諸指標は悪くない。特筆すべきは、55キロの世界最長の海上大橋・港珠澳大橋の10月完成、11月の初の輸入博の開催、産児制限の廃止方向、定年延長策、企業・個人負担の軽減策などであろう。

中国の制度的優位性

日本の中国論を支配しているのは、社会主義抜きの中国論議である。平たく言えば、共同富裕（社会主義）を目指していることからくる制度的優位性を見ない議論である。これでは中国の旺盛な発展を説明できない。

18～20年の3ヵ年の基本方針は、金融リスク解消・貧困層の解消・環境改善（「3大攻堅戦」）と1年前の会議で定められ、変更はない。

12月19～21日開催の中央経済工作会議の19年度方針は、急変し、成長下降圧力が増す国際情勢下で、就業、金融、貿易など6つの安定および成長の確保を主眼とし、20項目の重点施策を掲げている。

主要手段は、企業・個人の税・諸負担を引き下げ、財政出動によりインフラ投資を進め、消費と投資の内需拡大を図ることにある。

18年は貿易紛争に始まり、改革・開放40周年の祝賀ムードで終わった。19年はいよいよ人民中国建国70周年であり、生活向上と改革が進み、第2回一帯一路サミット開催など中国の興隆がさらに祝賀・誇示される年となろう。

(15)今年も内需主導成長へ——建国70周年の中国

中国は春節を挟んで、各地の全人代が開催され、3月5日からの全人代へと政治の季節となる。米中貿易紛争、米朝会談、ブレグジットなど世界政治・経済が不振・混乱に向かう気配のなかで、中国の対応は注目の的である。

経済減速化のなかで

中国は経済減速化9年目を迎えるが、16年以後でも、6・7%、6・8%、6・6%の成長と「穏中求進」状態。昨年の四半期別は、6・8%、6・7%、6・5%、6・4%と推移しているため、昨年来の財政出動、減税・負担軽減政策が強められる動きとなっている。今年の成長見通しは社会科学院の6・3%をはじめ6%台前半が多い。

昨年6・6%のGDP増分1・4兆ドルは、オーストラリア1国分に相当する。しかも今の中国経済は旺盛な内需主導に支えられている。昨年の消費の成長貢献度は76・2%、それに次ぐのが投資の43・8%、純輸出の貢献度はマイナスである。消費と投資の内需主導のため国民経済全体としては外部経済環境変化には左右されにくい。日本とは全く異なる。

今年も中国の躍進は続き、世界における存在感はさらに拡大しそうである。

中産階級はすでに4億人

ほぼ明らかになった18年統計から中国の発展・変化・問題点の一端を拾い出しておこう。

＊国民1人あたりの実質消費は6・2%増加し、エンゲル係数は28・4%に低下した。

＊3人家族世帯で年収10～50万元（165～825万円）の中産階級は17年で4億人を超えており、2・3年後には6億人に達する見込み。

＊国（境）外観光旅行者は1100万人増え、1・4億人に、訪日者は100万人増加し、838万人へ。

＊いわゆる「3去1降1補」政策は順調で、鉄鋼・石炭生産能力と住宅在庫削減目標は達成した。企業と個人の負担軽減も予定より2000億元多い1・3兆元軽減した。

＊PM2・5濃度は、9・3%低下した。

＊対内・対外投資はそれぞれ3・0%、4・2%増加し、対外貿易は12・6%増、日中貿易は2年連続増加し、

3276・6億ドル、8・1％増であった。

労働・就業人口減傾向

＊土地使用権譲渡収入は、前年比25％増の6兆5096億元、2年連続史上最高。

＊18年は、初めて就業人口が減少した。出生数も1523万人と200万人減少した。また16〜59歳労働人口は12〜18年に約2600万人減少した。

(16) 2019年中国経済の注目点

3月5日から開催の全人代に先立ち、現在の中国経済を見るポイントをみておこう。

①9年目の成長減速化

12〜15年は7％台の成長、16〜18年は6％台後半の成長。19年は6・0〜6・5％の予測が多い。

近年、省別成長は分化している。18年では、2桁（西蔵、貴州）や8％以上成長の省（雲南、福建、江西、陝西、安徽、四川）がある一方、東北3省は4・5％（吉林）、5・0％（黒竜江）、5・7％（遼寧）である。

消費、投資、純輸出の三大需要の対GDP比重はそれぞれ凡そ53％、44％、2％であり、18年の伸びはそれぞれ、実質6・5％、5・9％、マイナス17・5％となっている。

成長の重しとなってきた過剰な生産能力・住宅在庫・債務の解消はある程度成果を挙げてきている。公共投資を担う地方政府債務の動向が最大の問題であろう。ここ数年政府は民間の中小零細企業のビジネス環境および消費環境の改善に努めている。減税・負担減及び財政出動や地方債発行の拡大の規模が注目点。

②外部環境悪化の影響

中国の貿易、輸出依存度は傾向的に低下しているので影響はそう大きくない。18年はそれぞれ、34％、18％である。近年の対米は輸出の19％前後で、対日本・韓国の合計を下回る。対米輸出減の多くは他国に振り替わるとみられている。しかし輸出依存度が5割近くの広東・江蘇省など特定地域・産業への影響は大きい。

③大きな成長空間

12年から労働可能人口の減少が続き、18年に就業者人口が初めて減少した。今後、成長は100％労働生産性の向上によらなければならない。

イノベーションの推進が基本である。教育水準の急速な向上・人材開発はこれに資する。都市化もまだ60％弱であり、第1次産業就業者は約27％と高く、ここからの労働力移動だけで生産性は大幅に向上する。

さらに制度・政策改善余地は大きい。たとえば、日米では消費財輸入は輸入の20％以上を占めるが、17年の中国は5・7％に過ぎない（中国人の海外購買熱はこれによる）。関税引き下げだけで消費の多様化・高級化が進み国民生活は潤う。

中国の所得税負担は低いが、住宅・教育・医療費負担は高く、広義の社会負担はGDPの約30％とされている。企業にとっては、付加価値税、社会保険料負担などは重い。

また国内生産であるが外資系企業の生活必需品に占める比率は高く、中国企業による代替の余地はきわめて大きい。「改革・開放効果」が期待されるゆえんである。

(17)中国はなぜ興隆を続けているのか

21世紀の最初の20年の著しい特徴は、日・米・欧社会の低迷と新興国の著しい興隆であろう。とりわけ中国、インド、ヴェトナムなどアジアの躍進が目覚ましい。なかでも中国の躍進は目を引く。中国の興隆は始まったばかりであり、今後その勢いはだれの目にも明らかになるであろう。すくなくとも21世紀前半期は、中国の発展が世界経済を牽引する最大の推進力であり続けるとみられる。

中国の躍進は何がもたらしたのか、なぜ今後も躍進を続けそうなのかについて、なお共通認識はない。日本では、それどころか中国の発展は行き詰るとの論調が支配的ですらある。確たる根拠が示されている訳ではなく、アジア最大の地域大国の地位を失い、隣国の躍進は面白くない、という気分からくる情緒・ムード的議論である。

中国自身の最新の認識では、近代化の基本的達成を2035年におき、先進国に並ぶのは2050年前後においている。2019年初め現在でも中国は中進国・中所得国水準にあり、途上国的水準の事象に事欠かない。これは逆に言えば、それだけ伸びしろが大きいことを意味している。中国社会は、種々の面で格差の大きい社会であり、先進国の上流水準の暮らしを享受している層もあれば、底辺にはその日の食事にも事欠く層もいまだに存在している。余裕のある暮らしをしているのは国民の3割前後であろう。それでも社会の消費規模はアメリカに次ぐボリュームである。この層が5割に達しただけで世界最大の消費規模をもつ経済体になる。

中国の躍進の理由を抽象的に述べれば、後発性の利益を生かす能力を獲得したことにある。この能力の獲得は40年前の改革・開放政策の開始に始まる。この40年間、開放政策はほとんど後退なく展開中であり、改革政策はジグザグはあるが、進展してきた。国民の物質的暮らしは年を追って改善されてきた。その力をもたらしてきたのは、社会主義の追求、平たく言えば、共同富裕と社会的公正の実現に努めてきたことによる。この社会主義路線の追求抜きに今日までの躍進を理解することはできない。ところが日本ではこの点を無視する議論が左右を問わず支配的である。私見ではこれでは中国のこれまでの発展や今後を理解することは到底できない。イデオロギー的偏見が日本人の中国理解を妨げている。

中国が社会主義の道を選択した最大の理由は、日・米・欧の先進国・民主主義国の中国侵略にある。それが中国の統一、独立、繁栄を妨げてきたからである。中国が日・米・欧の先進国と異なる発展の道を選択したのはこの意味で必然であった。

人民中国は、78年までソ連の伝統的社会主義の追随・対抗の道をたどってきたが、改革・開放政策採用以後は、そこからの離脱を開始する。いわゆる「中国の特色をもつ社会主義」の追求である。92・93年の社会主義市場経済路線の採択は、経済面の画期的転換をなす。政治面でも、伝統的社会主義の一党制を堅持しているが、民主主義の特徴をもつそれに進化している。中国の改革・開放政策は、国民各層の広範な意見を汲み上げて、中国のエリート層が練り上げたものである。この点では、民主制をとる先進国の政策よりも民主主義的性格を保持している。中国政治は権威主義的であるが、習近平党総書記・国家主席や李克強首相の重要演説は、本人執筆というより、集団作成文書、それも広範な人々の検討を経た文書である。極端に言えば、習主席、李首相はそれを読み上げているに過ぎないのである。日本のメディアはこの点をよく理解していない。中国政治の内実はコーポラティズム的である。

ともあれ、中国は「国民生活の向上が出発点であり、着地点」とする政治を続けている。大衆の消費制限にむかう政策や制度はとりようがない。20世紀末からの大学進学率の急上昇、21世紀に入ってのモータリゼーション、国内外観光旅行、流通革命の進展はとどまることのない勢いを見せている。

中国は、２０１２年前後から、質と効率を軸とした発展段階に入ってきている。就業人口の拡大は望めないので、成長は１００％労働生産性の向上に拠らなければならない。そのためには先進技術の導入、教育水準の向上、研究開発投資の拡大、競争環境整備などを図らなければならない。中国が現在、人的能力開発や競争環境の整備に努めているのはこのためである。

(18)中国経済の成長減速化をどう見るか

２０１８年春からの米中貿易紛争の開始以降、中国経済の減速化とその影響がメディアを賑わせている。日・米・

欧の経済が低迷傾向に向かう中での、米・中貿易紛争の開始であり、貿易紛争の本格化は確実に世界経済の2大牽引車であった中・米両国経済にマイナスの影響を与える。だが、我が国の論壇における中国経済の成長減速化のとらえ方には強い違和感がある。また、米・中貿易紛争が中国経済に与える影響はそれほど大きいとは考えられない。これらの点について少し論じてみたい。

まず、中国経済の減速化じたいは、18年に始まったものではなく、10年第4四半期から開始され、19年で9年目を迎えている。11年は9・3％、12～15年は7％台、16～18年は6％台後半で推移してきた。なぜ成長が減速化してきたかといえば、最大の理由は、投資主導型成長の行き詰まりにある。いわゆる「3高1低」（高投資・高消耗・高排出・低効率）の成長が持続できないことが明らかになったのである。投資の低効率、環境問題の激化は誰の眼にも明らかであった。多くの生産部門で生産能力の稼働率は大幅に低下していた。とりわけ08年後半からのリーマンショック対策の4兆元の財政出動と大規模金融緩和は、過剰生産能力、過剰住宅在庫、過剰債務、過剰流動性を作り出し、住宅バブル崩壊や金融危機につながりかねない状況を作り出していた。

ここから政策転換が開始され、消費主導型成長、質と効率向上を基軸とする発展方式への転換が推進されることになった。11年以後の中国経済は「転型期」にあると考えられている。6～8％が潜在的成長率と考えられ、中高速成長が目指されることになった。この政策体系は当初「リーコノミクス」（13年）、そして「新常態」論（14年5月）をへて、供給側構造調整論（15年11月）と総称されてきた。供給側構造調整論の主要内容は「3去1降・1補」（過剰な生産能力・住宅在庫・債務の解消、コスト引き下げ、供給不足解消）とされている。18～20年の3年間の主要課題・任務は金融リスクの抑制、環境改善、貧困層の解消の「3大攻堅戦」におかれている。

ここでは立ち入らないが、構造調整は次第に成果を挙げ始めている。このなかで中国政府がとくに力を入れているのは「科学技術創新立国」政策、「創新駆動戦略」である。現在、アメリカが問題にし、目の敵にしている「中国製造2025」計画はこの重要な一環である。

ともあれ、成長減速化は、基本的には持続的・安定的成長の実現をめざす政策が進められる中で生じているのである。成長減速化の客観的条件としては、投資効率の低下という過去のつけを別にすれば、12年から始まる労働力人口の減少がある。中国はまだ労働力過剰経済であるが、18年にははじめて就業人口の減少を見た。換言すれば今後は就業人口の大幅増は見込めないので、今後の経済成長は１００％労働生産性の上昇によらなければならない。しかし中国経済はなお大きな成長の伸びしろを持っている。日・米・欧へのキャッチアップの余地はまだ大きい、第１次産業就業者はなお２億９４４万人、就業者の27・０％（17年）だからである。都市部にも雑業層を始め大量の潜在的過剰人口がなお存在している。農村部にも都市部にも存在する潜在的過剰人口が、労働生産性の高い第２・３次産業に移転するだけで労働生産性は大幅に向上する。都市人口は18年でも59％と低い。都市化が進行するだけで労働生産性は向上する。

以上述べたことから、11～18年の成長減速化に関する限り、国内要因によるものである。確かに15、16年に中国の輸出も減少し、成長率をそれぞれ０・１％、０・７％低下させた。19年以後米・中貿易が大幅に減少すると仮定しても、その大半はアメリカ以外に振り替わり、ＥＵや日本、韓国、台湾などが裨益する。アメリカは中国の最大の貿易相手国であり、中国の貿易の約15％を占めるが、日本および韓国との貿易合計を下回る規模である。米・中貿易紛争から生じる中国経済への打撃を過小評価するつもりはない。それは対米貿易にかかわる産業・地域に大きな打撃をあたえつつある。アメリカ発のリーマンショックは、ほかならぬ中国で世界最大の大量失業発生の危機を生み出したことは記憶に新しい。だが10年前と現在の中国経済は大きく異なる。先に述べたように中国はすでに内需主導型の経済発展に大きく舵を切っている。外需の変動の影響は小さくなっている。貿易依存度や輸出依存度は大幅に低下している。外需変動が与える影響は日本、韓国、台湾などと比べればはるかに小さい。19年成長予測は、中国社会科学院が６・３％、世界銀行およびＩＭＦは６・２％である。18年より０・３、０・４％の成長減速化が見込まれているに過ぎない。

3、中国に関する3つの随想

(1)2014年の中国と日本

2014年の中国

「穏中求進」(安定の中で前進する)方針3年目、改革再出発の年、改革の全面深化初年度、というのが中国メディアの新年の特徴づけであろう。

昨11月の18期3中全会は15領域60項目に及ぶ改革策を打ち出し、中国は全面的近代化のための全面的改革時代に突入したようである。

改革てんこ盛り方針のなかで、どの分野の政策の実施が先行するのか、どの政策が効果を上げるかに注目が集まっている。

3中全会に続いて14年の経済運営の基調を定める、党政治局会議および中央経済工作会議が12月上・中旬に相継いで開催され、次の6点が14年の主要任務とされている。

①食料安全、②産業構造調整、③債務リスク防止、④地域間の調和的発展、⑤民生向上、⑥開放の推進。

14年の中国経済の数値目標はこの3月の「両会」で定められるが、GDP成長率は7%とされよう。実際は過去2年と同じく7・7％前後となるというのが大方の予測である。

14年の上振れ要因は先進国経済の回復と中国の全面改革の深化効果、下振れ要因は節約令・住宅取得規制など景気抑制政策効果であろう。

過剰生産能力の存在が依然重しであることは過去3年間と変わらない。改革の全面深化方針（その要点は、質と効率を基軸とする発展への転換）はことの性格上短期に効果を上げることは難しい。

中国の強硬な外交方針に変化が生じるのか？

私がよく分からないのは、ここ数年の中国の外交政策である。相当に強硬で硬直的である。それがなぜなのか諒解しかねている。さしあたり、国際的地位向上にともなう大国主義的言動の強化、あるいは時代錯誤的被害者意識のなせるワザと理解しているが、その理解でいいのか判断がむつかしい。中国はこれまである種の「富国強兵」政策をとってきた。最も社会主義的でない点である。日・米・欧の歩みや旧ソ連と変わらぬことになる。無論、アグレッシブであった日・米・欧との相違点は明確であるが、旧ソ連との相違はそれほどはっきりしていない。軍事大国化の追求は中国の未来の暗雲である。

日本人の半分程度がアメリカの世界支配への協力に他ならない日米安保体制を、未だに支持しているのと同様に、中国国民の多数は自国の富国強兵政策を支持している。

このような日中それぞれの軍事力強化路線の継続がアジアの平和・友好関係の増進を妨げ、日中関係の不安定をもたらし、両国の発展を妨げている。両国はアジアのリーダーとしての資格に欠けている。当面はASEANの役割に期待するほかない。

双方の政府・国民が猛省しなければならない点であろう。日本はできるだけ早く日米軍事協力体制から離脱する必要がある。でなければ日本の平和主義は十全の支持が得られないであろう。中国も同様にその平和的発展路線は信用されない。

日本国民としては、まず日本が変わることを期待したいが、安倍内閣は逆行路線で日本の停滞・没落を確実に進めているし、中国は国力増強・近代化に邁進しているが、すぐには路線転換は難しいように見える。日中の力関係に大差がつかないと双方は変わらないのであろうか？ そうなる前に片方あるいは双方に変化が生じることを期待し、願っている。中国の躍進は嬉しいが、日本の20年以上続く低迷・地位低下を見続けるのは悲しい。がんばれ日本・若者といつも思う。

（２０１４年）

(2)「中国の夢」、「日本の夢」

私と中国語の出会いは、１９６２年、大学２回生の春。それから付かず離れず中国語文献を読んできた。しかし、今でも読むのがやっと。恥ずかしいが、外国語は読めればいいいと、どこかで思っているのであろう。８年前の定年後から少しは心を入れ替えている。

中国人と接する機会があるとは60年代には思いもしなかった。変わるのは80年代から。定年前にはゼミの学生は半分前後が留学生。今は日本語を学んでいる外国人は中国人、インドネシア人、韓国人の順に多いという。日本の学生もアメリカに行くより中国に行く人の方が多い。日本にいる外国人でも中国人が最大。

恐らく、近じか、訪日外国人の最大は大陸からの中国人となろう。20年には中国人旅行者は２億人に達すると予測されている。その２割前後が訪日するとすれば、どうなるのだろうと心配にさえなる。

日本の公用語に英語を加えよう、英語を幼稚園・小学生からと言う著名人がいるが国際感覚を疑う。どの外国語も早くからやるのはいい。特定外国語だけと言うのはいただけない。

習政権になって「中国の夢」が語られることが多い。中国の夢とは、21世紀半ばまでに先進国に追いつくことであるらしい。では「日本の夢」とは、と時折考える。個々の日本人には夢がある。私にも切実な夢がある。ポックリ死にたい、大作を書こう、50ヵ国ぐらいは見たい等々である。独立国日本や米軍のいない日本を見てみたいという強い希望もある。「日本の夢」については中国とは異なり、国民の合意はないのであろう。世論調査では夢は分岐し、持ちにくいようでもある。経済はなんとか成長しているものの、賃金は低下し、余裕を失っているせいでもあろう。

生活の悪化はグローバル化への対応が悪いため。先進諸国の全てが、かつての為替切り下げ競争の代わりに、今は、賃下げ、法人税率切り下げ、社会保障水準切り下げ競争を展開している。

それを積極的に擁護するのが改革、進歩、現実的思考と考える倒錯人が増えた。なんともおかしな時代である。私はある時から、文明と野蛮は同じこと、メダルの裏表、紙一重と考えるようになった。そう考えると現世がより良く理解できるからである。それでも、夢や希望は捨てたくない、と思いながら暮らしている。が、実は、そう考え、行動している人が極めて多い。そういう人と国内外で出会うのは、大きな喜びであり、元気のもとである。

（２０１５年）

(3)中国のこの四半世紀

中国に出かけたのは遅い。１９９０年の春、25年前のこと。天安門事件からまだ1年もたっていなかった。「暗い・沈滞」が初印象。

その2年後には急変が始まり、アレヨアレヨという間に高成長に転じ、追いつけないほど変化が早い時代に入り、今日に至る。

この間の日本の変化はゆったりしていたから、対照的である。高成長による豊かな社会へ変身中というのが、変化の軸心。中国の中高年層にとっては、この変化は信じられぬ思いであろう。

今の中国には豊かさへの急前進に伴うあらゆる問題が噴出している。しばしば言われるように、「最良かつ最悪の時代」の到来である。欧・米・日の何十年か前と同じような現象が生まれている。

各国は社会の成り立ちが違うから、互いの相違も大きい。先進諸国は成熟社会とはいっても、その社会病理現象はどの国でも深刻であり、魅力的どころではない。欧米は、今でも軍事力行使に明け暮れ、人権尊重どころではない事象には事欠かない。人類社会は野蛮への逆走をはじめているとも、もともと野蛮を伴わない文明は人間社会にはありえないとも言える。

後発国から見れば、それでも先進国は羨ましい存在。現代中国人からみれば、日本社会の豊かさ、社会的安定を支える社会保障、生活の便利さ、大気・環境の美しさ、清潔さ、静寂は驚き。高齢者の元気のよさには呆れるようである。

日本人には中国は「お金が第一」の社会に見えるが、中国人からみれば、先進国社会は中国以上にそうであると見える。どちらも誤りとは言えない。政治・民主主義は金で決まるという点では、先進国は中国以上である。「金治」ではなく「人治」が今の中国社会。どちらも人類の理想からはほど遠い。


（２０１５年）

第六章

中国からの生還

石井義三

1、私の『機械工作』との関わり—戦前の体験

初めての職場（1944〜）

私が初めて機械との関わりを持ったのは太平洋戦争末期、1944（昭和19）年の春、勤労学徒としてある民間企業に通うようになってからです。その会社は海軍監督工場で軍の砲弾、自動車及び飛行機の部品を作っていました。私が見習い工として配属された職場はゲージ制作室でした。熟練した職人さんが金型や限界ゲージの検査や仕上げ職場で使う定盤の定期検査、及び三枚摺り合わせ作業を段取りよく進めていました。ここで、初めて何故三枚摺りでなければ平面が出せないのか？ 定盤の精度は1インチ平方当り24箇所のあたりが必要なのか？ ということを教えてもらったのもこの頃でした。

戦時中の職場（1944〜45）

戦況は日毎に悪化し、会社にも『徴用令』を受けた人々、四国の農家のおじさん方や寿司屋さん、米屋さん、呉服屋さんに炭屋さん等々、が入ってきます。慣れぬ仕事をやらされながらも、「炭坑に行かされるよりはましです」と言っておられましたが……。中堅の機械工は「召集令」で職場に赴き、代わりに何名かの大学生が学業途中で角帽をかぶったまま会社に通っていたのを思い出します。

その頃は度重なる空襲で資材の入荷がままならず、手待ちで仕事の出来ぬ日も少なくありませんでした。このような締まらぬ職場の雰囲気が時々ピリっと張り詰める日があります。軍の監督官が憲兵と巡察にやってくる時です。皆それぞれの機械の前で仕事をしている恰好をつけ、巡察の過ぎ去るのを待ちました。

ゲージ職場で半年余り仕事をした後、旋盤作業の職場に変わることになりました。生まれてはじめ機械に触れることになったのです。

その頃の学校教育

その頃の学校の授業は、週に一度、学年単位で登校日が決められ、朝から日の暮れるまで教練を含めびっしり授業が行われました。特に教練を終えた後は、身体から筋金が抜かれたような虚脱感を覚え、緊張が抜けて疲れがどっと吹き出します。クラス仲間の希望は、いつも鞭を持って指導する怖い教官に早く『召集令』が来ることでした。……後日希望は実現しました。

2、満州に渡る

大阪爆撃

１９４５（昭和20）年3月10日、マリアナ諸島サイパンを基地とした米国Ｂ29爆撃機が東京を大爆撃、12日は名古屋、翌日は大阪と二日おきに大空襲、大きな被害をもたらしましたが、被害が敵に知れることは国家の秘密とされ、国民にも知らされませんでした。従って、台風の気象通報も知らされなかったのです。

マリアナ米軍基地からの爆撃はなかなか頭脳的で、大阪爆撃の第一発は、東淀川の長柄浄水場から鉄橋の下を潜り、大阪市内へと通じる給水管を爆撃破壊し、その後、大阪市内へ大量の焼夷弾を投下したため、市内は消火不能で燃え放題となりました。当時大阪に住んでいた叔母は焼け出され、京阪電車の枕木伝いに京都まで歩いてきたというのには驚きました。その頃は、衣料を始め、米・味噌・醤油から野菜に至るまですべてが配給制度となり入手困難になっていました。

洋品雑貨店を親から引き継いだ父も配給制度で衣料切符がなければ買えない時代、当時の政府の政策は軍備増強のため、徴用令を頻発して商売人を三井三池炭鉱をはじめ大企業の従業員として送り込みました。父は徴用逃れのため、親戚の勤めていた大阪の海軍監督工場になっていた製菓会社に勤めることになりました。家は堺市の郊外に転居。私は勤労学徒として近くの機械工場に勤めることになりました。

当時は残業や徹夜、夜勤などでの眠気を防ぎ能率を上げるため、現在では麻薬として取り締まりの対象となっているヒロポンなどの覚醒剤が誰でも自由に薬局で買うことができました。今、振り返ると当時の国策に振り回されていたのです。

徴兵令が来れば男子は戦場へ送られ、「上官の命令は朕が命令と心得よ」と軍人勅諭で厳しくたたき込まれました。女子は従軍看護婦として戦場の後方基地に送られて従事する義務が課せられていました。徴兵令が来れば三井三池の炭鉱か軍事産業で陸軍・海軍の監督・管理工場へ問答無用で行かざるを得なかったのです。

当時は敵の爆撃の被害の拡大を防ぐため「疎開」と言って建物を強制的に撤去させ、勤労奉仕で柱にロープを括り皆で引っ張って家を壊すことに町内会、中学・青年学校の生徒が動員されました。京都市では、その時に広げられた道路が五条通り、御池通り、堀川通り、北山通り、白川通り、西大路通り等などで、立ち退きをさせられた人々には何の保障もなく、泣き寝入りに終わりました。

5月になると、堺市も爆撃を受け、市内中心部も壊滅状態となり、父は夜遅く空襲警報が解除されてから油煙にまみれた煤けた顔で帰ってきました。話を聞くと、逃げ込んだ防空壕が満員で入れず、やむなく別の防空壕に入ったが、警報が解除されて外に出ると最初に入れなかった防空壕は跡形もなかったとのことです。

一家で渡満を決める

その頃、工場罹災者を対象に満州国緊急産業要員が募集されていたので応募した父は、爆撃で一家が離散するよりも乗った船が撃沈されても仕方がないと割り切り、渡満を決めるに至りました。

大阪駅では、満州から迎えに来た担当者が言う「皆さんの乗る船は陸軍のご用達で絶対安心です」との言葉を信じました。しかし、新潟に着き、駅前に出迎えた担当者は「皆さん、乗船までに一人一本必ず細引（麻を撚り合わせた細い丈夫な縄）を買って下さい。日本海には敵の潜水艦が入っており、いつ魚雷攻撃を受け、沈没するか分かりません。その時、この細引で身体を筏に括りつけるため必要です。」と全く違う話です。乗船日も出航時間も秘密。連絡があるまで待機して下さいとのことで、数日は賑やかな商店街を散策して時を過ごしました。

当時は出発日も出発時間も秘密で一時間前に連絡されることになっていました。乗船時間が決まったが、新潟港からの出港時間は秘密のため、数日は信濃川に架かる万代橋のほとりの旅館で待機しましたが、明日乗船と決まった日、空襲警報で目を覚ましましたが、爆撃経験のない宿の主人は起きても来ません。爆撃はありませんでしたが、港湾内に機雷が投下される水しぶきの音が聞こえました。

出港日当日、乗船を終えると輸送船に備えられた高射機関砲が激しく火を吹きました。米空母から発進したグラマン艦載機からの機銃掃射への応戦ということでした。日暮れとともに、三隻の船団は駆逐艦に護衛され出港しました。港内には沈没した船のマストが顔を出しています。

奉天から通化へ

当時、日本海の制海権はすでに米軍が押さえていました。朝鮮の羅津に向ったが、羅津港内は米空軍の機雷封鎖で入港できず、清津に向かい、入港後は船内で一泊し、翌朝下船の予定が、入港直後、一隻が触雷大爆発を起こし沈没、即下船となりました。

その夜は清津日本人第一高等女学校の教室に一泊、翌朝南満州鉄道の列車で奉天に向かい、父は奉天の満鉄の係員から奉天の満鉄生計所を勧められました。当時は奉天にも空襲警報が出され、Ｂ29爆撃機が４本の飛行雲をなびかせ飛んでいました。大阪の爆撃で辛うじて生き残った父は空襲の心配のない所を希望し、満鉄吉林総局の指示を受けるよう指示され、結局、父の勤務先は吉林鉄道管理局内、通化鉄道管理局下の臨江生計所に決まりました。生計所とは、満鉄従業員の衣食住を扱う部門で、商売人上がりの父には適職でした。自分は満鉄通化鉄道管理局に勤めることになり、家族の宿舎は大栗子（大栗子線の終点）に決まりました。

臨江の街は鴨緑江のほとり、橋を渡れば朝鮮で、橋の両岸には税関の詰所があり、橋の中央が国境でした。対岸は朝鮮。橋の両側に税関があり、対岸を下ると中江鎮という朝鮮の部落がありました。国境は朝鮮族が多く、頭に籠を乗せた朝鮮人の往来は少なくなかったです。大栗子には東辺道開発株式会社の大きな鉱山があり、鉱山中腹には鉱夫の宿舎が並んでいました。鉱夫には八路軍の捕虜が多く使われていると聞きました。空襲の心配も灯火管制の必要もなく心安らいだのはほんの一瞬でした。

この大栗子に8月9日、満州国皇帝を乗せた宮内府一行の列車が大栗子に避難してきたのです。皇帝の宿舎は満州製鉄東辺道開発所長の社宅に決まり、仮皇居となりました。

数日後、宮内庁一行は皇帝とともに奉天（瀋陽）に戻られた。皇帝は通化から飛行機で奉天に行かれたが着陸と同時にソ連兵に捕まり、シベリアに連行されました。今から考えると、大栗子に暴動が起こったのは9月18日だと思います。避難民となった日本人居留者は全員臨江の映画館に収容されました。そこには山奥で建設関係の仕事をしていた人々の一団がいて、麻袋を被り頭を出し、横から手を出し、腰には荒縄を巻いて何一つ持ち物もなく、私たち避難民に合流されました。臨江の町に居住していた人々も一緒に行動を共にすることを知りました。その後、全員通化の二道口に移動することになりました。この通化を関東軍最後の砦にする計画らしく、光建設と言う名前で進行中でした。

その工事とは、鞍山製鉄所の溶鉱炉を解体し、二道口の地下に設置するための大工事でした。そこには東辺道開発の本社があり、多くの日本人が暮らしていました。社宅もひばり台、うぐいす台などの名前が並んでいました。暴動にも会わず、従来の生活そのままで、辺鄙なところに住んでいた私達との大きな落差を実感したものです。私たち避難民は、広大な本社区画内の青年隊舎に宿舎が決まりました。その正門には総司令朱徳の布告が張り出されていました。

使役に出た日当を全額拠出し、その金で全員の食費を賄うことになりました。ボイラー室横の大講堂には白城子から避難してこられた軍人軍属の家族約１２００人の婦女子が住んでおられました。東辺道開発の機会工場が八路軍の兵工廠となり、私は戦前勤労動員時代に覚えた旋盤工として勤めることになりました。

終戦へ

終戦後、通化の山奥に逃げ込んだ関東軍藤田参謀の率いる日本軍兵士と国民党軍共同の八路軍からの通化奪還攻撃が始まり、八路軍の徹底的な反撃に敵は遁走した。これが知る人ぞ知る「通化事件」です。しかし、瀋陽・長春を手にした国民党軍は梅花口から通化へと矛先を変え、八路軍兵工廠も輯安（集安）への移動が決まり、無蓋車に積み込んだ機械類の上に筵をひき、その上に腰を掛け車上の人となりました。列車は老嶺山脈をループ線のトンネルで上り、潜り抜けると後は下り坂、正面は朝鮮の山並み、眼下には鴨緑江対岸に朝鮮の満浦鎮への鉄橋が続きます。ここの製材所・小学校を職場として追撃砲弾・手榴弾・木箱地雷の生産を始めることになりました。しかし、国民党軍は優勢で、輯安に迫りつつあり、深夜、八路軍兵士は軍服を裏返し、白地を表にして筏に乗り、対岸の朝鮮に渡ることになりました。元気な若者は八路軍兵士と共に長白山を超え北へ向かいました。約半月、対岸の輯安で戦況観察となり、その間、使役として満浦鎮から深夜、無蓋貨車の底に身を隠し、ソ連兵に見つからぬよう中国領に入りました。朝食は八路軍が農家に手配していたので、各人分散して腹を満たしました。輯安構内で機械をはじめいろいろな物資を積み込み、深夜また朝鮮の満浦鎮構内へ運び、夜また、鴨緑江対岸の朝鮮の満浦鎮に向かいました。

このような作業が数日続きました。その後、満鉄の機関車を日本人の機関士が運転。水先案内として朝鮮鉄道の機関士が同乗、朝鮮をう回して中国に向かいました。

3、中国での就職

ソ連軍の進攻（1945・8・9）

戦後始めて機械に触れる事になったのは現在の中国（旧満州）でした。日本の長崎にB29が原子爆弾を投下したその日の午前0時を期してソ連軍は一斉にソ満国境を越え、進攻してきました。一般居留民、開拓団の人々を置き去りにしたまま無敵?を誇った関東軍は敗走し、その後繰り広げられた数々の悲惨な事件は現在も癒やしきれぬ心の傷として、民族を問わず関わった人々の胸に重くのしかかっています。

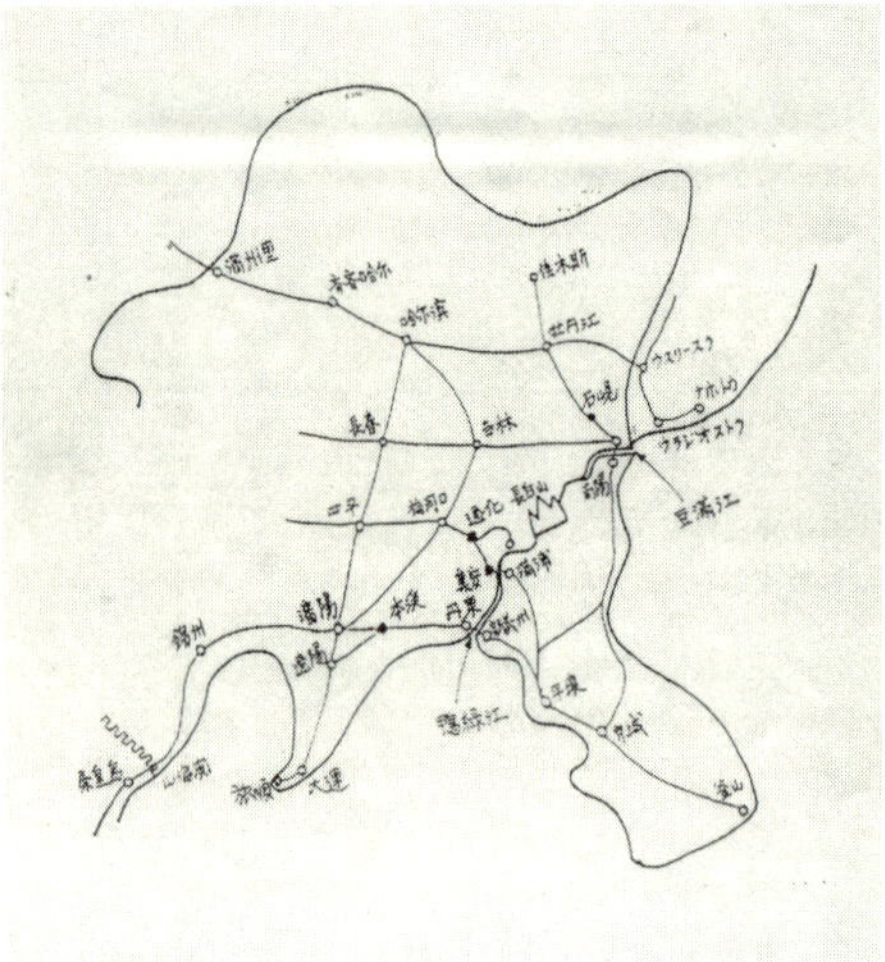

戦後の就職（1945・11～）

ソ連軍がめぼしい機械、設備、資材を強盗のように奪い去った後、八路軍（毛沢東直属の軍隊）が東北人民自治軍という名で進駐してきました。残された機械や資材を集め、旧満洲製鉄の通化二道江にある機械工場が軍事工業部兵工廠になり、従業員の募集を始めたのは終戦翌年の春でした。

その頃、私達満鉄関係の難民は、働けるものが軍の使役や日雇い仕事に出て得た収入を全額拠出して難民団の生活を支えていましたが、安定した収入を得るため、電気、機械関係の技術者は兵工廠に勤めることになり、私もその中に加わることになりました。

機械工場が兵工廠に（１９４６～）

兵工廠の仕事は毎日が旋盤の整備や据え付けで機械を使うどころではありません、何十台と並ぶ旋盤の中で動くのは５～６台だけです。戦前からここ工場で働いていた中国人も少なくありませんが、機械を使っている人の多くは日本人の技能者でした。工具も乏しくスケールも無く、パスの計測を木製の折れ尺で測っておられたのにはびっくりしました。工場の責任者はすべて中国人ですが技術顧問として日本人の技師もおられました。ここでは擲弾筒や迫撃砲を造っていました。弾薬は関東軍から接収した倉庫に沢山ありましたから…。

撤退の始まり

しかし国共内戦の戦況は日毎に八路軍に不利になり、通化から輯安（現集安）へ兵工廠が移動することになりました。工場の引っ込み線に入ってくる何十輌という貨車に据え付けたばかりの機械を又取り外し、移送可能な物をすべて積み込み、共に移動する従業員とその家族は、積み込まれた資材の上に座を作り、米軍機（国民党）の爆撃の合間を縫っての大移動でした。

輯安の兵工廠

輯安は鴨緑江沿いの盆地に広がった農村で対岸は北朝鮮です。鉄道は村はずれから鉄橋を渡り対岸の街、朝鮮の満浦鎮へ続いています。工場といえば駅の近くに製材所があるだけです。ここでの仕事は手榴弾の製造でした。製材所は機械工場になり、キューポラで銑鉄を溶かし弾体をつくります。旋盤は木工用にも使われ手榴弾の木把がどんどん作られていきます。木把のねじのブリキ製の蓋も旋盤を利用して転造加工して造られていました。旋盤加工でこのような方法を知ったのは初めてです。

輯安での私の職場は機械工場から遠く離れた城内に程近い小学校でした。この学校が火薬工場になり、大きな黒板のある幾つかの教室が各工程の職場に分けられました。

黄色火薬を弾体に詰め、導火線を差し込み発火薬を装着した拉火管に止めそれを安全ピンのとおった木把に取り付け硫黄を流し込んで固定していきます。最後に雷管を木把の導火線に差し込み弾体に装着して柄付き手榴弾が製品として完成します。

板金見習い

機械工場からは毎日、馬車や牛車で木把と弾体が運ばれてきます。ここでの仕事は板金でした。手榴弾の安全ピンを抜く指輪を針金から作ったり、まったく関係のないバケツや、やかんを作ったり、ストープの煙突を作ったりです。職人さんに付いて指図されながらの仕事でした。この頃の従業員は八路軍の幹部の他は一部を除き殆どが日本人でした。ソ連の進攻で通化へ緊急避難しそのまま終戦をむかえた軍人軍属の家族、置き去りにされた製鉄、鉄道関係の養成工、及び家族を抱えた技術者達です。

引き上げ列車

広大な大地に向日葵の大きな花が首を垂れ、高粱や玉蜀黍がたわわに実った頃、祖国への引き揚げが始まりました。八路軍の幹部は「車両が限られているため気の毒な母子家庭や病人を優先して帰国させる。残りの人は当分中国人民の勝利のために協力してほしい。皆さんが帰国出来る時は無蓋車でなく寝台車で、盛大な歓送会を開き送らせていただきます」と、私達を説得して帰国を認めてくれませんでした。

引き揚げ列車出発の日は、残留することになった人々が全員、炎天下の無蓋列車にすし詰めになって引き揚げていく人々を、複雑な気持ちで見送りました。後日その時の約束は守られましたが、幹部の言っていた「当分」

が八年間の歳月（１９５３年春）になろうとは誰一人思いもしませんでした。

その年の冬は宿舎で初めてオンドルという中国民家独特の床暖房を体験しました。床下が煙道になり、かまどの煙は床全体を暖めながら外の煙突に排出します。座ると体全体が芯から暖まってきます。しかし、戦況が日毎に悪化しこの地に腰を落ち着ける間もなく再び移動することになりました。

後方根拠地への大移動

単身者の人々を軍隊並みに編成され、腰に手榴弾をつけて八路軍と共に鴨緑江沿いに行軍北上し、長白山（朝鮮名白頭山）を越えて北満へ移動することになったのです。

私達は鴨緑江を、原木丸太で組まれた大きな筏で対岸の朝鮮へ避難することになりました。私達に同行する幹部や兵隊は皆、綿入れの軍服を裏返しに着用して服もズボンも白の裏地を表に着替えて夜半を待ち、闇の鴨緑江を対岸へ渡りました。国共内戦の戦況が好転すれば又、輯安に戻り工場再開の予定でしたので……。

中朝国境にて（１９４６〜47）

北朝鮮では輯安を一望できる宿舎が朝鮮側で準備されていました。後には山が迫り、前の道路の下は急峻な崖で鴨緑江が滔々と流れています。この宿舎で約一ケ月近く待機しましたがその間、対岸の輯安では軍が住民を動員して工場の機械や資材などを、駅の構内に集められた貨車に積み込み撤退準備をしていたようです。

そのような或る日、司令部の命令でもあったのでしょう、八路軍は朝鮮を迂回して中国に入ることになりました。北朝鮮を南下し平壌の手前の順川《ジュンセン》にて朝鮮半島を横断し高原《こうげん》に出て北上し、咸興、清津を経て、南陽から豆満江を渡り、中国領の図們に向かうというのです。

私達は輯安駅構内に準備された貨車を、機関車共、朝鮮へ運び込むための使役として輯安へ行くことになりました。夜半、満浦駅で空の無蓋貨車に乗り込み、上からシートを被り、皆息を殺して国境の鉄橋を機関車に引かれて中国領に入るのです。朝鮮側の国境にはソ連兵が厳重な警戒をしています。もし見つかれば密入国犯でマンドリン（ソ連兵の自動小銃）が火を吹くことは確実です。息をこらしてシートの隙間から様子を窺うと、防寒服に身をかためマンドリンを構えたソ連兵の黒い影が大きく見えました。

深夜の越境

静かに鉄橋を渡った列車が国境を通過した時はホッとしました。輯安の駅舎で焚きを囲みながら夜明けを待ちます。食事は軍が手配してくれた農家に出掛けてすませてから、積み込み作業が始まります。積み終わると又深夜を待ち、貨車の積み荷の中に息をひそめ、朝鮮に渡ります。貨車が足りない時は朝鮮の満浦駅構内に積み荷を下ろし、夜半を待って又、国境を越え中国に渡ります。

このような事が二、三度ありました。機関車は日本人機関士が運転し、助手は中国人でしたが、国境警備のソ連兵に東洋人（日、中、朝）の見分けが全く出来なかった事が幸いしたのかも知れません。

北朝鮮を往く

厳寒期の北朝鮮の移動は厳しいものでした。無蓋貨車にアンペラ（高粱の表皮で作った敷物）で屋根を付け、真ん中にドラム缶で作ったストーブを置き煙突は屋根の上に短く出して、出入り口は貨車の二枚折りの枠を一枚だけ開け放し、そこにシートを吊り、床はストーブの周囲以外はむしろを敷き詰めたお座敷列車です。物資を満載し、何十輛とつながれた機関車の後ろ5～6輛は我々の乗ったお座敷列車が続きます。機関車の運転は元満鉄の日本人ですが、朝鮮の鉄道員が指導員として水先案内役を勤めていました。食事はすべて有蓋列車を改造した炊事専用車で作られ配給されます。一度材料買いだしの使役で朝鮮語の通訳さんと、日本海側の小さな駅で近くの漁村へ魚の買い出しに出かけたときは、海岸から１００メートル近く海が凍っていたのには驚きました。

再び中国へ

一日走れば半日止まり、半日走れば一日とまりながら……。輯安から鴨緑江を渡って北朝鮮に入り、豆満江の国境を渡って、やっと図們に着くまでに二ヶ月近くかかりました。図們でそれぞれの行き先が決められ、私達は牡丹江へ向かって二つ目の駅、石硯に行くことになりました。

石硯では内戦の影響など全く無く、満州時代からの日本の製紙工場が日本人によって操業されていました。土地柄（延辺朝鮮族自治州）住民の半分近くは朝鮮人で工場の従業員も、日、中、朝の三民族が力を合わせて仕事をしていました。

この工場の一角に、兵工廠が東北人民自治軍軍事工業部第六分廠として発足することになったのです。ここには既に輯安から軍と共に長白山脈を行軍してきた人々、延吉捕虜収容所でソ連行きを免れた小柄な元関東軍の技術兵と旧満洲各地から集められた日本人技術者の人々が仕事をされていました。

転勤

１９４９年10月1日、中華人民共和国の成立が宣言されました。中国人民が喜びに沸き返っている最中、私は中国人民政府重工業部本渓煤鉄公司（元本渓湖煤鉄公司、現本渓鋼鉄公司）に転勤することになりました。

１９５０年、国内需要の高まりと朝鮮戦争の影響で増産体制がとられ、機械工場は二交替制になり、人員不足のため、私は1年足らずの鍛造仕事から旋盤班に移ることになりました。

4、帰国へ

１９５３（昭和28）年４月、中国の秦皇島から第二興安丸で桜花満開の舞鶴港に帰国し、日本での第二の人生が始まりました。京都市立洛陽工業高等学校機械科の教諭として、１９８９年まで勤務しました。現在京都市左京区に在住しています。

第七章

「大逆事件」探求は奥が深い

—フィールドワークから歴史との対話へ—

山本恒人

1、歴史との対話

「明治維新150年」キャンペーンの怪しさ

戦後70年の「安倍首相談話」は、日本の侵略と戦争の加害史を正しく総括することを自虐史観として否定し、「未来志向」という美名のもとに歴史総括の改竄をはかるという権力者特有の意図に貫かれるものでした。「明治維新150年」キャンペーンはそれを150年全体に拡張し、日本資本主義とその政権の歩みを全面的に肯定し、自画自賛するというイデオロギー攻勢なのです。

安保法制・海外派兵・戦争の道およびその総仕上げとしての憲法改悪に反対する国民運動に対しては、秘密保護法、共謀罪、恥ずべき文書改竄と立憲政治の破壊で抑え込もうとしています。これまた150年の歴史全体の現代的再現といえましょう。国民は心のどこかでそれを感じつつ「対抗のありか」を探し求めている、と思います。私たちはさまざまなルートから、怪しげな「明治維新150年」キャンペーンをはねかえすアプローチを試みることが大切なのではないでしょうか。

「大逆事件」との主体的出会い

私の場合、そのルートを「大逆事件」（1910年5月一斉検挙と1911年1月の判決と刑の執行）に置いて、その犠牲者とその家族の百有余年を調査・研究し発表する小研究グループの営為によって、「対抗のありか」をそれなりに提示したいと願っています。その小研究グループはメンバー4名の頭文字を取ってTHY会と称し、4名とも大阪の「管野須賀子研究会」に属しています。「管野須賀子研究会」は、幸徳秋水（死刑）が高知県中村市（現四万十市）によって2000年に、大石誠之助（死刑）はじめ6名の熊野の犠牲者が和歌山県新宮市によって2001年に、成石平四郎（死刑）はじめやはり熊野の犠牲者が和歌山県本宮町（現田辺市）によって2004年に、それぞれ名誉回復と顕彰が宣言されたにもかかわらず、大阪出身の管野須賀子（死刑）の場合、それが果たされていないことから結成された民間の研究団体です。

私の「大逆事件」に対する立ち位置は、それが重大な歴史的事件であり、しかも冤罪であることは百も承知しているのですが、自分自身の解明課題として追究するには手が余るという甚だ非主体的なものでした。ところがある時、中学の同級生Tから頼みたいことがあると話がきたのです。その頼みとは、彼の高校同期生岡功という人物が「大逆事件」で処刑された成石平四郎のお孫さんで、高校の教師を務める傍ら祖父の冤罪を生涯かけて晴らすと頑張っていた。ところが数年前に脳梗塞で倒れ、長い闘病生活空しく過日亡くなってしまった。Tはもうこれは自分が引き継ぐしかないと、岡功が所属していた大阪の「管野寿賀子研究会」に入会して勉強を始めた。ついては君にも同研究会に入って手伝って欲しい、岡の同級生YとHにもすでに協力を得ている、というものだったのです。Tは中学同窓会の世話役の中心で面倒見の良い男ですし、親しい仲ではありますが穏健保守の非政治人間。その彼の心をここまで動かすのかと、ちょっとした衝撃だったのです。もちろん私も同意し、月一回の研究会例会でこの四人は常連として末席に連なっています。

「許されざる者」（辻原登）が描く大石誠之助の魅力

友人から『熊野新聞』2018年元旦号が届きました。見開き両面に辻原登氏の講演録。「大逆事件」で処刑された新宮の医師大石誠之助をモデルとした長篇小説『許されざる者』の著者です。熊野からは6人に死刑判決（うち4人は「恩赦減刑」無期懲役）が下されました。辻原氏は大石と吉田松陰を取りあげて、周縁の地にこそ時代の変革者が生まれる、と述べています。なるほど、萩の松陰が育てたのは後に富国強兵軍国日本を築きあげた志士達。四十年後の熊野に現れたのがその強権と戦争に盾ついた先覚者群だった、と。辻原氏はその文学的業績で恩賜賞・日本芸術院賞を受賞（2015年）しました。皇居での食事会で辻原氏は皇后さんの隣席。氏の作品の多くを読まれ、中でも『許されざる者』が一番好きだと、その一部を暗誦までなさったといいます。

長編小説『許されざる者』（集英社文庫、上下）は「大逆事件」前夜までの大石誠之助をいくつもの煌くようなフィクションを織り交ぜながら描くことによって、アメリカやカナダで修養した深い学識、国籍や階級を超えた人道主義、平和と非戦への希求、新知識の実生活への応用、人への優しさと機知とユーモアの精神にあふれる性格を余すところなく浮き彫りにした大作です。そこからは「大逆」の陰謀などという要素はひとかけらも見出すことはできません。誰しもが大石誠之助の魅力にとりつかれてしまいます。皇后さんが辻原作品のどの箇所を暗誦されたかまでは辻原氏は語っていません。しかし、大石や新宮の町と人々に対する皇后さんの柔らかく温かいまなざしが見えてくるような話です。天皇ご夫妻は２０１６年、長野県阿智村の「満蒙開拓平和記念館」を訪問され、侵略と戦争に翻弄された人々にも寄り添われています。お二人の感性と洞察力には近年たびたび驚かされるとともに、敬服の念抑えがたいところがあるのです。

「大逆事件」熊野の新宮・本宮を歩く（２０１８年３月）

座学だけでなく、熊野の新宮と成石平四郎、勘三郎兄弟の出身地本宮の両地をＴＨＹ研究会で実際に歩こうという話になりました。大阪から在来線特急でも四時間余り、両地を歩くには当然1泊を要します。

幸い「大逆事件」に造詣の深い新宮・佐藤春夫記念館辻本雄一館長は「管野須賀子研究会」と交流があり、生前の岡功とも交友があった方で、私どもの訪問を喜んで受け入れ、助言して頂くことになりました。佐藤春夫は新宮出身、新宮の病院院長だった春夫の父は同じ医師大石誠之助と親しく、春夫自身大石が設立した「新聞雑誌縦覧所」をよく利用していたのです。大石誠之助処刑を知った佐藤春夫は痛恨の思いを反語的表現に託し、哀悼の詩「愚者の死」（１９１１年3月『スバル』）をささげています。佐藤春夫記念館は東京の居宅を出身地新宮の速玉大社境内に移設したもので、記念館として常設展示物とともに公開されています。

①本宮・成石兄弟フィールドワーク

辻本氏は事前に本宮請川の成石兄弟の菩提寺祐川寺の丹羽達宗師に、私どもの訪問を知らせて下さっていました。２０１８年3月28日、紀伊田辺から熊野川流域に入り、たどり着いた祐川寺の山門階段中途に洪水時の水位標識（おそらく川面からは30メートルは優にある）には驚きました。中流域の近辺、そして河口の新宮も大洪水の被害は今も続いています。滔滔と静かに流れる熊野川も名にし負う暴れ川なのです。本堂で参拝、読経。本堂の傍らには成石平四郎、勘三郎の写真と事蹟を紹介するパネルと位牌が置かれております。岡功の同級生たちは神妙そのものでした。丹羽師は奥から1度に運ぶのは無理なほどの写経類を並べて見せてくださいました。すべて無期懲役で諫早監獄に繋がれた兄勘三郎による膨大な写経と弟を偲ぶ感懐など克明な現物資料です。弟平四郎は兄を巻き込んだと悔みながら死に臨み、兄勘三郎はなぜ自分だけが無期かと弟の処刑を嘆き、冥福を祈り続けました。

膨大な資料を拝見したあと、丹羽師のご案内で寺から1キロほど離れた成石家墓地へ。「蛙聖成石平四郎」の墓石、成石勘三郎夫妻の墓石前で読経。隣に立つ兄弟顕彰碑は荒畑寒村撰。「蛙聖成石平四郎兄弟の碑：明治政府架空の大逆事件を虚構するや、平四郎勘三郎兄弟また連座して倶に冤枉の罪に死す、〈行く先を海とさだめししづくかな〉は平四郎の辞世なり、風霜ここに五十余年、いま兄弟のために碑を建てて無告の幽魂を弔う」。

荒畑寒村撰「成石兄弟顕彰碑」（２０１８・３・28）

②新宮フィールドワーク

3月29日「新宮フィールドワーク」を迎えた。辻本雄一氏は、29日の午後いっぱい、私どもとの懇談で懇切にお教え頂いたほか、事蹟を案内してくださった。熊野川堤防に立って、当時広大な川原に八百軒もの店が立ち並んだ「川原町」のありさま（店の建家は大水

熊野犠牲者6人の顕彰碑「志を継ぐ碑」（新宮駅前）

時には即刻退避すべく、釘は使わず、土台もなかった）、幸徳秋水と大石らが船を浮かべてエビかきに興じた亀岩付近（陰謀密議の「証拠」とされた）、大石旧居や「太平洋食堂」の跡地、高木顕明師の浄泉寺、「大逆事件」犠牲者顕彰碑「志を継ぐ碑」。

2001年9月21日、新宮市議会は市長提案「大逆事件の熊野の犠牲者たちの名誉を回復し、顕彰することを宣言する」を満場一致で決議しました。その後、「『大逆事件』の犠牲者を顕彰する会」の手によって「志を継ぐ碑」とそれを解説する「碑板」が市内公園の一角に建立されたのです。以下、全文を紹介いたします。

〈1911年、この熊野の地で、「天皇暗殺を企てたとする『大逆事件』のために死刑2名、無期懲役4名都合6名の人々が犠牲になった。

・大石誠之助（1867—1911）　・成石平四郎（1882—1911）
・高木　顕明（1864—1914）　・峯尾　節堂（1885—1915）
・成石勘三郎（1880—1931）　・崎久保誓一（1885—1955）

太平洋戦争後、この事件は自由思想弾圧のための国家的陰謀である真相が判明し、かれらはその犠牲者であった。これらの人々は、必ずしも同じ思想を有していたわけではないが、熊野独特の進取の精神や反骨の気風のなかで、平和・博愛・自由・人権の問題においては、むしろ時代の先覚者であった。こうしたかれらの志は、いま熊野に生きるわれわれにも当然受け継がれるべきもの、受け継がなければならないものと確信する。

「大逆事件」の犠牲者を顕彰する会〉

大石誠之助墓「志を継ぐ碑」（字は堺利彦による）

同様に、成石勘三郎、平四郎兄弟の出身地本宮町（現、田辺市）町議会定例議会（２００４年11月11日）において、成石兄弟と紀南の先覚者たちの名誉回復と顕彰を宣言することが決議されています。

最後に南谷墓地の大石誠之助の墓参。墓石には処刑された１９１１年１月24日がくっきりと刻まれていました。高木顕明師の墓石の傍らの真宗大谷派による名誉回復、顕彰碑、峯尾節堂師の墓石の傍らの臨済宗妙心寺派による名誉回復、顕彰碑が大変印象に残りました。日清戦争以降軍部政権の侵略政策に仏教界あげて協力、自ら大陸に進出し、戦争賛美を重ねた仏教界の反省と平和への希求の現在の流れを象徴する碑です。

フィールドワークを終えて大阪に帰る列車の車窓から、新宮王子ヶ浜と太平洋を眺めながら思いました。人間性溢れる犠牲者たち群像の真実に近づけば近づくほど、権力犯罪の悪質、人間性とは真逆の卑劣が手に取るように分かるのです。「大逆事件」は私自身の追究課題でなければならない。そこに導いたのは友人Tですが、岡功の遺志、ひいては成石平四郎や大石誠之助の心が今なお生きてもつ力だったのです。

「大逆事件」犠牲者とその家族の百有余年

成石平四郎は処刑の日に、妻むめ宛に遺書を書いており、その中でわずか2歳の娘、意知子にふれています。意知子がたどったその後の人生の苦労も私どもの想像を絶するものがありますが、その意知子さんの死の床で、子息岡功は祖父成石平四郎の号「蛙聖」を引き継ぎ、今後は「堺蛙聖」を名乗ることを告げました。祖父の冤罪を生涯かけて晴らすという岡功の決意の表明。意知子さんは「頼むぞ～」と声をふり絞ったそうで、胸に迫るものがあります。岡は再審請求を粘り強く求め続けた坂本清馬（故人、死刑判決・無期懲役）を高知の中村に訪ね、まさに孫のごとく可愛がられたそうです。

新宮の浄泉寺住職高木顕明師は被差別部落の門徒と出会って差別問題と取り組み、全国で群馬県と並び「公娼制度」のなかった和歌山県新宮に遊郭が招致されようとしたときも「廃娼運動」の先頭に立ち、日露戦争にも非戦論を貫いた真宗大谷派の僧でした。彼は「南無阿弥陀仏は平等に救済し給ふ声なればなり」（「余が社会主義」）という言葉を残しています。しかし、「大逆事件」で死刑判決・無期懲役となり、真宗大谷派は宗派の最も厳しい処分「住職罷免と擯斥（僧籍剥奪）」を下しました。当然、妻（大黒さま）も寺を追い出されてしまいます。その娘はもらい子だったのですが、やむなく置屋に売られることになり、二度親に捨てられる運命をたどりました。高木師は1914年秋田監獄内で縊死を遂げてしまいました。

この悲劇は、劇作家巌本あゆ美さんによって（一人芝居）『彼の僧の娘—高代覚書』として戯曲化され、この数年来、6月新宮浄泉寺で行われる「遠松忌法要—高木顕明師を想う集い—」で上演され、好評を博しています。その上演ポスターにある紹介の言葉は次のとおりです。「明治末期、無実の罪・大逆罪に問われた僧・高木顕明には一人の娘がいた。過酷な運命を生きながらも。娘は父と同じ道を歩む。祈りと献身、無償の愛、そして父への思い。『太平洋食堂』の巌本あゆ美が紡ぐ高木顕明の娘の物語」。これは残念ながら、私は鑑賞機会を逸したままですが、大阪のなんば別院御堂会館大ホールで上演された演劇『太平洋食堂』についてはは機会をえました（2015年7月）。太平洋食堂とは洋行帰りの大石誠之助が新宮に開いた食堂であり、牛乳やパン食などの新しい栄養食を現地に紹介するとともに、貧者には無料で提供したという史実にもとづいて、平和と自由を希求する大石や成石平四郎の交遊を描いた印象深い劇でした。

2、対話の連鎖

思いがけない2度目の新宮フィールドワーク（2018年5月）

すでに明らかとなりつつありますが、表題の「〈大逆事件〉探求は奥が深い」というのは私の感懐を正直に表現したもので、決して誇張したものではありません。蜘蛛の糸のように次から次に歴史の糸が繰り出されてきて、次々に新たな歴史理解の舞台へと私を誘ってくれるのです。

２０１８年1月、大阪の吹田市で劇映画「明日へ―戦争は罪悪である」の上映会が６００名の観客を迎えて開催されました。岐阜の真宗大谷派僧侶竹中彰元師が日中戦争のさなか「この戦争は間違いであり侵略である」と檀家衆、僧侶に説法したことが「陸軍刑法」違反に問われ検挙、投獄された史実を描いた映画です。有罪判決後、竹中師も宗派から布教師資格を剥奪され、僧位も高位から最低位に落とされました（２０００年、これも真宗大谷派は宗務総長の謝罪と処分を取り消す「宗派声明」を出して竹中師の名誉を回復）。この上映会に取り組んだ実行員会の席上、「明治維新１５０年」キャンペーンが反歴史的な方向で動いていることが話題となりました。たまたま、私どもが計画中の「大逆事件新宮フィールドワーク」を紹介しましたところ、「私も行きたい」との声が相次ぎ、別途、実行委員会で企画されることになったのです。

5月29、30日にそれは実現し、吹田市の「退職教員の会」、「九条の会」、「治安維持法犠牲者国家賠償要求同盟」、「日中友好協会」、「平和委員会」などから20名が参加して、やはり一泊ツアーで実施されました。前記とほぼ同様の内容となりましたが、新宮では4月に「熊野新宮大逆事件資料室」が新たに開設され、分かりやすい豊富なパネルが展示されています。また、辻本雄一先生にはご案内と初心者にも分かりやすい『『大逆事件』と熊野の人びとの『現代』」を講演していただくという幸運にも恵まれました。新宮市議会が大石誠之助を「名誉市民」とすることを決議したという朗報を軸とした記念すべきお話でした。（このお話をもとに、辻本雄一「〈大逆事件〉と熊野の人々の〈現代〉」『季論21』２０１９年冬号が発表されています）。

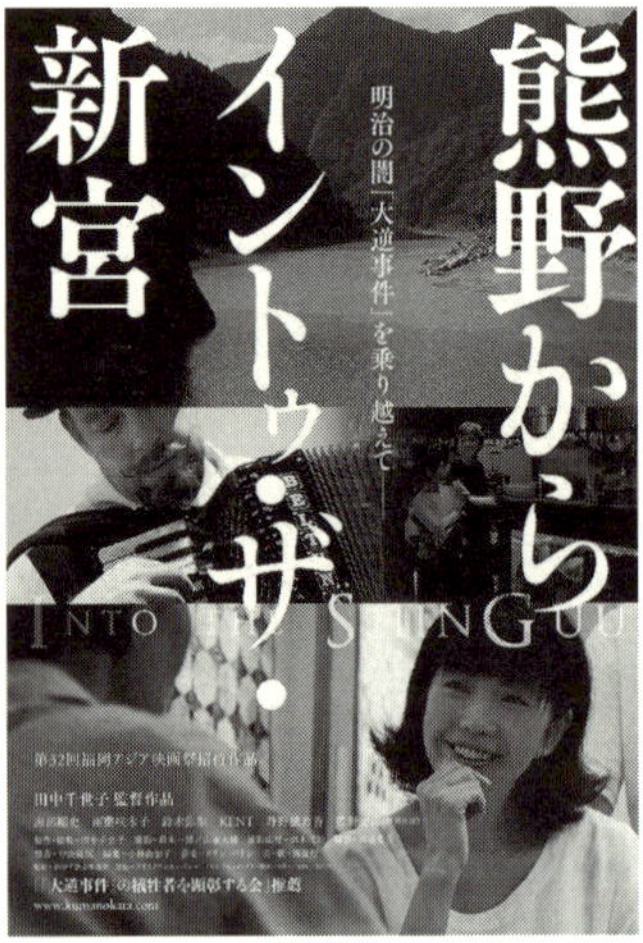

映画ポスター「熊野から第3部」

映画「熊野から　イントゥ・ザ・新宮」との出会い

　2018年2回目の新宮フィールドワークに同行したNが『大阪民主新報』にいい映画情報が、と連絡があり、時間をやりくりして二人で駆けつけました。熊野の神域新宮。速玉大社や神倉神社の神事が丁寧に紹介されています。

　豊かな自然と物産に恵まれ、陸の孤島どころか往年全国屈指の賑わいに包まれていたことがわかります。熊野の豊富な木材は建材や製紙原料となっただけでなく、江戸時代には江戸の木炭需要の実に三分の一をまかなっていました。徳川御三家のひとつ紀州では、新宮の丹鶴城に水野大名家がお目付として配されていたのです。

　現在の街の佇まい、人々の息遣い。大らかで、進取とともに反骨の気風が育った街。大逆事件で6人の死刑判決者が出たのも、軍国の道をひた走る明治政権に狙い撃ちされたわけです。その全ての名誉回復を議会が議決し、今年1月には医師、大石誠之助が新宮市名誉市民となったのもいかにも新宮。全編に流れる外国人演奏のアコーディオンがマッチして素晴らしい映画でした。大逆事件犠牲者の名誉回復を告げる「志を継ぐ碑」、新宮市議会における顕彰決議の実現に奔走した人々が溜まり場「くまの茶房」で談笑する光景。新宮出身の作家佐藤春夫記念館も紹介されていました。

　映画は大石誠之助、成石平四郎ら大逆事件で犠牲となった眩しいほど豊かな人間性と進取・反骨の精神はこの熊野新宮で育まれた、と文句なしに伝わってくる作品となっています。

第4回大逆事件サミット（2018年10月）

大阪の管野須賀子研究会から、新宮で開催されることになった「第4回大逆事件サミット」への参加がよびかけられました。THY研究会のTと相談して一行7人に加わりました。同年3回目の新宮行となりました。参会者250人の熱気が会場を包んでいました。メイン報告は「石川啄木と大逆事件」（国際啄木学会理事伊藤和則氏）。朝日新聞に勤めていた啄木が裁判資料を全てノートに書き写しつつ「その性質において騒乱罪であり、しかもそれが意思の発動だけで、予備行為に入っていないからまだ犯罪を構成していない」と「大逆」罪適用の不当性を正確に認識していたことを知り、感銘を受けました（サミットの詳細報道は『毎日新聞』2018年10月7日）。

次いで、大石誠之助名誉市民決議を提案した上田勝之新宮市会議員と佐藤春夫記念館辻本雄一館長によるトークによってその経緯が紹介され、参加者を唸らせました。その後は、サミット参加団体からの報告に移りました。司会を務めた辻本館長から思いがけず発言を指名されてしまい、わたしは幸徳秋水の「日中韓の連帯構想」について発言しました。発言を終えるやいなや。一人の参加者が私のそばに駆け寄り、「その通りだ。よく言ってくれた」と握手を求められたのです。その方は幸徳秋水の出身地中村（四万十市）からの参加者、さすが「土佐っぽ」の熱さ、握手を返しました。

3、視野を広げる試み

―「大逆事件」は日中韓国民の連帯を引き裂く権力犯罪でもあった

「大逆事件」と中国革命の関係を探る

思いがけず、所属している「菅野須賀子研究会」から、「大逆事件」が中国に与えた影響について報告されたいという課題が与えられました。筆者が大逆事件探求の全くの初心者であるにも関わらず、それをお引き受けしたのは、中国研究者のはしくれとして、このテーマにとりくむことが「大逆事件」への主体的探求の道かもしれないと考えたからです。「大逆事件」の1910年と11年は、いうまでもなく「辛亥革命」や「韓国併合」・「韓国独立運動」と同時代史をなしています。両国の政権やその内部改革派にとっても、革命勢力諸派にとっても、事件の衝撃は小さくはない、と仮説を立ててみました。しかしながら、有体にいえば、資料はあまりにも少なく、結局、課題解明は遥かかなた、前途多難の状況にあります。とりあえず、これまでに明らかとなったいくつかの論点を示したいと思います。

幸徳秋水の日中韓連帯構想・1

中国に「東亜病夫」という言葉があります（楊瑞末・台湾）。西欧で使われたアジアの先行文明・帝国の衰弱に対する蔑称に由来するものです。日本語の「瀕死の病人」に相当するでしょう。中国ではある時期、トラウマ的言葉として自戒的な「流行語」ともなりました。それゆえ、指導者達は歴史の教訓や大きな目標を語るとき、今でも「東亜病夫」との決別の辞から始めるのです。鄧小平然り（1987）、習近平然り（2018）。

土佐の中江兆民に師事し、儒学（土佐陽明学）、漢学の素養深い秋水が、列強による半植民地化・分割の脅威のもとにある中国の行く末に心を痛め、孫文と「中国同盟会」の志を尊重し、「平民新聞」紙上でも繰り返しその主張と動向を紹介し続けました（孫逸仙「革命潮・支那問題眞個の解決」『平民新聞』1904年12月15日）。その限りでは、孫文と親交を結んだ後の国粋主義者頭山満や自由民権家宮崎滔天などとの距離はさほどありません。

しかし、そこからが秋水なのです。孫文の革命論とは距離を置く中国同盟会『民報』主筆張継らの要請に応え、「社会主義講習会」で社会主義・無政府主義を講じました。秋水の『二十世紀之怪物帝国主義』は早くも1902年に上海で出版され、マルクス『共産党宣言』中国語完訳本も幸徳秋水・堺利彦による1904年・1906年共訳本が「底本」とされました。また中国留日学生達が祖国の革命運動に参加し、断頭台にさらされた時、それを直ちに報じ、清朝による弾圧は革命を「却って激発させる」と指弾しています（『平民新聞』1907年7月27日）。そして、決然と語るのです。「眼を転じて支那を見よ、漢人は決して『瀕死の病人』に非ず、『眠れる獅子』は今正に醒めんとす」、「かくて支那が遠からずして、世界の革命史上に於ける第2の露国たるべきは、少しく眼識ある者の決して疑はざる所也」（「病間放語」『高知新聞』1909年1月2日）。中国の民心の本質的変化を心の深いところで見抜き、共感し、「東亜病夫」という蔑称を破砕したのです。

幸徳秋水はアジアの革命の連合を構想しています。「若し東洋諸国の革命党にして、其眼中国家の別なく、人種の別なく、直ちに世界主義、社会主義の旗幟の下に、大聯合を形成するに至らん乎、二十世紀の東洋は實に革命の天地たらん」（前記「病間放語」）。

幸徳秋水の日中韓連帯構想・2

ところが対中国とは対照的に、幸徳秋水の韓国に対する視点は当初揺れ動きました。ロシアとの緊張が高まった1900年当時、彼はすでに「非戦論」の立場を取りつつありましたが、それでもロシアの野望が韓国に及ぶとき「朝鮮政府の希望之れなしとするも、猛然自ら進んで彼を帮助し、平和保持」に努めるべし、と語っていたのです（「朝鮮動乱と日本」『萬朝報』1900年3月23日、全集第2巻、379頁）。また同様に次のようにも語っていました。「露国にして直ちに朝鮮を撤退し、放棄して之を日本の手に委するに非ずんば、決して完全なる解決を見ること能わず」（「日露の関係（朝鮮問題）」1900年8月3日）。そもそも秋水は「日清戦争」が「朝鮮の独立を扶け、支那の暴を懲らすというのが目的」だった、と考えていたのです（「非開戦論」1903年7月3日）。

幸徳秋水が「韓国領有論」から韓国・韓民族の視点から「反侵略」の立場に立ち切る（琴秉洞「人物で見る日

幸徳秋水による安重根讃
出典：神崎清『革命伝説大逆事件』（④この暗黒裁判）子どもの未来社、2010年、169頁の写真

安重根の絵葉書

本の朝鮮観（幸徳秋水・下）」『朝鮮新報』2004年9月21日）のは、日露開戦後の三次にわたる日韓協約によって、日本が韓国の財政・外交・軍事警察・施政の諸権を次々に奪っていく過程に直面してからでした。「見よ、領土保全と称するも、合同と称するも、其の結果は只ヨリ大なる日本帝国を作るに過ぎざることを」（「朝鮮併呑論を評す」1904年7月14日）。

幸徳が、韓国併合の前夜1909年、韓国併合への立役者伊藤博文を「義兵中将」の立場で射殺して処刑された安重根への讃「生を捨てて義を取り、身を殺して仁をなす、安君の一挙、天地みなふるう」を贈ったのは、冤罪「大逆事件」で検挙される直前のことでした。すなわち幸徳秋水の中国革命と日本の社会主義・無政府主義運動および韓国の独立運動の連合構想はここに骨格の全体が整ったということができるでしょう。

安重根の「東洋平和論」

ハルピンの安重根記念館で安重根の「東洋平和論」と初めて出会いました（2018年8月）。実はこの記念館は二度目。初回は、長谷川テル女史の反戦放送を中国現地で聴き、エスペラント語でテルに讃歌を捧げた安偶生を「安家の家譜」に認め、安重根の甥だと確認できたことに有頂天となり、「東洋平和論」を見逃していたのでした。日中韓が対等の立場で、欧米列強の野望に対抗することを力説したその崇高な理想に心底から打たれたのです。

帰国後、片端しから諸研究を探りました。安重根「東洋平和論」は、彼が処刑されたため序と1章の一部分以外は未完のままです。日本の数少ない研究も、記念館における紹介も、韓国における「安義士」研究でも、安重根の「自叙伝」、公判速記録、平石法院長（安重根による「東洋平和論」の完成に同情を寄せつつも、政府の「極刑即執行」指令には抵抗できなかった）による「聴取書」などの諸記録を総合して、構想の全体像はかなりの程度明らかにされています。龍谷大学社会科学研究の一セクションとして「安重根東洋平和研究センター」が設置されていることを知って、そのことにも感銘を受けました。ここでは少々長くなりますが、そのセンター刊行書の中から安重根「東洋平和論」の具体像（「聴取書」）を大意で引用して、紹介しておきます（柳永烈「東アジア歴史認識問題の焦点としての安重根―東北アジア情勢と〈東洋平和論〉」李洙任・重本直利編著『共同研究　安重根と東洋平和―東アジアの歴史をめぐる越境的対話』第2章〈龍谷大学社会科学研究所叢書第１１８巻〉、明石書店、２０１７年3月、66、67頁）。

第一に、旅順港を開放して、日本・清・韓国が共同で管理する「軍港」とし、三国の青年たちで韓・日・清の東洋三国連合軍を編成する。連合軍の青年には二言語以上の語学を学ばせ、「友邦」または「兄弟国」の観念をもたせる。

第二に、韓・日・清三国の代表を旅順に派遣して「東洋平和会議」を組織し、旅順を「平和の根拠地」にする。

第三に、韓・日・清三国で「東洋平和会議」の会員を募集し、その会費で銀行を設立し、各国が共用する貨幣を発行して、金融共同体によって金融や財政を円滑にする。

第四に、韓国と清国は日本の指導の下、商工業を発展させる三国経済共同体を作る。

第五に、韓・日・清の三国の皇帝がローマ教皇を訪問して、世界的な宗教人天主教を活用し合い、韓・日・清の三国が独立国家として世界的な公認を受けて、東洋平和を永久的に持続する。

要するに、東洋三国が恒久的な平和と繁栄を追求しようという「東北アジア連合」の構想だった。そして、「東北アジア連合」が東北アジアの国家共同体として模範を示し、東洋三国にインド・タイ・ベトナム・ビルマなどアジア各国が参加する「アジア連合」に拡大される構想だった。

今日の国連、EUをも連想させる国際的連合体、共同体構想であり、その意味において幸徳秋水の日中韓革命連合構想よりスケールの大きな構想といえます。また、韓国の3・1独立運動における「独立宣言書」（1919年）の内容も安重根の精神と「東洋平和論」を継承したものです。幸徳秋水と安重根のそれぞれのアジア連合構想は1910年の安重根処刑、1911年の幸徳秋水処刑によって潰えたとはいえ、また幸徳秋水を絶賛した李大釗も1925年には刑死したとはいえ、日本帝国主義が韓国を併合し、中国への侵略を拡大していったあの時代に、日中韓のこの三者の連合思想が交差しつつ成熟していったことは銘記されるべきでしょう。その意味において「大逆事件」は日中韓三国の国民の、民心の連合を断ち切る日本帝国主義権力による権力犯罪でもあった、と指弾されなければなりません。

「日本独特の国家主義」との対決・民心の目覚め

「大逆事件」の1年後の1912年に、翌年13年日本に留学する若き李大釗が幸徳秋水を絶賛し（「ブッダ、ルソー、幸徳秋水、この三者は存在した時も地も異なるとはいえ、その慈愛溢れる同情心において吾ら人類の一大救世主たる点で同じである」北洋政法学会（李大釗）編訳『「支那分割之運命」駁議』北洋政法学会、1912年12月、83頁）、日本の政権が幸徳をなぜかくも恐れたか、「大逆事件」冤罪がなぜ引き起こされたかを論じているその先見性、その慧眼は注目に値します）。幸徳秋水と「大逆事件」を慢罵する中島端（『支那分割之運命』政教社、1912年10月）の本音が、日本の「民の目覚め」への警戒、そして中国に広がる「民の目覚め」が日本の民に伝染することへの恐怖にあったことを見抜く李大釗は、幸徳秋水同様に天性の革命家だった、というべきでしょう。

李大釗のこのような視点は河上肇によっても共有されています。日本当局が幸徳秋水を生かしたくなかったのは、「その暴力を恐れたからというよりは、たとえその思想が極めて平和的なものであったとしても、生かし難かったからである。日本当局が畏れ、憎悪したのは無政府主義者の思想それ自体なのである」。政権が最も恐れたのはまさしく「国家至上主義を破壊する」ことだったのです（河上肇「日本独特の国家主義」（『中央公論』1911年3月号）。

幸徳秋水とは何ものか

「幸徳秋水の思想」について、テーマを超える課題をも意識していることについて、最後に触れておきます。近年の未来社会論の進展、とりわけマルクスのアソシエーション論との関連で幸徳秋水の社会主義論、無政府主義論をもう一度見直す課題です。「マルクス死後、とりわけロシア革命の影響で、マルクス主義は国家集権主義を極度に強めた。しかし、21世紀初めの現在、ソ連の崩壊とアソシエーション運動の新展開の同時進行が見られ、社会主義のアソシエーション運動としての伝統が見直されている」。「マルクスではアソシエーション過程は、社会諸関係や社会諸力の、権力としての外化過程および商品・貨幣・資本としての物件化（物象化）過程に対する対抗化過程として了解されている」（田畑稔「アソシエーション革命について」田畑稔・大藪龍介・白川真澄・松田博『アソシエーション革命へ―理論・構想・実践』社会評論社、2003年）。すなわち、国家権力の獲得に重きをおく社会主義論と無政府主義論とを隔てる溝を再吟味しておくことが重要だと思っています。

驚くべきことに、幸徳秋水は100年以上も前に、直接「アソシエーション」について語っているのです。「無政府主義者聯合體とは、諸団体若くは個人の結社（この「結社」にふられたルビが「アソシエーション」です）にして、此社中に於ては何人も自己の意思命令を強行し、若くは個人の発意着手を減殺し得ざるものなり、其現在社会に於ける基本的責務は一切道徳的及び経済的状態を変革するに在り」（「無政府党大会決議」『日刊平民新聞』

1909年3月5日掲載、全集第6巻427頁)。このことは、片山潜や田添鉄二らの「議会闘争」派(いわゆる「多数者革命」論)と袂を分かった原点として、幸徳秋水の「直接行動」論だけがクローズアップされ、少数革命者による過激な思想として語られることが多い現状に対して、示唆するところ大きな言説であり、幸徳秋水とその無政府主義の全体像の新たな解明が待たれるのです。

＊備考

本稿では煩瑣を避けて、注記は最低必要なもののみ本文中に記すようにしました。ただ、次の2点について断り書きを付しておきます。

安重根に関しては、「大阪・長谷川テル顕彰の会」のテル女史陵墓訪問で同行し、ハルピンの安重根記念館で「東洋平和論」と出会って以来、佐藤圭子(『大阪民主新報』編集長)氏と二人三脚ともいえる資料探索を続けています。佐藤氏の資料渉猟力には多くを負っています。

また、資料の北洋政法学会『「支那分割之運命」駁議』は、1912年に発行された日本の中島瑞による『支那分割の運命』をいち早く翻訳し、文中注釈の形で批判したものですが、この翻訳と批判の中心となったのが李大釗でした。ところが、その原著は北京の国立図書館のデジタル資料でしか確認できず、やむなく「北京日本学研究センター」研究員の秦剛先生にコピーをお願いし、届けていただきました。記して感謝申し上げます。李大釗は1913年日本留学の後に上記「駁書」の再版広告を「啓事三則」(1915年4月、『李大釗文集・上』人民出版社、1984年)と題して書いています。よほど重視するとともに愛着をもっていたことがうかがわれます。

あとがき

今日、中国は、めざましい経済発展、それに伴う国際的地位の向上、政治的パフォーマンスの顕在化などにより、かつてないほど明確に我々の目に映るようになってきている。

各種メディアによる中国情報も大幅に増え、政治、経済面の情報だけでなく、社会における人々の生活情報も伝わってくるようになった。なにより、日本に大勢押し寄せてくる観光客の姿から、生身の中国の人々を日常的に見ることができるようになった。ここ京都では、街の至る所の標識に英語、韓国語とともに中国語が併記されてきているし、観光地へ向かう市バスなどの交通機関の車内放送にも中国語が加わった。2020年のオリンピック、2025年の大阪万博に向かって、このような状況はますます増大するであろうことは間違いない。

また、京都市内において、道行く流れの中でも隣に中国人が歩いていることも多い。地域では引っ越してきた住民が中国人であったりするのも珍しくなくなってきた。京都の大学で学んでいた中国人留学生の卒業後の就職先が日本国内の中国企業であることも増えてきた。

こうした中国人が国内に、あるいは京都に増えつつある状況に対して、果たしてその地域の住民がどれだけの関心を寄せているだろうか。観光客に対応する業界では、おもてなしのための異文化理解などの努力がなされてはいるが、一般市民にとっては、相変わらずメディアの情報をもとにした中国理解が主流であると感じるのは我々だけだろうか。このような状況のもとでこそ、我々がかねてより願ってきている「中国と中国社会を正しく理解する」というコンセプトが今求められているのではないだろうか。

この本で我々は、政治、経済、社会、文化などの面で、それぞれの場における中国との交流をもとにした思いを述べてきた。いずれも一般向きの評論であり、随想であって、もう少し専門的な面での分析を望まれる向きには不満を感じる人がいるかも知れない。また、執筆者の中国論の中には、日本で支配的なものとは一線を画するものや方向性が異なるものもあるかも知れない。しかし、それらの適否の議論はさておき、読者の皆様からのご批判、ご意見をいただくことができれば幸いである。

出版業界が非常に厳しい中を、我々の無謀とも言える相談に乗って下さり、出版への労を執って下さったかもがわ出版編集主幹の松竹伸幸氏には深く感謝するとともに心より厚く御礼申しあげます。

また、執筆を快諾して下さった『友誼』メンバーの皆様にも御礼を申しあげるとともに、無事出版に漕ぎつけられたことを共に喜びたいと思います。

桜の開花宣言が届く日々、京都洛北の地で……

編者　吉村澄代

執筆者プロフィール

筧　文生（かけひ ふみお）

1934 年生。京都大学文学研究科博士課程修了。京大人文科学研究所助手を経て、立命館大学文学部教授。現在、同大学名誉教授。著書に『梅堯臣』(岩波書店、1962 年)，『韓愈・柳宗元』（筑摩書房、1973 年）、『成都重慶物語』（集英社、1987 年）、『唐宋八家文』（角川書店、1989 年）、『唐宋文学論考』（創文社、2002 年）、『長安百花の時』（研文出版、2011 年）など。

井手　啓二（いで けいじ）

1943 年生。京都大学大学院経済学研究科博士課程単位取得満期退学。立命館大学・長崎大学教授を経て、現在、両大学の名誉教授。著書に『中国社会主義と経済改革—歴史的位置』（法律文化社、1988 年）、『転機に立つ社会主義』（共著、世界思想社、1985 年）、『中国における国際化への課題』（共著、中央経済社、2007 年）。

山本　恒人（やまもと つねと）

1943 年北京生。1946 年引揚げ帰国。神戸大学大学院経済学研究科博士後期課程単位取得退学、神戸大学博士（経済学）。大阪経済大学経済学部教授を経て、同大学名誉教授。著書に『現代中国の労働経済 1949 ～ 2000 —「合理的低賃金制」から現代労働市場へ』(創土社、2000 年)、『中国工業化の歴史』(共著、法律文化社、1982 年)、『中国文化大革命事典』（共訳、中国書店、1997 年）。

名和　又介（なわ またすけ）

1947 年生。大阪外国語大学修士課程修了。同志社大学教授を経て、現在、同大学名誉教授。著書に『食の講座』（編者、コープ出版、2008 年）、『協同組合論』（編者、連合出版、2013 年）、『戦争と平和を問いなおす』（編者・共著、法律文化社、2014 年）。

石井　義三（いしい よしぞう）

1930 年生。1944 年から 1952 年の間、中国旧満州にて専門家として機械工作関係に従事。引揚げ、帰国後、京都工芸繊維大学にて単位取得認定。元京都市立洛陽工業高等学校機械科教諭。著書に『私の体験的機械工作』（私家版、1993 年）。

吉村　澄代（よしむら すみよ）

1967 年、大阪外国語大学中国語学科卒業。京都大学大学院教育学研究科博士後期課程研究指導認定退学。元京都府立高等学校教諭、中国国際放送局日本語部専門家、人民日報ウェブ版「人民網」日語部翻訳者。著書に『素顔の中国—街と人と暮らし 55 話』(かもがわ出版、2007 年)、『大学財政—世界の経験と中国の選択』(共訳、東信堂、2007 年）、『日中教育学対話』Ⅰ～Ⅲ（共訳、春風社、2008 ～ 2010 年）。

奥深く知る中国——天安門事件から人々の暮らしまで

2019年6月1日　第1刷発行

編著者　筧文生、井手啓二、山本恒人、名和又介、石井義三、吉村澄代
発行者　竹村正治
発行所　株式会社　かもがわ出版
〒602-8119　京都市上京区堀川通出水西入
TEL 075-432-2868 FAX 075-432-2869
振替　01010-5-12436
ホームページ　http://www.kamogawa.co.jp
印刷所　シナノ書籍印刷株式会社

ISBN978-4-7803--1030-6　C0036